职业教育汽车类专业教学改革创新示范教材

车联网技术与应用

主　编　朱升高
参　编　韩素芳　崔玉莲

机械工业出版社

本书紧密围绕车联网关键技术，较为详细地阐述了基于车联网的车内网与车际网、车云平台的工作原理，系统地介绍了汽车的信息互联、相关路由协议与广播技术，包括 5G 通信技术在车联网的应用、云平台与大数据的应用，以及 V2X 与智能交通的融合机理等，还论述了车联网相关技术的常见故障分析与维修，深入地剖析了这个复杂的系统。本书先后讲述了车联网技术绪论、车内通信网络、车际网络通信接入技术、车辆信息发布与 5G 通信、车联网关键技术与应用、LTE V2X 与车载计算平台、车联网与智慧交通的技术融合应用、车载终端人机信息交互技术应用等，较为完整地构建了关于车联网技术的学习内容。

本书可作为职业院校及应用型本科汽车类专业、汽车智能技术专业的相关课程教材，也可作为社会相关机构的技术培训、车辆维修参考资料。

图书在版编目（CIP）数据

车联网技术与应用/朱升高主编. —北京：机械工业出版社，2021.5
（2025.1 重印）
职业教育汽车类专业教学改革创新示范教材
ISBN 978-7-111-67606-5

Ⅰ.①车⋯　Ⅱ.①朱⋯　Ⅲ.①汽车-物联网-高等职业教育-教材
Ⅳ.①U469-39

中国版本图书馆 CIP 数据核字（2021）第 034853 号

机械工业出版社（北京市百万庄大街 22 号　邮政编码 100037）
策划编辑：赵海青　　责任编辑：赵海青　王　婕
责任校对：刘雅娜　　封面设计：马精明
责任印制：单爱军
北京虎彩文化传播有限公司印刷
2025 年 1 月第 1 版第 8 次印刷
184mm×260mm・16.5 印张・2 插页・409 千字
标准书号：ISBN 978-7-111-67606-5
定价：59.90 元

电话服务　　　　　　　　网络服务
客服电话：010-88361066　　机　工　官　网：www.cmpbook.com
　　　　　010-88379833　　机　工　官　博：weibo.com/cmp1952
　　　　　010-68326294　　金　书　网：www.golden-book.com
封底无防伪标均为盗版　　　机工教育服务网：www.cmpedu.com

Preface 前　言

车联网是物联网技术在交通系统领域的典型应用，在基于智能交通的交通管理、智能动态信息服务、智能车辆控制等领域发挥着重要作用。车联网的技术内容比较广泛，涵盖了交通通信网络、云计算、大数据、智能交通等理论知识。根据车联网产业技术创新战略联盟的定义，车联网是以车内网、车际网和车载移动互联网为基础，根据通信协议和数据交互标准，在车与车、车与人、车与路、车与云平台之间，实现无线通信和信息交换的综合系统网络，能够进行智能交通管理、智能动态信息服务和智能车辆的控制，是物联网技术在交通系统领域的典型应用。

车联网也是未来智慧城市的重要组成部分，是新兴物联网产业与传统汽车产业的重要交汇点，已被视为我国重点新兴产业之一。随着我国汽车电子技术、通信技术、传感器技术等核心技术的突破，无论是传统汽车制造企业还是移动通信运营商、互联网技术公司、互联网汽车产业，都基本具备了快速发展所需的基本条件，许多企业在车联网领域开展了大量研发。

为解决高端人才培养问题，普及自动驾驶汽车知识，本书融入了完整的车联网应用技术并增加了许多新内容，包括车内通信网络的常见故障检查，如车载网络通信、车载通信终端的维护和故障排除等，以满足知识点学习的基本要求与技能培养，并拓宽了实际应用的基本需求。本书共分为8章，主要包括车联网技术绪论、车内通信网络、车际网络通信接入技术、车辆信息发布与5G通信、车联网关键技术与应用、LTE V2X与车载计算平台、车联网与智慧交通的技术融合应用、车载终端人机信息交互技术应用等内容。

本书内容新颖，知识面广，重点难点处理得当，语言通俗易懂，是一本非常实用的教科书。这本书的出版，将有助于促进我国车联网与智能网联汽车技术发展和职业人才的培养，改善目前教学用书不足的状况，为职业院校的教学发展和专业体系的建设提供有力的支持。

本书由朱升高主编，参加编写的人有韩素芳、崔玉莲。在本书编写过程中，参考了一些专业技术文献和资料，在此向相关的作者表示衷心的感谢！由于编者水平有限，疏漏之处在所难免，恳请广大专家和读者提出宝贵的修正意见和建议。

编　者

目 录

前言
第1章 车联网技术绪论 … 1
1.1 车联网基本概念 … 1
1.1.1 车联网定义 … 1
1.1.2 车联网通信标准 … 10
1.2 汽车电子技术的发展 … 11
1.2.1 汽车电子技术的发展历史 … 11
1.2.2 现代汽车电子技术发展现状 … 11
1.2.3 汽车电子技术应用趋势 … 14
1.3 车联网的发展趋势 … 15
1.3.1 汽车网络技术的发展 … 15
1.3.2 车联网技术发展 … 18
1.3.3 车联网技术应用 … 26
思考题 … 31

第2章 车内通信网络 … 32
2.1 传统车载通信网络结构 … 32
2.1.1 CAN 总线 … 32
2.1.2 LIN 总线 … 39
2.1.3 FlexRay 总线 … 42
2.1.4 MOST 总线 … 49
2.1.5 汽车车载网络技术在车联网中的应用 … 52
2.2 以太网技术架构 … 54
2.2.1 以太网通信技术原理 … 54
2.2.2 车载以太网常见故障检查 … 64
思考题 … 69

第3章 车际网络通信接入技术 … 70
3.1 无线通信技术 … 70
3.1.1 移动通信技术 … 70
3.1.2 车联网通信技术架构 … 73
3.2 通信技术接入 … 75

3.2.1 短程无线通信技术 … 75
3.2.2 低功耗广域网远程无线通信技术 … 84
3.2.3 车联网通信信息传递 … 90
思考题 … 104

第4章 车辆信息发布与5G通信 … 105
4.1 车辆信息发布与内容分发 … 105
4.1.1 车辆数据信息订阅 … 105
4.1.2 内容分发 … 109
4.2 5G通信技术应用 … 113
4.2.1 5G通信技术架构 … 113
4.2.2 5G通信在车联网领域的应用 … 122
思考题 … 132

第5章 车联网关键技术与应用 … 134
5.1 车联网技术体系架构 … 134
5.1.1 车联网技术介绍 … 134
5.1.2 车网联技术应用 … 144
5.2 车联网前装与后装技术 … 150
5.2.1 车联网前装车载设备终端 … 150
5.2.2 T-BOX 车载终端 … 152
5.2.3 GPS 车载终端 … 157
5.2.4 RSU 终端 … 159
5.2.5 OBD 接口 … 164
5.2.6 车联网电气控制系统常见故障及排查方法 … 165
思考题 … 170

第6章 LTE V2X与车载计算平台 … 172
6.1 V2X … 172
6.1.1 V2X 通信 … 172
6.1.2 V2X 协同交互 … 192
6.2 车载智能计算平台 … 197
6.2.1 车载智能计算平台体系架构 … 197
6.2.2 车载智能计算平台基本原理 … 199

6.2.3 车载智能计算平台硬件架构 …… 201
6.2.4 车载智能计算平台软件架构 …… 202
思考题 …………………………………… 205

第7章 车联网与智慧交通的技术融合应用 …………………………… 207

7.1 云平台在自动驾驶中的应用 ………… 207
    7.1.1 云计算平台 …………………… 207
    7.1.2 边缘计算技术在车联网中的应用 …………………………… 211
7.2 汽车网联技术在智能交通中的应用 … 222
    7.2.1 智能交通综合指挥系统关键技术构成 …………………………… 222
    7.2.2 车联网与智能交通系统协同融合 … 227
    7.2.3 智能交通系统管理与控制 ……… 229

思考题 …………………………………… 234

第8章 车载终端人机信息交互技术应用 …………………………… 236

8.1 车载终端软件技术应用 ……………… 236
    8.1.1 车载娱乐信息系统组成 ………… 236
    8.1.2 车载信息娱乐系统应用 ………… 238
    8.1.3 车载多媒体操作系统应用 ……… 240
    8.1.4 车载语音识别系统 ……………… 246
8.2 智能手机在车联网的应用 …………… 251
    8.2.1 智能手机在车联网中的应用 …… 251
    8.2.2 智能手机在智能交通中的应用 … 255

思考题 …………………………………… 257

参考文献 ………………………………… 259

第1章 车联网技术绪论

学习目标

1. 能够知道智能网联汽车的基本定义与车联网的通信标准。
2. 能够知道汽车电子技术的发展与现代汽车电子技术的应用趋势。
3. 能够简述汽车网联技术发展与车联网技术应用。

1.1 车联网基本概念

车联网是汽车、电子、信息通信、道路交通运输等行业深度融合的新型产业，是全球创新热点和未来发展制高点。车联网能够为车与车之间的间距提供保障，降低车辆发生碰撞事故的概率。车联网可以帮助车主实时导航与信息接收发送，通过与其他车辆和网络系统的通信以实现道路环境预警，提高交通运行的效率。

1.1.1 车联网定义

车联网（IoV）是指车辆上的车载设备利用无线通信技术，有效利用信息网络平台上的所有车辆动态信息，在车辆运行期间提供不同的功能服务。例如，利用物联网、无线通信、卫星定位、云计算、语音识别等技术，建立覆盖市民、车辆、交通基础设施、交通管理者、交通服务商等的快速通信网络，实现一系列的交通管理和智能信号控制、实时交通诱导、交通秩序管理、交通信息服务等服务与应用，最终达到提高交通安全性、驾驶效率与驾驶舒适性的目的。用户可以通过移动设备的软件（App 等）对汽车进行远程控制和安全监控。简而言之，车联网是建立在汽车内部网络、互联网和汽车移动互联网的基础上的，它是一个将汽车与外部信息连接起来的网络远程信息处理系统，包括汽车、网络、云平台和移动应用终端的汽车网联系统。车联网以汽车为信号源，利用汽车的各种传感器实时传输汽车自身的各种性能指标和汽车的环境信息（包括车对车、车对路、车对云等），对云平台的车辆进行监控、指令和控制。车联网业务将有效改善现有交通拥堵状况，能够在应急处理、辅助驾驶、交通信息共享、车辆碰撞提醒、车辆距离安全提醒、自动停车等方面发挥巨大作用。

目前，根据现有的车联网技术规划路线，汽车厂商必须首先在车内集成各种传感器进行数据采集；要想尽可能全面地掌握汽车的周围环境，大量的传感器是必不可少的。其次，它必须具备良好的数据传输能力和适应车辆所有传感器的传输策略，从而保证所采集的车辆信息高效、准确、稳定地上传到云平台。最后，应用层需要包含人工智能，如自动识别路况信息和车辆距离以及各车载技术的融合应用。

智能驾驶系统是一个庞大的概念和复杂的系统，如图 1-1 所示。它包括智能感知技术、智能计算机技术、辅助驾驶技术、智能总线技术等；生活服务系统包括音视频娱乐服务、信息查询服务和各种生态服务；定位服务系统除了向车辆提供精确的车辆定位功能外，还必须能够与其他车辆进行通信，实现车辆与车辆之间的自动定位通信功能，最终达到约定的目的地。

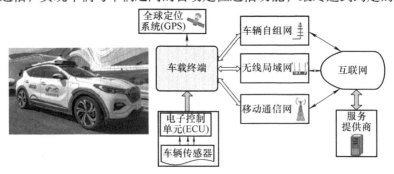

图 1-1　车联网系统架构

车联网的实现是在车辆上安装车载终端设备，实现对车辆所有工作状态及静态、动态信息的采集、存储和传输。车联网系统一般分为三个部分：车载终端、云计算平台和数据分析平台，根据不同行业对车辆的不同功能要求，实现对车辆的有效监控和管理。

车联网的应用包括通信、人机交互等技术都依托于整个平台的计算能力。如图 1-2 所示，在车联网技术发展中，有三大计算能力决定了整车的智能化发展方向：一是云计算，车联网、物联网、云平台大数据的运算，依托于整个云计算的能力。二是边缘计算，边缘计算指的是边缘数据，包括路况数据、道路数据、高级辅助驾驶系统（ADAS）数据的边缘计算。三是融合计算，未来越来越多的智能化终端将装到车里，智能化交互内容越来越多，智能控制也越来越多，如何进行融合决定了汽车实现智能化的程度。

图 1-2　汽车智能平台的三大计算能力

基于车联网的智能化电子架构如图 1-3 所示，车辆的运行往往涉及多个开关、传感器模拟、控制器局域网络（CAN）信号数据等。在车辆运行过程中，驾驶人的车辆数据不断被送回后端数据库，形成海量数据，并被"过滤和清洗"。数据分析平台对报表中的数据进行处理，供管理人员查看和实现智能交通控制，并为车辆提供数据处理信息，使车辆实现智能驾驶。车联网是以信息通信技术为基础，以移动车辆为信息感知对象的网络，利用新一代信息通信技术，实现了车对车、车对路、车对人、车对服务平台的全方位连接和数据交互，可以提供全面的信息服务,并形成汽车、电子、信息通信、道路交通等产业深度融合的新型技术应用形态。

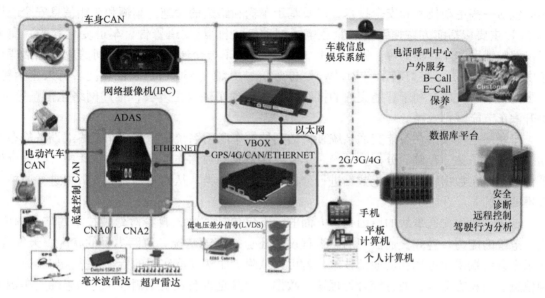

图 1-3 基于车联网的智能化电子架构

车联网系统架构如图 1-4 所示,根据车联网的服务内容,其技术发展大致可分为信息服务、智能服务和协同控制三个阶段。信息服务阶段主要提供导航、动态交通信息、车辆防盗、应急救援、视听娱乐等;智能服务主要实现交通的智能化管理,如安全驾驶预警、节能驾驶、出行引导等;协同控制主要采用传感器技术、网络技术和大数据处理技术实现汽车的无人驾驶功能。

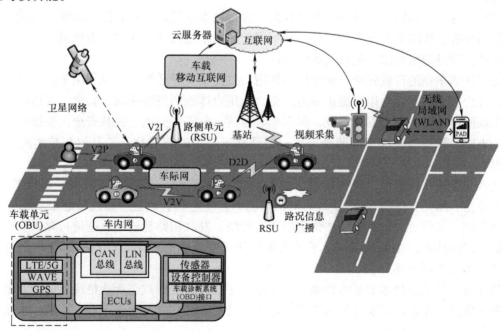

图 1-4 车联网系统架构

在传统汽车工业中，驾驶辅助系统的技术方向是车道保持辅助系统、自动泊车辅助系统、制动辅助系统、倒车辅助系统和驾驶辅助系统。在车联网技术的定义中，驾驶辅助系统还应包括一些主动技术和安全技术，以及基于车辆和路边的设施。车辆和车辆信息安全应用（V2V）主要包括前方碰撞警告、紧急电子制动灯、盲点/变道警告、车道变化警告、交叉路口驾驶辅助和左转辅助等。安全技术（V2I）在汽车与交通道路设施之间的应用包括弯道速度警示（CSW）、红灯警示（RLVW）、停车信号提醒（SSGA）、智能路况、行人警示等。车联网技术的发展有利于智能交通的推广，从而实现车辆自主驾驶，推广网络化信息服务，提升汽车节能减排效益。

车联网是物联网在智能交通系统领域的延伸。车联网系统用于实现车载终端设备静态和动态信息的采集、存储、分析和传输。车载终端采集的数据连续存储在数据库中，数据分析平台对存储在数据库中的大量数据进行分析、过滤、分类，从而达到对汽车数据进行监控和管理的目的。

首先，发生交通事故的原因是多方面的，不仅包括驾驶人自身对驾驶技术的掌握程度，应对危险的能力、遵守交通法规的意识程度，还包括车辆状况、道路本身的状况、天气等。如果车载终端采用近场移动通信技术，就可以从附近车辆获取实时的行驶数据，如车速、精确位置、行驶方向等，通过综合处理这些数据，预测是否会发生车辆碰撞。如果确定车辆可能会发生碰撞，便会及时警告驾驶人在足够反应时间内避免碰撞，从而达到减少事故的目的。

其次，可以缓解城市拥堵状况。汽车用户通过车联网获取汽车的实时位置信息后，利用现有的地图公共平台和手机导航软件以及公共交通管理平台发布的交通信息，可以方便地实现汽车的实时导航和路线规划。该平台还可以利用车联网的位置信息进行分析统计，从而减少交通拥堵。

最后，通过访问数据分析平台海量数据，包括城市空气污染源分析、驾驶人驾驶习惯分析、燃油分析、故障类别频率分析等，从不同的数据中挖掘其潜在的应用价值。其中，汽车空气污染分析可为绿色出行提供关键性建议。

为了保证车辆的行驶安全，避免道路拥堵，提高出行舒适性，可以利用车联网采集车身数据，分析数据特点，为用户提供参考意见，让用户体验到更加智能、安全、舒适的驾驶环境。车联网标准体系分为五大产业，即汽车、通信、电子、交通、公共安全。根据我国汽车发展的方向，智能网联汽车有两个层次：一是汽车技术的智能化，二是汽车技术的网联化（车联网）。

在汽车智能技术层面，汽车配备了多种传感器（惯性传感器、摄像头、超声波雷达、毫米波雷达、激光雷达等），以实现对周围环境的自主感知。通过一系列传感器的信息识别和决策操作，车辆可以以控制算法预定的速度行驶，并利用路径规划轨迹进行驾驶。有关于汽车智能网联技术的相关知识请参考《汽车智能网联技术与应用》教材，这两本教材的内容互补，本书不再赘述。

基于新一代信息技术的革命性突破，车联网正在改写全球汽车产业格局下的产业链、创新链和价值链。车联网产业链涉及汽车、电子、通信、互联网、交通等多个领域。根据产业链上下游关系，主要包括：

1）芯片制造商。开发和提供汽车级芯片系统，包括环境感知芯片、车辆控制系统芯片、通信芯片等。

2）传感器制造商。开发和提供先进的传感器系统，包括机器视觉系统、雷达系统（激光、毫米波、超声波）等。

3）汽车电子/通信系统供应商。可提供智能驾驶技术研发和集成供应的公司，如自动紧急制动、自适应巡航、V2X 通信系统、高精度定位系统等。

4）车辆公司。提出产品需求，提供智能车平台，开放车辆信息接口，进行集成测试。

5）平台开发和运营商。开发车联网服务平台，提供平台运营和数据挖掘分析服务。

6）内容提供商。提供高精度地图、信息服务等。

智能网联汽车技术分级在各个主要国家是不完全相同的。美国国家公路交通安全管理局（NHTSA）将智能网联汽车划分为 6 个等级，见表 1-1。

表 1-1　美国智能网联汽车智能等级划分

自动驾驶级别	等级定义
L0 级	无自动化，完全由驾驶人完成车辆行驶控制
L1 级	辅助驾驶，系统根据环境信息执行转向和加减速中的一项操作，其他操作由人完成
L2 级	部分自动化，系统根据环境信息执行转向和加减速操作，其他操作由人完成
L3 级	有条件的自动驾驶，系统完成所有驾驶操作，根据系统请求，驾驶人需要提供适当的干预
L4 级	高度自动驾驶，系统完成所有驾驶操作，特定环境下系统会向驾驶人提出响应请求，驾驶人可以对系统提出响应请求不响应
L5 级	完全自动化驾驶，系统完成所有驾驶操作，不需要驾驶人介入

德国联邦公路研究院把智能网联汽车发展划分为 3 个阶段，即部分自动驾驶、高度自动驾驶以及最终的完全自动驾驶。德国智能网联汽车智能等级划分见表 1-2。

表 1-2　德国智能网联汽车智能等级划分

自动驾驶级别	等级定义
部分自动驾驶阶段	驾驶人需要持续监控车辆驾驶辅助系统的提示，车辆无法做出自助动作
高度自动驾驶阶段	驾驶人不再需要对驾驶辅助系统持续监控，驾驶辅助系统可以在某些状态下暂时代替驾驶人做出一定的动作，并且能由驾驶人随时接管对车辆的操控
完全自动驾驶阶段	真正实现无人驾驶的状态，不需要驾驶人介入

中国把智能网联汽车等级划分为 5 个阶段（表 1-3），即辅助驾驶（DA）阶段、部分自动驾驶（PA）阶段、有条件自动驾驶（CA）阶段、高度自动驾驶（HA）阶段和完全自动驾驶（FA）阶段。

表 1-3　中国智能网联汽车等级划分

自动驾驶级别	等级定义
辅助驾驶阶段	通过环境信息对行驶方向和加速中的一项操作提供支援，其他驾驶操作都由驾驶人来完成。适用于车道内正常行驶，高速公路无车道干涉路段行驶，无换道操作等
部分自动驾驶阶段	通过环境信息对行驶方向和加减速中的多项操作提供支援，其他操作都由驾驶人完成。适用于高速公路及市区无车道干涉路段进行换道、泊车、环岛绕行、拥堵跟车等操作
有条件自动驾驶阶段	由无人驾驶系统完成所有驾驶操作，根据系统请求，驾驶人需要提供适当的干预。适用于高速公路正常行驶工况；还适用于高速公路及市区无车道干涉路段进行换道、泊车环岛绕行、拥堵跟车等操作

（续）

自动驾驶级别	等级定义
高度自动驾驶阶段	由无人驾驶系统完成驾驶人能够完成的所有驾驶操作，特定环境下系统会向驾驶人提出响应请求，驾驶人可以对系统请求不进行响应。适用于有车道干扰路段（交叉路口、车流汇入、拥堵区域、人车混杂交通流等市区复杂工况）进行的全部操作
完全自动驾驶阶段	无人驾驶系统可以完成驾驶人能够完成的所有道路环境下的操作，不需要驾驶人介入，适用于所有行驶工况下进行的全部操作

无论怎样分级，从驾驶人对车辆控制权的角度来看，可以分为驾驶人拥有车辆全部控制权、驾驶人拥有部分车辆控制权、驾驶人不拥有车辆控制权三种形式。其中驾驶人拥有部分车辆控制权时，根据车辆 ADAS 的配备和技术成熟程度，决定驾驶人拥有车辆控制权的多少。ADAS 装备越多，技术越成熟，驾驶人拥有车辆控制权越少，车辆自动驾驶程度越高。

中国为了统筹推进标准体系建设，加快重点领域关键急需标准制定，加强国际标准法规协调与产业协作，工业和信息化部印发了《车联网（智能网联汽车）产业发展行动计划》，在该行动计划中明确了以网络通信技术、电子信息技术和汽车制造技术融合发展为主线，分阶段实现车联网（智能网联汽车）产业高质量发展的目标。第一阶段，到 2020 年，车联网（智能网联汽车）产业跨行业融合取得了突破，具备高级别自动驾驶功能的智能网联汽车实现了特定场景规模应用，车联网用户渗透率达到了 30% 以上，智能道路基础设施水平明显提升。第二阶段，2020 年后，技术创新、标准体系、基础设施、应用服务和安全保障体系将全面建成，高级别自动驾驶功能的智能网联汽车和 5G – V2X 逐步实现规模化商业应用，"人 – 车 – 路 – 云"实现高度协同。

在该行动计划中明确要求加快智能网联汽车关键零部件及系统开发应用，推动构建智能网联汽车决策控制平台。大力支持 LTE – V2X、5G – V2X 等无线通信网络关键技术研发与产业化，全面构建通信和计算相结合的车联网体系架构。要求完善标准体系，推动测试验证与示范应用，适时发放频率使用许可，构建智能网联汽车测试评价体系。推动在机场、港口和园区开展自动驾驶出行、智能物流等场景的示范应用，构建国家级车联网先导区，不断提升交通智能化管理水平和出行服务体验。要求构建基于 LTE – V2X、5G – V2X 等无线通信技术的网络基础设施。打造综合大数据及云平台，推进道路基础设施的信息化和智能化改造，支持构建集感知、通信、计算等能力为一体的智能基础设施环境。发展电动汽车实时在线监测系统和大数据分析能力，推广车路交互信息服务的规模应用。推动事故预警和协同控制技术的应用，提升交通安全与拥堵主动调控能力，建立基于网络的汽车设计、制造、服务一体化体系，实现基于大数据平台的个性化汽车服务的规模应用。以智能网联汽车系统运行安全、数据安全和网络安全为重点，完善安全管理体系与防护机制，构建智能网联汽车、车联网数据和网络的全要素安全检测评估体系，着力提升隐患排查、风险发现、应急处置水平。

工业和信息化部于 2018 年出台了《车联网（智能网联汽车）直连通信使用 5905～5925MHz 频段管理规定（暂行）》。在该规定中，根据《中华人民共和国无线电管理条例》和《中华人民共和国无线电频率划分规定》，规划 5905～5925MHz 频段作为基于 LTE – V2X 技术的车联网（智能网联汽车）直连通信的工作频段，并说明了车联网（智能网联汽车）直连通信是指路边、车载和便携无线电设备通过无线电传输方式，实现车与车、车与路、车与人直接通信和信息交换。规划的 5905～5925MHz 频段与国际主流频段保持一致，20MHz 带宽频率资源能够满足智能网联汽车直连通信中的长期需求。明确了在 5905～5925MHz 频段设置、使用路边无线电设备，建设运营车联网智能交通系统的，原则上应向国家无线电管理机构申请 5905～5925MHz 频率使用许可，并遵守国家关于 5905～5925MHz 频段的使用要求与规定。

2019 年，工业和信息化部装备工业司组织全国汽标委编制了智能网联汽车标准化工作要点，并制定汽车通信应用层相关标准《C-V2X 标准合作框架协议》，配合做好道路基础设施、智能交通管理平台等相关标准制定，协同推进车联网标准体系建设。图 1-5 所示为智能网联汽车标准体系的构成，在标准的制定中，做了如下工作的推进：

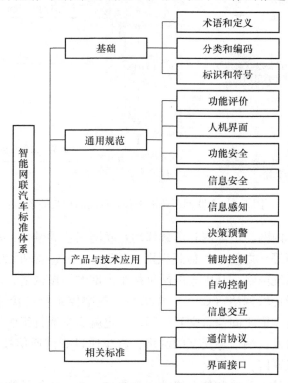

图 1-5 智能网联汽车标准体系的构成

1）完成了汽车信息安全通用技术、车载网关、信息交互系统、电动汽车远程管理与服务、电动汽车充电等基础通用及行业急需标准的制定。

2）完成了乘用车和商用车自动紧急制动（AEB）、商用车电子稳定性控制系统（ESC）等标准制定，组织制定了先进驾驶辅助系统术语及定义、盲区监测、车道保持辅助、全景影像监测、夜视系统、信号提示优先度、全速自适应巡航、交通拥堵辅助控制及自动紧急转向等智能技术与自动控制系统标准。

3）完成了驾驶自动化分级等基础通用类标准的制定，组织开展特定条件下自动驾驶功能测试方法及要求等标准的立项，启动自动驾驶数据记录、驾驶人接管能力识别及驾驶任务接管等行业急需标准，编制了智能网联汽车功能和性能评价指南等指导性文件。

4）完成了网联车辆方法论标准制定工作，推动智能网联汽车无线通信应用层技术要求、信息交互系统技术要求、启动交叉路口碰撞预警等系统应用类标准、智能网联汽车通信需求、自动驾驶高精地图标准、智能网联汽车相关基础设施与服务等相关的标准与工作指导性文件。

车联网的出现，为汽车制造、服务内容提供商和移动通信等领域带来产业升级机遇。其中移动运营商、汽车电子企业、内容提供商、服务提供商对参与车联网的兴趣更为积极。从服务流和资金流角度来看，车联网产业链中各角色间的相互关系如图1-6所示。

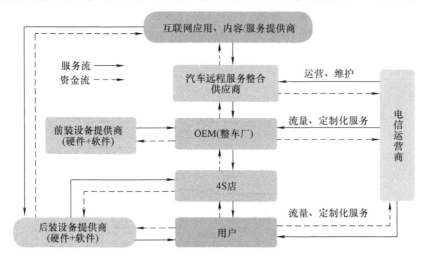

图1-6 车联网产业链中各角色间的相互关系

车联网的概念是车内网、车际网和车载移动互联网三者的融合，车联网是车与X（X指车、路、行人及互联网等）之间利用射频识别（RFID）、传感器和无线通信等技术，进行信息交换和数据通信的系统网络。其中车内网是指车内部的局域网络，即车辆内部的多种传感器和控制器基于控制器局域网络（CAN）技术与车载中控系统连接建立的网络；车际网是以车辆本体为节点实现车辆之间信息交互的网络，也就是车辆自组织网络；车载移动互联网是汽车与信息服务平台及云端信息交互的网络，汽车通过蜂窝通信技术以及Wi-Fi等短距离无线通信技术接入互联网。

汽车网联通过车载传感系统和信息终端实现与人、车、路等的智能信息交换，使车辆具有智能环境感知能力，能够自动分析车辆的安全和危险状态，并根据人的意愿使车辆到达目的地，最终达到代替人操作的目的。车辆通过采用新一代移动通信技术（例如：LTE-V、5G等），实现车辆位置信息、速度信息、外部信息等车辆信息之间的交互，并由控制器进行计算，输出提供安全驾驶的数据信息，通过决策模块计算后控制车辆按照预先设定的指令行驶，进一步增强车辆的智能化程度和自动驾驶能力。

具备了网联技术的车辆通过GPS、RFID、传感器、摄像头图像处理等设备，可以完成自身环境和状态信息的采集，再通过互联网技术，将自己的各种信息传输到中央处理器；通过计算机技术对大量的车辆信息进行分析和处理，计算出不同车辆的最佳路径，及时报告路况并安排信号灯周期，并通过与其他车辆和网络系统的通信，可以帮助车主实时导航，提高交通运行效率。

车联网并不只是把车与车联系在一起，它还把车与行人、车与路、车与基础设施（信号灯等)、车与网络、车与云联系在一起,如图 1-7 所示。所以说,车联网最核心技术就是 V2X,这里包括了下面几个概念:

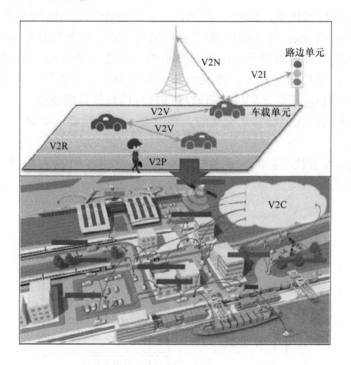

图 1-7　V2X 技术场景应用

1) V2V (Vehicle to Vehicle):车与车之间的信息交互。
2) V2P (Vehicle to Pedestrian):车与行人之间的信息交互。
3) V2R (Vehicle to Road):车与路之间的信息交互。
4) V2I (Vehicle to Infrastructure):车与基础设施之间的信息交互。
5) V2N (Vehicle to Network):车与网络之间的信息交互。
6) V2C (Vehicle to Cloud):车与云平台之间的信息交互。

以上的 V2V、V2P、V2R、V2I、V2N、V2C 等技术的作用、原理与应用在后面的内容中有详细的介绍,这里不再赘述。

车联网是由行驶在交通道路上的具备感知、计算、存储和无线通信能力的移动车辆以及路边基础通信单元组成的新型无线自组织网络。车联网中同时存在着车与车、车与路边单元两种通信模式,移动车辆实时感知自身的运动状态及周围环境的交通状况,并通过车与车、车与路边单元无线通信实现成本低廉、灵活性强的大范围交通信息协同,车联网被广泛认为是发展智能交通系统和提高道路交通安全的基础和核心技术。

防撞预警是车联网的一个重要组成成分。为了减少交通事故的发生,车辆通过判断自己与他人的行驶信息来及时控制汽车,但传统的雷达等技术存在探测距离过短、存在探测盲区及反应时间过短等问题,因此可以实时更新行驶信息的车联网能够及时、准确地帮助人们判断当前情况并做出相应的处理。

1.1.2 车联网通信标准

车联网信息通信标准体系，如图1-8所示，主要包括实现车辆与X（人、车、路、云）智能信息交互的中短程通信、广域通信等方面的协议规范。智能网联车辆是集环境感知、规划决策、多层次辅助驾驶等功能于一体的综合系统，集成了计算机、现代传感、信息融合、通信、人工智能和自动控制等技术，涉及汽车的安全性、舒适性以及人机交互等方面。因此，在不同的物理层和应用层之间，也有软件和硬件接口的标准规范。

1）车联网技术的组成包括移动交互的人车交互、通信设备的电磁环境兼容性、天线技术和无线能量通信。

2）通信协议和设备技术标准主要包括LTE－V2X技术、5G eV2X技术、卫星通信、导航定位和车载无线通信系统。

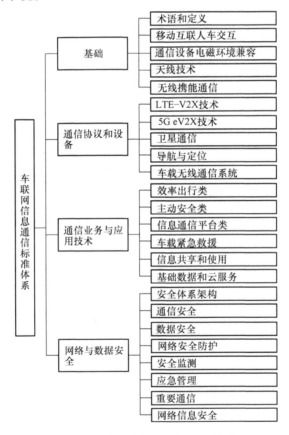

图1-8 车联网信息通信标准体系

3）LTE－V2X技术和5G eV2X技术标准主要包括V2X接口标准、网络通信标准、基站设备规范和测试规范、网络层/应用层标准、终端间互操作性标准、终端与网络设备互操作性标准。

4）卫星通信标准包括天线和伺服系统、车载卫星通信系统等，导航定位标准包括车辆导航定位性能、定时技术和电磁兼容的技术要求和试验方法。

5）车辆无线通信系统标准主要包括车辆语音、数据业务接入设备、车辆无线通信接口技术要求和检测方法。

6）通信业务和应用技术包括高效出行、主动安全、信息通信平台、车辆应急救援、信息共享与使用、基础数据和云服务。通信服务和应用技术标准主要规定了特定服务产品和系统的功能要求、性能要求和相应的测试方法。

7）网络和数据安全标准包括安全体系结构、通信安全、数据安全、网络安全保护、安全监控、应急管理、重要通信和网络信息安全。

1.2 汽车电子技术的发展

在现代汽车的内部结构中，通常使用近 100 个电子控制单元。在豪华车型中，电子控制单元将有更多的应用。这些电子控制单元负责各种功能，从制动和变速器控制到发动机管理和空调。目前，这些电子控制单元通过各种总线技术相互通信。然而，随着系统开始要求更高的性能和更快的响应时间，汽车网络协议将需要在未来几年内发生改变。

1.2.1 汽车电子技术的发展历史

汽车电子技术的发展及其大规模应用始于 20 世纪 70 年代末，从 70 年代到现在，大致经历了四个发展阶段。

第一个发展阶段是在 1971 年以前，当时它开始生产交流发电机、电压调节器、电子闪光灯、电子喇叭、间歇式刮水器、汽车收音机、电子点火装置和低起点数字时钟。

第二个发展阶段是 1974—1982 年，以集成电路和 16 位以下微处理器在汽车上的应用为标志。该阶段的发展主要包括电子燃油喷射、自动门锁、程控驾驶、高速报警系统、自动照明系统、自动除霜控制、防抱死制动系统、车辆导航、碰撞报警传感器、电子正时、电子变速器、闭环排气控制，如自动巡航控制、防盗系统以及实车故障诊断。这一时期最具代表性的是电子汽油喷射技术的发展和防抱死制动系统（ABS）技术的成熟，使汽车的主要机械功能都由电子技术控制，但当时机械与电气之间的连接并不理想。

第三个发展阶段是 1982—1990 年，微型计算机在汽车上的应用越来越可靠和成熟，并朝着智能化方向发展。开发的产品包括胎压控制、数字油压表、过度疲劳警告、牵引力控制、全轮转向控制、直视仪表板、声音合成和识别、电子负载调节器、电子道路监视器、手机、可加热风窗玻璃、倒车警告、高速限制器、自动后视镜系统、路况指示灯、电子冷却控制等。

第四个发展阶段是从 2005 年至今，主要包括应用微波系统、多路传输系统、32 位微处理器、数字信号处理方法、通信和制导协调系统、自动避碰系统、功率优化系统、自动驾驶和电子地图技术等的发展，特别是自动驾驶汽车的出现。

现代汽车电子技术的应用不仅提高了汽车的动力性、经济性和安全性，提高了汽车行驶的稳定性和舒适性，促进了汽车工业的发展，也为电子产品开辟了更广阔的市场，从而促进了电子产业的发展。

1.2.2 现代汽车电子技术发展现状

目前，汽车电子技术已进入优化人、车、环境整体关系的阶段。它朝着超微型磁体、超高效电机和集成电路的微型化方向发展，为汽车的集中控制提供了基础。特别是在控制精度、控制范围、智能化、网络化等方面取得了重大突破。汽车电子控制技术已成为衡量现代汽车发展水平的重要标志。汽车电子控制系统主要由传感器、电子控制器（ECU）、驱动器和控制程序软件组成，它与车辆上的机械系统一起使用（通常与动力系统、底盘系统和车身系统中的子系统集成），并利用电缆或无线电波相互传递信息，即所谓的"机电一体化"，如电子燃油喷射系统、防抱死制动系统、防滑控制系统、电子控制悬架系统、电子控制自动变速器、电子动力转向等。汽车电子控制系统大致可分为四个部分：发动机电子控制系统、底盘集成控制系统、车身电子安全系统和信息通信系统。

现代汽车电子技术的发展趋势主要体现在以下几个方面：

1. 传感器技术

由于汽车电子控制系统的多样化，使其所需要的传感器种类和数量不断增加。为此，研制新型、高精度、高可靠性和低成本的传感器是十分必要的。未来的智能集成传感器不仅要为模拟和处理提供信号，还要对信号进行放大和处理；同时要能自动进行时间漂移、温度漂移和非线性自校正，并且要具有很强的抗外部电磁干扰能力，确保传感器信号的质量不受影响，即使在特别恶劣的使用条件下也能保持很高的精确度。图 1-9 所示为奥迪 ADAS 传感器技术应用。

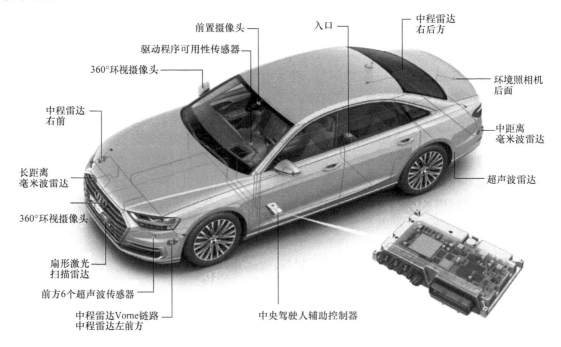

图 1-9 奥迪 ADAS 传感器技术应用

2. 微处理器技术

微处理器在车联网中应用非常广泛，主要应用于安全、环保、发动机、传动系统、速度控制和故障诊断等领域。通过微处理器技术的计算处理能准确检测车辆的状态与外部环境的状态，要求其具有计算、判断、预测和引导等功能，监测汽车主要部件的工作状态，如电池电压、轮胎压力和车速等工作状态。

3. 软件新技术应用

在车联网系统中，随着智能信息技术、汽车电子技术的增加，对控制软件的需求也越来越多，因此需要使用多种软件和开发通用的高级语言交互系统来满足各种硬件的需求。例如嵌入式机器人操作系统（ROS），安卓（Android）等，汽车上的多信道传输网络将在很大程度上依赖于软件。软件总数的增加和功能的增强将使车载计算机能够完成越来越复杂的任务。

4. 汽车智能与智能交通系统

汽车智能化相关的技术问题已受到汽车制造商们的高度重视，其主要技术中自动驾驶仪的构想必将依赖于电子技术实现。智能交通系统（ITS）的发展将与电子和卫星定位等多个交叉学科相结合，它能根据驾驶人提供的目标数据，为驾驶人提供距离最短并能绕过车辆密度相对集中的最佳行驶路线。它配有电子地图，可以显示前方道路；还可以从全球定位卫星获取沿线天气、交通、交通事故、交通堵塞等情况，为车辆自动选择最佳行车路线。

5. 多通道传输技术

如图 1-10 所示，多路传输技术将从实验室逐步进入实用阶段。采用这项技术后，每一条数据线将成为一个网络，用来分离汽车中央计算机的信息。微处理器可以通过网络接收来自其他单元的信号。传感器和执行器之间应该有一个新的接口，以便与多通道传输系统连接。

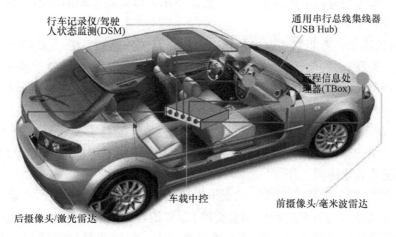

图 1-10　多通道传输技术

6. 数据传输电子新技术

汽车电子技术将在未来实施车辆控制系统。这个系统需要一个庞大而复杂的信息交换和控制系统，车载计算机的容量更大，计算速度更高。随着汽车计算机控制系统数量的增加，使用高速数据传输网络的必要性越来越大，光纤可以为这个传输网络提供传输介质，解决电子控制系统的电磁干扰问题。

7. 汽车车载电子网络

随着电子控制设备在汽车上的应用日益广泛，车载电子设备之间的数据通信变得越来越重要，建立基于分布式控制系统的汽车电子网络系统是十分必要的。大量数据的快速交换、高可靠性和低成本是汽车电子网络系统的要求。在这个系统中，每个从处理器独立运行，以控制和提高汽车某一方面的性能,其他处理器在必要时也可以提供数据服务。主处理器收集并组织每个从处理器的数据,并生成车辆状态显示。对于通信控制器,可以保证数据的正常传输。

1.2.3 汽车电子技术应用趋势

随着集成控制技术、计算机技术和网络技术的发展,汽车电子技术已明显向集成化、智能化和网联化三个主要方向发展。

1. 集成化

集成化是通过嵌入式技术、局域网控制技术和数据总线技术,将汽车电子控制系统集成,集成化成为汽车技术发展的必然趋势。例如,在传统汽车中,发动机管理系统和自动变速器控制系统被集成到动力总成系统的综合控制中;电动汽车则集成了汽车高压控制系统、车载充电器、DC/DC 变换器等,各部件集成在一个箱体中。

2. 智能化

汽车智能技术是一种将探测、识别、判断、决策、优化、优选、执行、反馈、纠控等功能融为一体,使汽车会学习、会总结、会提高技能,集微型计算机、微电机、绿色环保动力系统、新型结构材料等顶尖科技成果为一体的智慧型汽车技术。未来,汽车智能化与网联化是分不开的,自动驾驶将越来越智能化,而智能技术可以提高车辆的动力性和安全性,具体技术可概括为以下几个方面:

1) 智能驾驶技术。智能驾驶至少包括四个工作系统:感知系统(如 GPS 导航终端、雷达测距仪、摄像头等)、控制系统(如动力控制、车身控制、底盘控制、安全控制等)、通信系统(如短距离无线专用通信、车载通信等)、软件系统(如车载操作系统、电子地图、各种嵌入式软件等)。

2) 智能控制系统。自动驾驶技术的背后实际上是电控自动变速器(ESA)、防抱死制动系统(ABS)、电控汽油喷射(EFI)、怠速控制(ISC)、车辆横向稳定控制系统(VSC)和智能控制系统的高效协同工作。

3) 人机互动入口。人机交互入口的竞争主要集中在以下三个方面:一是人与车之间的直接交互入口(驾驶人与汽车之间的信息交换),如语音识别、手势识别、视觉识别等;二是人与汽车之间的间接交互入口(驾驶人通过第三方,如智能移动终端与汽车进行通信),如使用智能手机、智能手表来控制汽车的技术;三是人与车入口的互动(驾驶人与道路之间的信息互通,网络和信息中心),如各种车载通信(M2M)技术,用于汽车和外部网络之间的相互通信。

4) 汽车操作系统。汽车作为继手机、平板计算机之后的下一代移动智能终端,已经成为 IT 巨头先进布局和竞争的战略核心。汽车操作系统不仅与手机操作系统完全相同,还具有信息处理和网络连接功能,可以直接控制汽车。

5) 汽车的核心芯片。与移动智能终端相比,汽车使用的芯片种类更多,几乎覆盖了所有半导体器件,包括微器件(如控制部件的 MCU、处理数据的微处理器)、存储器件(如存储数据的 EEPROM)、逻辑器件(如电源管理的 ASSP)。同时,由于汽车所处的相对环境恶劣,对芯片的温度、湿度、振动和压力的要求也越来越高。

3. 网联化

智能网联汽车的关键是构建一个具有情感、计算、通信、决策等功能的新系统架构，现代汽车从最初的通用OnStar到实现车内Wi-Fi、手机遥控等，其内涵不断拓展。网联化时代，汽车产品的重心需要向数字化技术转移，如云平台、人工智能、机器学习等技术。

网联汽车将产生大量的实时数据，每天产生大约500GB的数据，主要包括汽车位置和周围环境信息，以及汽车诊断信息、维修信息、安全信息、性能信息、驾驶信息、驾驶人信息等。

1.3 车联网的发展趋势

车联网是当前汽车和交通技术发展的重要方向之一，对减少汽车交通事故与解决交通规章管理问题具有重要意义。

1.3.1 汽车网络技术的发展

1.3.1.1 汽车局域网技术发展

目前的车载网络技术主要有本地互连网络（LIN）、控制器局域网络（CAN）、TTP/C、FlexRay、面向媒体的系统传输（MOST）以及低电压差分信号（LVDS）。不同通信网络的比较见表1-4。

表1-4 不同通信网络的比较

协议	带宽	传输介质	负荷/bit	拓扑方式	实时
CAN	1Mbit/s	双绞线	8	总线型	否
LIN	20kbit/s	单线	8	总线型	否
TTP/C	10Mbit/s	双绞线/光缆	128	总线型	是
FlexRay	10Mbit/s	双绞线/光缆	254	总线型/星型/混合型	是
LVDS	850Mbit/s	双绞线串/并行	—	点对点	否
MOST	150Mbit/s	双绞线/光缆	3072	环形	否

CAN主要用于车上控制数据的传输，是目前车载网络应用最广泛的标准，最大传输速度为1Mbit/s。

LIN总线是一种低成本通用串行总线，在汽车领域用于车门、天窗、座椅控制等，最大传输速度为20kbit/s。

TTP/C是一种基于时分多址方式（TDMA）的时间触发通信协议，主要用于安全关键领域，例如航空电子设备或汽车领域X-by-Wire应用，最高传输速度为10Mbit/s。TTP/C专为满足最高安全要求而开发，因此它不兼容事件触发系统。

FlexRay允许同步和异步数据传输，同步部分是基于TDMA方法，异步部分使用灵活的时分多址方法（FTDMA），每个节点可以使用全带宽传输事件触发数据。FlexRay被设计成用于容错环境下的线控制动等底盘系统应用。

LVDS是一种电气数字信号系统（低电压差分信号，通过铜缆双绞线传输高速数据最高可达850Mbit/s，最长传输距离10m）。在汽车领域，LVDS用于屏幕和摄像头之间的数据传输。此外，LVDS 包含不开放协议，不同厂商的部件需要 ECU 充当网关。

MOST 主要支持多媒体流数据的传输，MOST150 标准的最大带宽为 150Mbit/s，它是目前车载多媒体数据传输的首选协议。MOST150 支持基于网际互连协议（IP）的应用程序，由于单一供应商的问题，基础开发成本较高。

一直以来，局域网 LIN、CAN 等协议被广泛应用，但这些协议对汽车网络运行与通信的限制日益明显。为了更广泛地采用 ADAS 技术，需要即时采集车况数据、道路环境数据，以及能及时处理更多的数据，LIN、CAN 总线通信带宽已经不能满足车联网的要求，需要更高的网络带宽来支持，例如车载以太网。图 1-11 所示为 CAN 总线的技术架构。

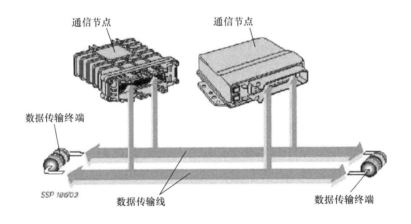

图 1-11 CAN 总线的技术架构

另外，自动驾驶汽车的运行需要极快的通信传输速度来满足行驶与应用的要求，在将来，这种高带宽需求至少需要增加一个数量级。汽车制造商以及供应链层的企业正试图从现有不同的总线协议转向实现更一致的网络布局。新技术可以支持更快的数据速率和更低的延迟，能够减少布线，降低材料成本，并提高燃油经济性。新技术具有更高的操作安全性，能够防止潜在的网络攻击与日益严重的通信数据安全威胁。

1.3.1.2 车载以太网技术发展

20 世纪 70 年代，以太网技术得到进一步发展，由此推出了第一套 IEEE 802 标准。80 年代，以太网开始成为人们普遍采用的通信网络，其采用带冲突检测的载波侦听多路访问（CSMA/CD）的介质访问控制（MAC）机制，并且应用电子和电气工程师协会制订的 802.3LAN 标准，对各控制器发出的网络报文进行规范管理。2011 年，IEEE 工作组推出了 802.3bd—2011 标准，修正以太网以支持有线通信，规定用于基于优先级的流量控制的 MAC 控制帧。同年，802.3bf—2011 标准的制定实现了以太网对 IEEE 802.1AS 时间同步协议的支持。

车载以太网工控机（图 1-12）是下一代汽车网络基础设施，这种通信协议通常应用于企业和工业领域，具有大量的资源。单线以太网联盟（OPEN）特别兴趣小组（SIG）是一个由宝马、博通、飞思卡尔、哈曼、现代和恩智浦等知名品牌组成的行业组织，其目的是使基于以太网的通信成为未来汽车的基础网络，并鼓励实施 IEEE 相关的汽车标准。车载以太网技术的发展如图 1-13 所示。

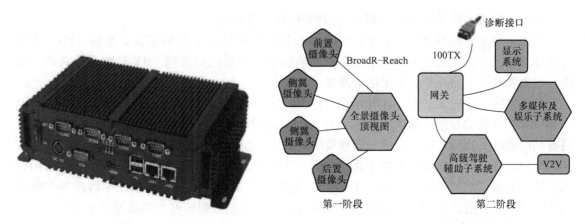

图 1-12　车载以太网工控机　　　　　　图 1-13　车载以太网技术的发展

第一阶段为子系统级别。在第一阶段是单独在某个子系统使用以太网，典型的应用例如车载诊断系统（OBD）诊断设备、使用 IP 摄像头的驾驶辅助系统等。

第二阶段为架构级别。将几个子系统功能进行整合，形成一个拥有功能集合的小系统。例如，将多媒体、驾驶辅助和诊断界面结合在一起，融合了传感器、全景摄像头及雷达等多种数据。因为可以保证更高的带宽和更低的延迟，在涉及安全方面的应用，摄像头可以使用更高分辨率的未压缩的数据传输，从而避免如压缩失真等导致障碍物检测失败的问题。

第三阶段为域级别。前两个阶段专注于一个特定的应用领域，第三阶段使用以太网为车载网络骨干，集成动力总成、底盘、车身、多媒体、辅助驾驶，真正形成一个域级别的汽车网络，但是这种分层式的架构会造成控制器通过以太网骨干网和交换机通信时，所需的软件内容增加。车载以太网域级别架构如图 1-14 所示。

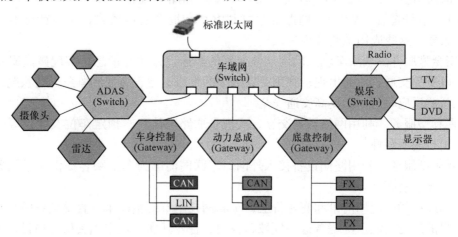

图 1-14　车载以太网域级别架构

汽车领域使用的以太网技术需要在不影响传统以太网技术的前提下考虑各种工程因素，数据通过一根非屏蔽双绞线铜电缆传输，这有助于简化系统并节省空间。这种非屏蔽双绞线铜电缆传输也需要考虑更高的工作温度，以及汽车环境中的静电放电（ESD）和电磁干扰（EMI）。集成到汽车网络中的物理层接口（PHY）收发器需要能够在不影响信号完整性的情况下确保可接受的低误比特率（BER），并支持低功耗模式。

例如，当发动机关闭时，电子控制单元和其他硬件将处于休眠模式。此时，PHY 将保持部分通电，并且仅在汽车网络上有活动后唤醒系统。现代以太网 PHY 具有非常高的集成度，这大大降低了能耗并延长了电池寿命。

在以太网协议的发展中，100BASE-T1 以太网协议（IEEE 802.3bw）是为了满足早期汽车以太网更高的数据传输速率要求而开发的。通过半双工操作可以达到 100Mbit/s，并且具有相对较低的延时，以便有效地管理驾驶时的自适应控制。它可以通过重叠原理和使用特定的编码和置乱系统来减少电磁干扰的影响。1000BASE-T1 协议（IEEE 802.3bp）采用全双工模式通信，数据传输速率可达 1Gbit/s。根据技术发展路线图，未来几年将达到千兆数据传输速率，目前已经制定了相应的以太网标准，以满足数据传输的更高速度要求。

在同类的产品技术中，恩智浦的 TJA1100 是一个提供 100Mbit/s 数据传输的单端口 100BASE-T1 以太网物理层，德州仪器（TI）DP83TC811S-Q1 100Mbit/s 以太网物理层支持全系列独立多媒体接口。为帮助系统监测和检测电缆断裂，并对温度和电压的变化以及 ESD 的影响做出响应，该设备配备了一个全面的诊断工具包。为了满足汽车网络基础设施不断增长的数据量需求，需要更高性能的标准化接口和通信协议。人们普遍认为，以太网技术是一种稳定的、应用广泛的通信协议，同时也具有汽车应用所必需的特点，可以在未来提供更高的数据速率。

1.3.2 车联网技术发展

1.3.2.1 世界发达国家的车联网技术发展

作为智能交通系统（ITS）的重要组成部分，车联网是物联网技术于交通领域的应用。利用先进的通信技术，车联网将车载单元（OBU）和路侧设备（RSU）结合，提供车车通信（V2V）、车路通信（V2R）、路路通信（R2R）和混合通信模式，实现针对不同用户需求的应用服务。这些应用主要分为三大类：

1) 安全型服务。利用车辆之间周期性交互的车速、方向等信息，实现碰撞避免和盲区预警等，以避免交通事故的出现；利用突发数据的发送，通告事故和紧急交通状况，为驾驶人提供充裕的反应时间，以提高交通安全。

2) 便利型服务。利用网络数据交互，实现获取路况信息、预定车位及餐位等应用，以提高驾车出行的便利性。

3) 娱乐型服务。利用路侧设备接入外网，车联网能够为车上乘客提供娱乐服务，如在线游戏、语音、视频等。

正因如此广阔的应用前景和商业价值，车联网技术自诞生以来一直受到各国政府、产业界和学术界的广泛关注。围绕着这一领域，各国、各界开展了众多相关研究项目，如美国的 CAMP/VSC-2、日本的 ITS-Safety2010、欧洲的 SAFESPOT 等。同时，国际标准化组织也在积极制定车联网相关的标准，如 IEEE 802.11p 标准的开发等。

车联网在国外起步较早，其中，美国、日本和欧洲一些国家是研究和示范应用的前沿。

20 世纪 60 年代，日本开始研究车辆与车辆之间的通信技术。

1992 年，美国材料与试验协会发起一项名为专用短通信技术（Dedicated Short Range Communication，DSRC）的技术，此通信技术主要适用于电子不停车收费领域。

1997 年，通用公司推行了 On-star 业务，它把摩托罗拉无线通信模块、车辆定位技术及服务中心综合为一体，为汽车提供全方位的通信服务。车联网是"车载物联网"，是汽车与通信技术紧密结合的领域。车联网作为物联网在交通领域的应用，是智能交通系统的重要组成部分，同时也是最容易形成系统标准、最具备产业潜力的应用。

2000 年前后，欧美各国还先后启动了多个车联网技术项目，旨在推动车辆与车辆之间网联技术的发展。

2004 年，DSRC 技术与 IEEE 802.11p 和 IEEE 1609 工作组针对研究高速移动节点间的通信进行了合作。2009 年 12 月，"车联网"的概念首次在美国交通部的《智能交通系统战略研究计划：2010—2014》中提出，该概念是以使用无线通信技术建立一个全国范围内的、多模式共存的地面交通系统，构建一个车辆、道路、车载终端之间互相通信的交通生态为目标，将会使交通安全与机动性得到显著提高，并且符合绿色出行的理念。

2007 年，6 家欧洲汽车制造商（包括宝马等）成立了 Car2Car 通信联盟，积极推动建立开放的欧洲通信系统标准，以实现不同制造商汽车之间的相互通信。根据全球移动通信系统协会（GSMA）和英国一家汽车咨询公司（SBD）联合发布的《车联网预测报告》，全球车联网市场年均增长率为 25%。

在车联网技术的发展中，发展最快并取得了相应成果的是欧洲车联网领域中的车路协同系统（Cooperative Vehicle Infrastructure System，CVIS）。该项目的目的在于在交通行驶过程中，车辆可以直接与路况进行"对话"，可以从任何某个交通指示灯、十字路口或者是在其他任何道路设施上的接收器模块，就可以实时更新到最近最新的路况，及时规避道路拥堵和潜在的危险。欧洲正在充分应用远程信息技术，计划在整个欧洲建立一个专用的无线通信网络，并将其作为交通管理、导航和电子收费等相关应用的基础。

日本在 1996 年 4 月建立了车辆信息通行系统（Vehicle Information and Communication System，VICS）。日本车辆信息通信系统从当地警察和道路管理部门收集道路拥堵、道路信息和路线、停车场空位、交通事故等实时交通信息，并通过道路无线电设备发送给过往车辆。该系统分为两个部分，其一为收集道路拥堵情况、道路信息及行驶路线、停车场空余车位、实时交通事故等实时信息的警察和道路管理部门；其二为每一辆车安装车载终端设备，该系统利用道路电波装置，将收集的道路信息发送到每辆车中。日本在此基础上，于 2011 年在全国范围内安装了不少于 3400 万台 VICS 车载终端，在获取道路及交通等信息等方面获取了不错的效果。日本大规模推行的车辆信息通信系统主要围绕三方面进行：车辆信息通信系统、不停车收费系统、先进车辆控制系统。2009 年，日本车辆装载率达到 90%。

我们再来看一下中国车联网技术的发展。1999 年，中国建立了国家工程技术研究中心，开始进行交通系统研究和开发，通过多年的努力，中国的智能交通行业得到了大力发展。自 2010 年来，国家启动了多项车联网相关的"863"课题，如"车辆多传感器集成关键技术研究""基于 Ad-hoc 的车辆通信系统关键技术研究""车辆无线通信系统中的关键技术研究"等方面的研究。未来，中国将进一步促进智能交通行业发展。如图 1-15 所示，目前我国智能交通系统应用主要是三个方向：公共交通信息化、城市道路交通管理服务信息化、城市交通信息化。由于我国智能交通行业已经历了十多年的发展，因此车联网产业发展具备一定基础。在北京、上海、深圳、无锡已经形成了车联网的产业联盟，在上海已经形成了车联网的产业基地，这些将有利于产业链上的互利合作和产业基地的形成。

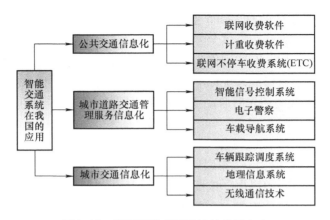

图 1-15　我国智能交通系统的发展方向

车联网技术的发展可以参考国际上主流车联网终端的架构，结合车－路－网协同的新需求，在现有车联网架构基础上，将车联网智能信息终端的基本功能提取出来，构造出车联网终端核心模块软硬件架构，实现对多传感器车辆－环境信息的融合，车载网络、移动通信网络与车载短程无线通信网络的融合，以及 GPS、多媒体（语音、视频）应用等的支持。同时定义出相应的数据接口与软、硬件接口，作为解决方案设计的依据。根据核心模块数据接口与软、硬件接口，设计出基于模块的终端解决方案，为智能信息终端的开发提供支撑。

1.3.2.2　中国车联网技术发展目标

近年来，我国的车联网被认为是物联网系统中最具产业潜力和最明确市场需求的领域之一，这是信息技术与工业化深度融合的重要方向和汽车产业战略的制高点，是我国汽车工业由大到强转型升级的重要突破口，是协调多个重点领域创新、构建新型交通体系的重要载体。目前，我国车联网的发展已经确立了三个发展阶段的目标：起步阶段、发展阶段和成熟阶段。

第一阶段是到 2020 年的起步阶段。驾驶辅助（DA）、部分自动驾驶（PA）、有条件自动驾驶（CA）系统新车装配率超过 50%，联网驾驶辅助系统装配率达到 10%，满足智能交通城市建设需要；同时，运输效率提高 10%，油耗降低 5%。

第二阶段是到 2025 年的发展阶段。DA、PA、CA 新车装配率达到 80%，其中 PA、CA 新车装配率达到 25%，高度和完全自主的汽车开始进入市场。

第三个阶段是到 2030 年的成熟阶段。汽车 DA 及以上级别的智能驾驶系统已成为新车的标准装备，车辆互联率接近 100%，HA/FA（高度/完全自动驾驶）级别自动驾驶新车装配率达到 10%。在一些地区，初步形成了"零伤亡、零拥堵"的智能交通体系。

就目前而言，全国各大车企近几年对智能网联汽车技术投入了大量的研发，并取得了技术上的突破。在研发过程中，因为 L3 级是以人车协同驾驶技术为基础的应用方向，在交通规则划分上还没有形成标准，如果 L3 级在使用过程中发生意外交通事故，在事故责任上难以界定，所以有不少企业试图绕过 L3 级，而直接跳到 L4 级的技术研发。以百度为例，百度已经于 2019 年 6 月下线了 L4 级的 Robotaxi 自动驾驶汽车，百度阿波罗（Apollo）获得了长沙市政府颁发的 45 张可载人测试牌照。同年 9 月 26 日，百度自动驾驶出租车队 Robotaxi 试运营在长沙正式开启（图 1-16）。

图 1-16 百度自动驾驶出租车队 Robotaxi 试运营

百度的阿波罗于 2014 年正式推出。2015 年,百度公布了自动驾驶原型,并在北京市首次实现城市、环路和公路混合驾驶条件下的全自动化驾驶。随后百度成立了自动驾驶事业部,致力于研究 L4 级完全无人驾驶技术。2016 年,智能网联汽车战略发布,百度成立了智能网联汽车事业部,研究 L3 级限级自动驾驶并开展道路测量合作。

2017 年,百度智能驾驶业务集团成立,与博世合作开发高精度地图,并宣布为汽车行业和自动驾驶领域的合作伙伴开通阿波罗软件平台。2018 年,百度 L4 级无人车实现量产。2019 下半年,它正式进入中国长沙的出租车市场,赢得了社会各界的好评。目前,微软、博世、大陆、TomTom、Grab 等全球近 50 家公司已加入阿波罗平台。车联网已成为新一轮科技创新和产业发展不可或缺的场所,其远程通信产业链长,角色丰富,跨界融合特征突出。它在行业爆发前已经进入了一个战略机遇期,并正在产生大量的新技术、新产品和新服务。车联网技术正朝着智能化和网联化方向发展,车内操作系统、新型汽车电子、车内通信、服务平台、安全等关键技术已成为研究热点。

信息和通信技术产业与汽车和交通运输业深度融合,新的汽车电子和车辆/道路通信服务正在形成工业规模。汽车和交通服务的创新正变得越来越活跃,新的工业生态即将建立。在车联网的关键技术中,高性能、新型的汽车电子技术正在积极创新。传感器融合、高性能计算芯片、新型人机交互是三大技术热点。车载操作系统从单一功能上支持智能网联化综合业务的发展,软件结构呈现层次化、模块化、平台化的特点。

但是,车联网在发展过程中也遇到一些困境和挑战,主要体现在以下几个方面:

1)政府对汽车行业发展以及车联网技术的开发等重视程度依然不够。虽然国家大力扶持汽车行业发展,但是在车联网技术开发与管理等方面并没有建立完善的政策体系,缺乏统一的管理,给予的政策引导也不够,不利于车联网技术的深度开发与应用。

2)汽车行业、汽车生产企业之间没有形成数据共享机制,需要进一步加强技术攻关与合作。目前汽车行业主要是进行技术开发,汽车生产企业主要是进行汽车的生产以及销售等,两者之间没有建立有效的信息沟通机制和数据共享机制,这样将不利于数据资源共享和技术研发,从而影响了车联网技术的有效开发和资源的充分挖掘与应用。

此外,车联网技术依靠的信息通信技术以及物联网技术等,很多都是从国外引进的,他们有比较成熟的经验,而我国在车联网技术的应用开发等方面投入力度不够,缺乏相应的技术人才,没有形成自主品牌优势,难以应对外商汽车品牌的挑战。

1.3.2.3 车联网技术发展现状

互联网技术的迅速发展给汽车工业带来了革命性变化的机会。汽车智能化技术正逐步得到广泛应用，这项技术使汽车的操作更为简单，行驶安全性也得到了更高的保障。1992 年，为了实现车辆外部通信，美国采用了 DSRC（专用短程通信技术）。后来，经过不断的改进，该技术已成为 IEEE 汽车联网通信技术标准（802.11p），原理如图 1-17 所示。DSRC 实际上类似于在路边安装 Wi-Fi，让车辆通过 Wi-Fi 进行通信，适用于短程通信。如果距离过长，DSRC 在可靠性等各个方面都会出现问题。

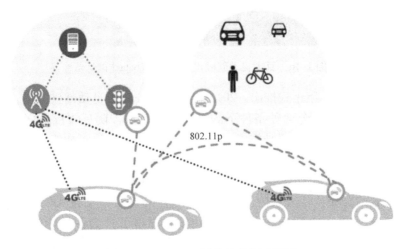

图 1-17　802.11p 通信技术标准原理

进入 21 世纪后，蜂窝移动通信发展迅速，人们开始将蜂窝通信技术应用于车对车通信。2014 年 9 月，LG 向第三代移动通信标准化组织（3GPP）提交了 V2X 通信应用的 LTE 规范草案。同年 12 月，爱立信提交了一份增强 LTE D2D 类似服务的规范草案。2015 年，3GPP 正式启动 LTE-V（图 1-18）技术标准化研究。至 2016 年 9 月，3GPP 完成了 R14 版本 LTE-V2X 标准的制定。

图 1-18　LTE-V

LTE-V依赖于现有的LTE基站，从而避免重复建设，并且具有比DSRC更大的工作距离，可以提供更高的带宽、更高的传输速率和更大的覆盖率。LTE-V技术包括两种工作模式：集中式（LTE-V-Cell）和分布式（LTE-V-Direct）。LTE-V-Cell要求以基站为控制中心，实现大带宽、大覆盖的通信，而LTE-V-Direct则可以直接实现车辆与车辆、车辆与周围环境节点之间的可靠通信，无须基站作为支撑。

2014—2015年，3G和LTE技术开始在美国应用于车辆通信系统的远程控制。

基于LTE-V的技术优势，目前，我国倾向于采用LTE-V。与其他国家车联网产业的发展相比，我国车联网技术2009年才刚刚起步，初步只能实现基本的导航和救援功能。随着通信技术的发展，2013年国内汽车网络技术已经能够实现实时导航、实时监控等简单的实时通信。

2016年9月，华为、奥迪、宝马、戴姆勒等公司合作推出5G汽车联盟（5GAA），并与汽车经销商和科研机构联合推出一系列汽车网络应用场景。2016年10月，《车联网技术路线图》正式发布，首次明确了中国车联网的技术发展路径。2017年12月发布的《国家汽车联网产业标准体系（智能车联网）建设指南》，根据智能车联网技术现状、产业应用需求和未来发展趋势，提出了中国智能车联网标准体系的发展目标。此后，在2017年底，国家颁布了多项方案，将发展车联网提到国家创新战略的高度。在此期间，人工智能、大数据等技术的发展，使得车联网在企业管理、智能物流等方面更加实用。此外，ADAS等技术可以实现与环境信息的交互，有力地推动了UBI业务的发展（UBI业务是指基于车主驾驶行为数据的差异化车险业务，UBI保险的实现依赖于OBD产品对车主驾驶行为数据和车辆数据采集）。未来，依托人工智能、语音识别和大数据的发展，车联网将与移动互联网相结合，为用户提供更加个性化的服务。

在地图方面，腾讯和阿里分别与NavInfo和高德合作。在接口硬件方面，腾讯推出了路宝盒子，阿里推出了智能网联汽车盒子，百度推出了Carnet的开放式车联网协议，淘宝网也开始涉足汽车维修O2O。纵观国内外车联网的发展，"用户体验"已上升为车联网各方关注的核心焦点。安全、方便、舒适、省油已成为车主们普遍关注的问题。在万物互联的背景下，车联网将成为支持未来用户体验的核心能力。

"车-路"信息系统一直是智能交通发展的重点领域。在国际上，欧洲的车路协同系统（CVIS）、美国的智能车辆公路系统（IVHS）、日本的SmartWay等系统都建立了有效的车路信息通信，实现了智能交通管理和信息服务。近年来，RFID技术在物流、供应链管理、交通智能管理等领域得到了广泛的应用，如智能公交定位管理和信号优先级、智能停车场管理、车型及车流信息采集、路桥电子不停车收费等，高速公路模糊路径识别和车速计算分析都获得了一定的效果。

采用车联网技术的车辆应具备以下要求：

1) 车联网车辆应具有人机语音交互能力。人机语音交互能力是人机交互的关键能力，语音技术在车载信息服务系统中的应用不仅成为驾驶人获取信息、互动娱乐和程序控制的重要工具，而且在车内设备的综合控制终端中发挥着重要作用。在提高行车安全性、提升车载娱乐价值、提升车内信息化效能等方面的作用越来越不可替代。

2) 车联网车辆应具有视频融合能力。如图1-19所示，车载视频通信能力是汽车工业和智能视觉技术发展的必然趋势。例如，通过智能可视车联网建设，可以接入各种视频终端，实现在线检测、在线年检、在线监测车辆状态；通过在线识别车辆状态，就可以知道这辆车是否有合法的经营许可证，是否符合环保要求，是否有危险驾驶行为等。

图 1-19　车联网视频融合

3）车联网车辆应具有数据服务能力。远程信息处理数据服务能力是指基于大数据信息收集、处理和分析的能力。例如，通过采集发动机、变速器、安全气囊、制动系统、ABS、空调等数据，以及无钥匙模块、车门模块等，实现对车辆的远程控制；还可以远程检查发动机温度、机油状况、车辆是否需要保养及车辆有哪些故障。一方面，通过远程故障预警，从而保证驾驶人的安全驾驶环境；另一方面，通过远程故障分析，可以给 4S 店和维修站带来效益，有利于产业链的健康有序发展。

4）车联网车辆应具有位置服务能力。定位服务是车联网的核心要素，随着互联网技术的不断发展，定位服务将成为车联网的基本功能，车联网的朋友圈将成为产业链中最受关注的话题。无论是社交网络服务、口碑营销、泛关系链营销，还是车友会，其精髓都会通过车联网形成朋友圈，进而产生新的商业模式。例如，用户可以随时查询和发送位置。

5）车联网车辆应具有泛在通信能力。如图 1-20 所示，车联网无所不在的通信能力是车辆"连接"的前提和基本保证，通过无处不在的无线网络通信模块，实现车对人、车对车、车对网的连接，为用户提供丰富多样的服务体验，流量管理为用户使用网络提供了最经济实用的解决方案。

1.3.2.4　车联网技术发展趋势

随着石油能源短缺和汽车尾气排放量的不断增加，人们的生活环境将变得更加恶劣。车联网的应用可以达到一定的节能目的，并将在未来的汽车驾驶中得到广泛应用。例如，可应用于安全驾驶、协同驾驶、汽车活动安全等领域。以传感器技术、信息处理、通信技术、智能控制为核心，以提高驾驶安全性和驾驶效率为主要目标，是智能网联汽车的发展和现状。道路、车辆协调系统和高度自动化驾驶已成为现阶段的国家发展重点，也成为市场竞争的关键因素。中国的基础技术、研发水平及相关产业链基础仍处于智能网联汽车领域的薄弱环节，目前仍处于驾驶人辅助阶段，未来将逐步过渡到部分自动驾驶、高度自动驾驶和无人驾驶。

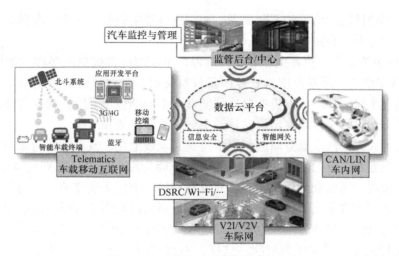

图 1-20　车联网泛在通信能力

车联网作为一项新技术，其未来的发展趋势可以从以下几个方面表现出来。

1）交通智能化方面：如图 1-21 所示，智能网联汽车需要跟踪准确定位的货物位置信息，为供应链和物流链中的货物提供服务。同时通过车辆传感器采集信息，实现车辆信息的实时传输，并在云中心进行计算和分类处理。对不同类型的数据进行分类和分布，使不同部门能够掌握信息数据，并通过获取的反馈数据实现智能交通调度。

图 1-21　交通智能化

2）精确导航方面：在灵敏导航系统的作用下，车辆能够实时获取系统指令，并根据驾驶人以往的经验准确计算出导航路径，为驾驶人提供准确的导航指引。

3）车辆硬件方面：汽车电子电气系统正逐步向集中式体系结构发展。未来，每辆车都会像一部智能手机，对应有操作系统、应用软件、芯片层、硬件层。应用软件可以基于一个独特的操作系统和计算芯片开发，多个硬件可以通过一个统一的集中式 ECU 进行控制。汽车软件控制将更加高效，与手机一样，可以实现空中下载（OTA）升级，从而实现控制软件的不断优化和硬件性能体验的不断提高。通过这种集中的电气结构，车辆硬件的操作可以通过软件进行远程调整和修改。

4）生态化服务方面：随着生态环境的改善，车联网将提供更加多样化的服务，并渗透到 O2O 和后汽车市场。跨界合作和服务创新日益突出，用户可以在线使用汽车服务。例如在保险业，通过车联网技术可以更准确地评估保险车辆的使用风险，根据驾驶行为和里程提供个性化的汽车保险费率及最终定价，从而更好地匹配保费和理赔。

车联网将大大提高汽车服务质量与线下付费实现线上化，汽车的实时车况可以上传到云平台并传输给服务商。车况的透明度将有助于服务商为用户提供一系列主动服务，如驾驶、代驾、停车、加油、违法查询代缴、支付充电桩费用、上门车辆维护、上门洗车和基于车联网的保险等。此时，汽车成为交通业务出口，服务商可以利用销售服务的引流工具来提高汽车服务的效率与质量。另外，用户也可以通过在线软件付费购买汽车，然后开启汽车的硬件功能，使"免费试用"模式成为可能。这样，不仅可以促进汽车的销售，也可以反过来促进汽车企业提供一种能够吸引用户的自动驾驶软件体验。

车联网可以收集诸如车辆信息、车辆位置信息、驾驶人信息、天气状况和交通状况等数据，通过大数据分析，可以深入了解驾驶人的驾驶习惯和出行方式、车辆故障识别和预警、商用车调配、降低运输成本等。车联网移动云服务也将得到广泛应用，全车数字化时代，在具备导航能力的基础上，每辆车的所有车况信息都可以对应于云平台中的一个 ID。通过 ID 的统一管理和适配开发，车联网功能将不再局限于车机交互，它可以扩展到多种交互设备，如手机应用程序、微信小程序、智能穿戴设备和智能家庭设备，可以极大地方便用户的汽车体验，延长人机交互的频率和时间，提高交互体验，改善汽车体验。

随着车辆网联技术的增强和智能城市基础设施的发展，自动驾驶感知和决策功能将从车辆转移到道路基础设施。通过区域集中控制，有助于降低自动驾驶的成本，提高交通效率和安全性，自动驾驶功能的商业模式也会有很多的创新应用。智能网联汽车技术带来的优势如图 1-22 所示。

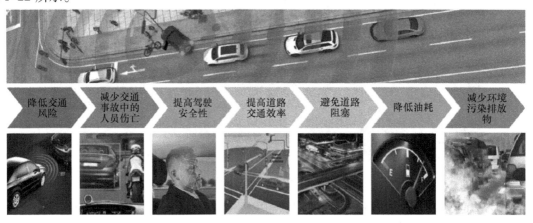

图 1-22 智能网联汽车技术带来的优势

1.3.3 车联网技术应用

1.3.3.1 传感器技术应用

随着物联网技术的发展，传感器作为物联网技术中必不可少的一部分，也得到了快速发展。如今，各类低功耗、多功能的传感器已经被普遍应用在社会生活的各个方面。在车联网中，传感器节点根据需求被部署在车身内外的各个部分，这些节点在汽车内部以无线通信的方式相互通信，并将采集到的数据发送至车载控制单元，这一多跳自组织的网络系统就是车联网中的无线传感器网络。车联网内部的传感器网络结构由传感器节点、汇聚节点和管理节点三个部分组成（图1-23）。

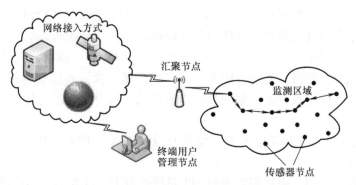

图1-23 基于车联网的无线传感器网络结构

多跳自组织网络是指在汽车内部部署有多个传感器节点，不同节点可以通过与之相连的无线收发芯片实现相互通信。每一个传感器节点都是一个由传感器芯片、无线收发芯片和微处理器组成的嵌入式系统，传感器具有采集汽车内部和周围环境数据的作用，无线收发芯片的作用是发送本地传感器获取的数据和转发来自其他传感器节点的数据，微处理器还具有一定的数据处理能力。

汇聚节点连接传感器节点和管理节点，实现两端的通信协议转换。在车联网中，来自传感器节点的数据首先通过无线网络传输到作为汇聚节点的中控芯片，汇聚节点汇总并处理数据，然后通过蜂窝、Wi-Fi等方式转发到管理节点。汇聚节点也可以接受来自管理节点的命令，主动向传感器节点发送检测任务。

管理节点接收来自汇聚节点的信息，并向汇聚节点发送指令。如果是手持Android客户端的用户或拥有云端数据管理权限的企业和政府，可以通过操作管理节点远程查看和配置无线传感器网络，从而实现车况查看、环境监测和任务管理的目的。

车联网的通信网络包括车内网和车际网，以车内网中的传感器网络作为车联网的重要组成部分。在美国交通部于1994年提出的智能交通系统（ITS）中，为实现交通管理的目的，就使用了传感器网络技术，将车辆看作节点。传感器网络不仅可以监测汽车的速度和位置，还可以根据节点的位置分布和速度分析道路堵塞情况，并及时向节点发送广播通知，从而提高驾驶人的出行效率。

从车内网来看，现有的车辆本身已经部署了大量的传感器，以此获取来自内部和周围环境的信息，如速度、剩余电量、温度等。而智能汽车上还要添加一定数量的传感器，这些传感器组成网络后，不仅可以实现与显示板控制器直连，还可以通过多跳的方式组成自组网络，从而提高信息传递的成功率。

从车际网来看，车联网的一个重要特点就是车辆和车辆之间能够实现信息交换，因此每一辆车都可以被看成是一个不同的节点。通过RFID技术读取对象的相关信息，从获取信息的特征中识别目标对象。但对于车联网中的每个对象来说，仅仅识别车辆的身份是远远不够的，无线传感器网络可以获取车辆的动态特征，包括路径、位置等。

车联网的架构中，网络层起到数据传递的作用。但由于感知层设备复杂多样，采用的通信协议或通信接口各不相同，相应地，网络层也要包含各类通信网络技术。为保障汽车内部控件之间数据的稳定传输，通常采用有线通信的方式；考虑到车联网的移动性，汽车与用户以及云端的交互采用无线通信方式。

有线通信通过串口、集成电路总线（IIC）和串行外设接口（SPI）等协议进行数据传输，它们的特点是安全性比较高，且传输速度较快，也是在车联网系统中主要采用的技术。

串口不仅需要完成中控芯片与通用分组无线业务（GPRS）模块之间的数据通信，还是传统汽车与电动汽车车联网开发过程中必不可少的调试手段，通过安装在 PC 端的串口调试助手，用户可以很方便地查看芯片中的数据传输情况，从而判断链路是否为通路、数据是否正确传输。

IIC 总线连接中控芯片和带电可擦可编程只读存储器（EEPROM），是中控系统读写数据到存储芯片的通道。

在无线传感器网络中，微处理器通过 SPI 总线控制无线收发芯片的内部寄存器实现相关功能，SPI 同时也是二者之间的数据传输通道。

相比有线通信，无线通信技术更加灵活，而且可以比较方便地解决多设备同时接入网络的情况，车联网是一个运动的系统，因此无线通信的应用是必不可少的，包括 Wi-Fi、射频、蓝牙和 GPRS 等。

1.3.3.2 车联网车载信息终端技术发展

在车联网的技术领域，车内信息服务领域包含许多最新技术，同样，一些起步较早的发达国家也有成熟的系统，并在日常交通中使用。典型的系统如美国通用汽车的 OnStar、日本丰田汽车的 G-BOOK 等。作为车辆信息服务系统的核心组成部分，这些发达国家对车载终端的研究已经非常成熟。

OnStar 诞生于 1995 年，主要利用全球定位卫星系统和无线通信技术为消费者提供相应的技术支持。它依托车载前置通信终端，打造了一个以车载业务为基础的服务性行业。该车载安全系统通过无线通信解决方案为驾驶人提供更安全、更舒适、更可靠的车载服务，并致力于为消费者提供更好的服务，是通用汽车在美国的独家配置。它提供的服务包括发生车祸时的自动警报、道路救援、远程解锁、紧急呼叫等。汽车安全信息系统有一个相对独特的功能，即自动碰撞辅助。当车辆发生严重碰撞交通事故，使用者受伤失去意识时，车辆会立即自动呼叫远程客服人员提供相应的救援。

G-BOOK 副驾驶系统是雷克萨斯公司开发和引进的一款车载通信系统。车载系统通过无线网络连接到后台服务中心，获得应急救援、防盗跟踪、咨询服务、网络地图接收、公路交通信息等通信服务。G-BOOK 的特点是其数据通信模块（DCM）和最新的网络服务安全数字卡。消费者可以享受高速通信服务，而不必考虑接入网络的时间和使用的流量。但以上所有的服务都是在车内控制或建立在控制的基础上。

2010 年，随着 Android 系统的飞速发展，给人们展示了一种全新的交互方式，为车载终端系统的实现提供了更多的可能性。德国大陆集团与时俱进，开发了基于 Android 的车载终端系统 AutoLinQ，该系统还可以实时向驾驶人提供车辆位置和路况信息。国内的系统研发也在不断地完善，例如百度的 Apollo、阿里巴巴的阿里云 OS、华为的鸿蒙等。

在这个全新的车联网生态系统中，除了车载终端过去所具有的基本功能外，如何将其与车载终端有机地结合起来，是车载终端目前存在的问题和未来的发展方向。未来的汽车终端，手机将会成为移动互联网的入口，用户可以通过与手机的交互来掌握互联网的动态，车载终端将成为车联网的入口。用户可以清楚地知道如何在驾驶过程中执行最有效行程规划的流程，掌握自己车辆的所有基本情况，确保车辆行驶安全等相关信息。

1.3.3.3 车联网发展在中国交通领域发挥的作用

车联网是实现自动驾驶乃至无人驾驶的重要组成部分，也是未来智能交通系统的核心部分，将在以下几个方面发挥越来越重要的作用。

1) 车辆安全方面：车联网可以通过提前预警、超速预警、逆行预警、红灯预警、行人预警等相关手段对驾驶人进行提醒，并可通过紧急制动、杜绝疲劳驾驶率等措施，有效减少交通事故，确保人员和车辆的安全。例如，中轻型汽车装载 V2V 设备可以使 80% 的交通事故得以避免，重型车可以避免 71%；装载 V2I 设备可以避免 12% 的车辆事故。缓解拥堵方面，能够降低 3/5，短距离通行时效较之前可提高 70%，能将整体交通通行效率提升 2~3 倍。

2) 交通管理控制方面：及时将车辆和交通信息发送到云平台上进行智能交通管理，实时广播交通和事故信息，以缓解交通拥堵，提高道路使用率。随着人民生活水平的提高，我国的汽车数量也在急速增长，城市交通状况日趋恶化，车辆行驶越来越拥堵，交通行驶安全方面的问题引起了大家充分的重视。应用车联网技术能够及时收集各条道路上汽车、行人、路侧设施的各种状态信息，基于收集的信息可以通过道路广播、车路通信等形式反馈给驾驶人，选择最优出行路线等，能够极大地提升车辆通行能力、降低尾气造成的污染、减少由粗心引发的汽车安全问题的发生、合理安排出行路线等，达到了交通实时的最优管理。

3) 信息服务方面：车联网为企业和个人提供方便快捷的信息服务，如提供高精度电子地图和精确的道路导航。汽车公司还可以收集和分析车辆驾驶信息，了解车辆使用情况和问题，确保用户安全。其他公司也可以通过相关的具体信息服务了解用户的需求和兴趣，从而挖掘利润点。

4) 尾气减排方面：以车联网为基础的智能交通有益于优化使用我国车用油气资源，降低车辆尾气危害。车辆拥堵会较正常速度行驶多耗费 12% 的燃油，由于油耗与车辆行驶速度成反比，我国每年有很大一部分的石油损耗被浪费在交通拥堵方面。因为汽车车速过慢，排放的汽车尾气增多，致使我国城市的空气质量更差。而将智能科技融入交通系统，便可以监测、管理道路车流量。据 NHTSA 估计，使用车联网技术能够降低 30% 的停车次数，减少 13%~45% 的行车时长，减少 15% 的油耗。

5) 智能城市和智能交通方面：在交通的信息化和智能化背景下，利用车联网作为通信管理平台，可以实现智能交通。如交通灯智能控制、智能停车、智能停车场管理、交通事故处理、公交车智能调度等，都可以通过车联网实现。

6) 车联网产业化效应方面：车联网形成的产业链很庞大，涉及主机厂、技术供应商（软、硬件）、网络运营商、服务供应商、网络供应商等；关联的公司范围广泛，例如各大主机厂，网络通信服务公司，计算机网络公司等；应用于数个行业，采用了众多先进技术。车联网依赖于相关领域共同进步发展，也会使这些领域内的公司实现科技创新与应用融合，由车联网产生的效益实为可观。

从应用角度看,车联网的发展主要包括五种模式:

1)以乘用车制造商为主:越来越多的汽车厂商纷纷推出自己的智能网联汽车系统作为市场竞争的重要手段,这些车载操作系统包括通用 OnStar、丰田 G – Book、日产 CarWings,以及智行、百度 Apollo、上汽荣威 InKaNet、一汽奔腾 D – Partner、长安汽车 InCall、吉利 G – NetLink 等。

2)以商业车队管理为主:一些规模较大的工程车、校车、班车等营运车辆运营商,为了更好地统一管理自己的车辆,在车队内推广智能网联汽车车载终端和相应的信息系统。

3)以公共交通为主:中国大部分大中城市都配备了智能网联汽车终端,在公交车和出租车上,基于该设备,实现了智能调度和精细化管理等应用。

4)以消费电子产品为主:国内一些支持车联网后装设备生产企业。

5)以地方政府为主:地方政府推广汽车电子标签和应用,但尚未形成统一的框架体系和技术标准。

1.3.3.4 车联网应用安全威胁与应对措施

1. 安全威胁

由于汽车拥有大量的外部信息接口,如车载诊断系统接口(OBD)、充电控制接口、无线钥匙接口、导航接口、车辆无线通信接口(蓝牙、Wi – Fi、DSRC、3G/4G/5G)等,增加了被入侵的风险。此外,在汽车上安装有大量的软件,包括嵌入式系统,正是由于应用软件的安装与应用,会带来应用程序的漏洞增加而引起安全威胁。目前车联网信息安全存在三大风险:汽车内部的网络结构容易受到信息安全挑战,无线通信面临更为复杂的安全通信环境,安全管理中有更多潜在的攻击接口。随着汽车信息互联与通信数据量的增加,潜在的风险实际上已经就存在了,因为互联网的数据安全风险也会被移植到汽车上。例如,黑客通过远程操纵起动汽车进行袭击、盗窃用户的隐私与机密、远程盗车、植入病毒等这些只有在电影中才会出现的惊心动魄的画面将成为现实。

2. 安全防护

1)车联网服务平台的保护策略。车联网服务平台的功能逐步加强,已成为集数据采集、功能管控于一体的核心平台。当前的车载网络服务平台通常通过利用现有的网络安全防护技术和云计算技术来加强安全性,网络防火墙、入侵检测系统、入侵防御系统和其他安全设备的部署覆盖各级系统、网络、应用等,需要由专业团队操作;另外,平台还需要部署多种类型的安全云服务,以加强智能网联汽车的安全管理;云平台还应具有远程删除恶意软件的能力。例如,云安全检测服务功能可以通过一些模型来分析云交互数据和车端日志数据,从而检测车载终端是否存在异常行为、隐私数据是否被泄露等,以达到安全防范的目的。

完善远程 OTA 更新功能,加强更新检查和签名认证,适应固件更新和软件更新,发现安全漏洞时快速更新系统,可以显著降低漏洞的召回成本和暴露时间。需要建立智能车联网和用户认证的汽车网络证书管理机制,对用户加密密钥和登录凭证进行安全管理。在车辆制造商、服务提供商和政府机构之间进行威胁情报共享,共享安全信息并执行软件升级和错误修复。

2)远程通信保护策略。将车辆控制域和信息服务域分开,加强安全管理。一是网络隔离,接入点和接入点之间的网络完全隔离,形成两个安全级别不同的安全域,以避免未经授权的访问。二是车内系统隔离,将车辆网络中的控制单元和非控制单元安全分离,实现对控制单元更强的访问控制策略。三是数据隔离,不同安全级别的数据存储设备相互隔离,防止系统同时访问多个网络,避免数据交叉传播。四是加强网络访问控制,车辆控制域只能访问受信任白名单中的 IP 地址,以避免攻击者的干扰,一些模型还限制了信息服务域的访问地址,以加强网络管理和控制。

3)数据安全保护策略。所连接的车辆原始设备制造商对用户数据提供分层保护,对与驾驶人信息、驾驶习惯、车辆信息、位置信息相关的敏感数据采用高层管理要求,只有经过批准的应用程序才能读取相关数据,而其他未签名的身份验证应用程序只能读取非敏感数据。在车辆控制域中,通过接入点对敏感数据传输进行加密,以防止泄露。为了加强数据使用限制,一些车企仅将车联网数据作为车辆故障诊断的内部数据,拒绝与任何第三方共享用户数据,确保用户的私有数据尽可能安全可控。在车联网数据的隐私性和可靠性方面,区块链与云计算技术的有机结合是缓解冲突的一种方式。将部分与整车网络安全密切相关的功能和数据放在区块链上,将相对次要的技术放在云计算平台上,应用大量的云计算存储资源用来保护私有数据。

思 考 题

本章的学习目标你已经达成了吗?请通过思考以下问题的答案进行结果检验。
1. 什么是车联网?
2. 智能网联汽车分为哪几个层面?
3. 什么是 V2X?
4. 车联网的标准主要包括哪些内容?
5. 汽车电子技术的发展经历了哪些阶段?
6. 汽车电子控制系统有哪些组成部分?
7. 现代汽车电子技术发展趋势主要体现在哪几个方面?
8. 汽车电子技术集成化体现在哪些方面?
9. 汽车电子技术智能化体现在哪些方面?
10. 汽车电子技术网联化体现在哪些方面?
11. 100BASE – T1 以太网协议有哪些技术特征?
12. 中国智能网联汽车三个发展阶段的目标是什么?
13. LTE – V 的工作模式有哪些?
14. 车联网在技术应用上应当具备哪些能力?
15. 车联网技术未来发展趋势有哪些方面?

第2章 车内通信网络

学习目标

1. 能够说出 CAN、LIN、FlexRay、MOST 等车载通信技术的原理。
2. 能够掌握 CAN、LIN、FlexRay、MOST 等车载通信常见故障维修方法。
3. 能够掌握 Ethernet 通信技术结构、原理与常见故障检查方法。
4. 能够知道汽车车载通信技术在车联网中的应用现状与发展趋势。

2.1 传统车载通信网络结构

车内网络是早期的车辆中,由传感器、控制器和执行器之间的点对点通信连接形成的复杂的网络结构,但车联网需要通过移动设备远程控制汽车,监控汽车的安全。因此,车辆、联车平台和用户应用需要构成了一个完整的联车系统。汽车网络是连接汽车中所有电子传感器、电子执行器和电子控制单元(ECU)的一种通信形式,可以进行点对点通信。智能网联汽车、数字网络、节能已成为汽车发展的大方向。汽车总线是数字网络的基础,现代和传统的汽车网络总线协议包括 CAN、LIN、FlexRay 和 MOST 等。尤其是在大多数汽车系统中都使用了 CAN 总线。常用车载网络的比较见表2-1。

表2-1 常用车载网络的比较

车载网络类型	传输介质	传输速率	传输距离	应用场景
CAN	双绞线	1Mbit/s	10km	实时控制,如动力系统
LIN	铜线	1~20kbit/s	40m	少量数据控制,如车身附件系统
VAN[①]	双绞铜线	1Mbit/s	40m	实时控制,如车身功能、舒适性功能
LAN[②]	同轴电缆	1~20Mbit/s	1km	实时控制,如动力系统
Bluetooth[③]	无线电波	1Mbit/s	10m	信息传输,如移动通信、信息传递
MOST	光纤	24.8Mbit/s	1km(最大10km)	媒体信息传输,如多媒体娱乐系统

① VAN 指增值网络。
② LAN 指局域网。
③ Bluetooth 指蓝牙。

2.1.1 CAN 总线

2.1.1.1 CAN 总线结构与原理

随着汽车功能的增加,汽车中传感器、执行器和 ECU 的数量不断增加,点对点通信已经很难满足应用的需要。经过几十年的发展，现在每辆汽车都配备了汽车总线网络。目前，高端轿车的电子控制单元一般有 50~100 个。为了使这些 ECU 能够在公共环境中工作并进一步降低成本，通常采用 CAN 总线通信协议作为汽车通信网络的总线协议，CAN 总线特点见表 2-2。

表 2-2 CAN 总线特点

特点	内容
基于优先权的多主访问	总线空闲时，任何节点都可向总线发送数据，最先发送的节点获得优先访问权；当有多个节点同时发送数据时，ID 小的报文优先发送
多点传输，实时性好	信号传输采用 8 字节的短帧结构，不易受干扰，且发送报文不包含目标地址，只有标识符 ID，可以实现节点的一对一和一对多传输；对节点信息分别设置了不同的优先级，保证了系统传递信息的实时性
配置灵活	CAN 报文帧中没有定义目标地址，当需要向 CAN 网络中增减节点时，不需要任何硬件方面的调整，非常方便配置
错误检测、错误通报、自动重发功能	CAN 总线具备位检测、冗余码校验、位填充、帧校验等错误检测机制，出错率非常低；检测到错误的节点通过发送错误帧通告其他节点，发送节点检测到错误时立即停止发送，等待一段时间后自动重发，直到成功发送为止
故障界定功能	CAN 协议将节点状态分为三种：错误激活状态、错误认可状态和离线状态。处于错误激活状态的节点可以正常发送数据，处于错误认可状态的节点限制发送数据，处于离线状态的节点无法发送数据。通过故障界定，CAN 网络将处于离线状态的节点从网络中分离出去，从而保证了网络的通畅
可连接多个节点	CAN 总线可同时连接多个节点，理论上可连接的节点总数没有特殊上限，但实际考虑到总线上电气负载因素，节点数量过大会降低通信效率。为保证通信速度，目前允许 CAN 总线最多同时挂接 110 个节点
通信速率高，传输距离远	直接通信距离可达 10km（速率 5kbit/s 以下）；通信速率最高可达 1Mbit/s（此时距离最长 40m）
通信介质选择灵活	通信介质可为双绞线、同轴电缆及光纤

CAN 总线又称控制器局域网，是一种有效支持分布式控制和实时控制的串行通信网络，通过拓扑方式连接控制单元形成一个完整的系统。CAN 总线系统的总体构成主要由若干个节点（电控单元）、两条数据传输线（CAN_H 和 CAN_L）及终端电阻组成。

CAN 总线通信协议主要用来说明挂接在总线节点上的各通信节点的信息传递方式和规则。由于 CAN 总线只有 CAN_H 和 CAN_L 两条信号线，这两条线组成一组差分信号线，因此 CAN 是通过差分信号的形式来进行通信的。

CAN 总线上的每个节点可以独立完成网络数据交换和测控任务。理论上，CAN 总线可以连接无数个节点，但实际上受总线驱动能力的限制，目前每个 CAN 总线系统中最多可以连接 110 个节点。每个网络节点通过 CAN 总线连接，形成一个多主控制器局域网。

CAN 闭环总线通信网络（图 2-1）为遵循 ISO 11898 标准的高速短距离闭环网络，从 CAN 通信网络图可以看出，每个挂载在 CAN 网络上的通信节点都分别由一个 CAN 控制器和一个 CAN 收发器组成。在发送数据时，CAN 控制器把要发送的二进制编码通过 CAN_Tx 线发送到 CAN 收发器，然后由 CAN 收发器把这个普通的逻辑电平信号转化成差分信号，通过差分线，CAN_H 和 CAN_L 线输出到 CAN 总线网络；在接收数据时，这个过程则刚好相反。

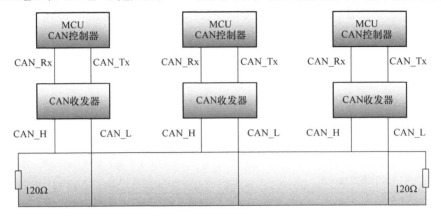

图 2-1　CAN 闭环总线通信网络

如图 2-2 所示，CAN 总线是一种半双工、双线结构，两线间的电压差决定了逻辑电平。当电压差大于 1.5V 时，逻辑电平为"0"，也称为显性电平；当电压差小于 1.5V 时，逻辑电平为"1"，也称为隐性电平。差分信号的逻辑 0 和逻辑 1 是由两根差分信号线的电压差得到的。ISO 11898 规定 CAN 协议中的逻辑 1（隐性电平）状态表示 CAN_H 和 CAN_L 两条信号线上作用有相同预先设定电压值 2.5V，即它们的电压差 $U_H - U_L = 0V$；当处于逻辑 0（显性电平）状态时，CAN_H 线上的电压值

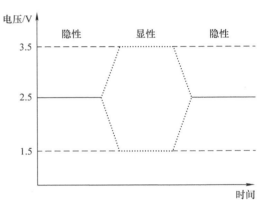

图 2-2　CAN 总线电压

会升高一个预定值 1V，即 $U_H = 3.5V$，而 CAN_L 线上的电压值会降低 1V，即 $U_L = 1.5V$，此时它们的电压差为 $U_H - U_L = 2V$，这样 CAN 收发器即可完成差分信号的转换。

当总线上的两个或多个节点需要同时发送数据时，它们将同时发送并保持对总线的监听。总线执行线路和标准，相当于"0"可以覆盖"1"。当节点发现总线级别不同于发送的数据时，便会退出总线的争用，继续监听，并在下一个总线空闲时启动总线的重新应用。CAN 总线的传输速率为 5kbit/s~1Mbit/s。5kbit/s 的最大传输距离为 10km，1Mbit/s 的最大传输距离为 1m。由于 CAN 总线协议要求接收节点在固定的比特时间内回复发送节点，因此发送距离与发送速度几乎成反比。

CAN 总线协议主要分为三层：物理层协议、数据链路层协议和应用层协议。

1）物理层协议主要规定网络的最大传输速率、节点的最大数目和总线长度、传输介质物理层的传输特性、比特级和位同步设置。

2）数据链路层协议的主要功能是为物理连接提供可靠的数据传输，定义了信息帧的帧格式和编码规则，包括节点信息、通信优先级、数据含义、总线仲裁等。

3）应用层协议定义了传输数据的解释规则，对每个命令进行了详细的解释，并对每个

数据信号进行了详细的描述，主要分为数据定义和参数值设置两部分。

由于节点的不同需求，CAN 总线有四种帧类型：数据帧、远程帧、错误帧和过载帧。数据帧以一个显性位（逻辑 0）开始，以 7 个连续的隐性位（逻辑 1）结束。如图 2-3 所示，数据帧可以分为帧起始、仲裁段、控制段、数据段、循环冗余校验（CRC）段、应答（ACK）段以及帧结束段。

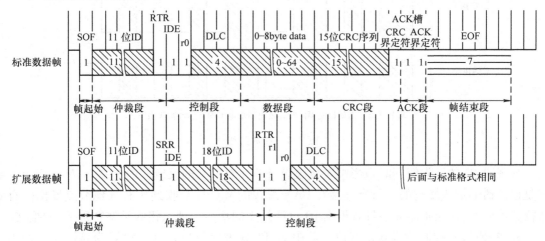

图 2-3 数据帧的结构

1）帧起始：帧起始是一个显性位（逻辑 0），它处于数据帧最开始的位置，用于标志数据帧的开始。在发送数据时，每个节点都必须与帧起始位同步并保持一致。

2）仲裁段：仲裁段的内容主要为本数据帧的 ID 信息。数据帧分为标准格式和扩展格式两种，区别就在于标识 ID 信息的长度，标准格式的 ID 为 11 位，扩展格式的 ID 为 29 位。标识 ID 在 CAN 协议中起着非常重要的作用，它决定着数据帧发送的优先级，同时也决定着其他节点设备是否可以接收这个数据帧。CAN 协议不对挂载在它之上的节点设备分配优先级，对总线的占有权是由信息的重要性决定的，即对于重要的信息，会给它打包上一个优先级高的标识 ID，使它能够及时地发送出去。正是由于这样的优先级分配原则，使得 CAN 的扩展性大大加强，在总线上增加或减少节点并不影响其他设备。

报文的优先级，是通过对 ID 的仲裁来确定的。如果总线上同时出现显性电平和隐性电平，总线的状态会被置为显性电平，优先级的仲裁就是根据这个特性实现的。在 CAN 总线上发送的每条消息都有一个唯一的 11 位或 29 位 ID。CAN 总线的状态取决于二进制数 "0" 而不是 "1"，因此 ID 号越小，消息的优先级就越高。具有所有 "0" 标志的消息在总线上具有最高优先级。当消息冲突时，如果第一个节点发送 0，另一个节点发送 1，那么发送 0 的节点将取得总线控制权并能够成功发送其消息。在 CAN 系统中，数据的含义由 ID 标识，既决定了信息的优先级和等待时间，也影响了信息过滤的适用性，因此合理有效的身份分配方案是充分发挥 CAN 总线性能的前提。

若两个节点同时竞争 CAN 总线的占有权，在它们发送报文时，如果首先出现隐性电平，则会失去对总线的占有权，进入接收状态。如图 2-4 所示的仲裁过程，由于两个设备节点在开始阶段发送的电平相同，它们一直继续发送数据。到了图中箭头所指的时序处，节点单元 1 发送的为隐性时序，而此时节点单元 2 发送的为显性时序，因此单元 2 竞争总线成功，这个报文得以被继续发送出去。

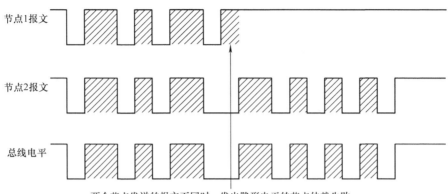

图 2-4 仲裁过程

仲裁段 ID 的优先级同时也影响着接收设备单元对报文的反应。因为在 CAN 总线上，数据是以广播的形式发送的，所有连接在 CAN 总线的节点都会收到所有其他节点发出的有效数据，因而 CAN 控制器大多具有根据 ID 过滤报文的功能，即只接收某些特殊 ID 的报文。

3）控制段：控制段由 6 位组成，其中 r1 和 r0 为保留位，默认设置为显性位。最主要的为 DLC 段，DLC 段由 4 位组成，最高有效位（MSB）先行，其二进制编码用于表示本报文中的数据段含有多少个字节，DLC 段表示的字节数为 0～8 个。

4）数据段：数据段即为发送的数据内容，是数据帧的核心部分，它由 0～8 个字节组成，MSB 先行。

5）CRC 段：为了保证报文的正确传输，CAN 的报文包含了一段 15 位的 CRC 校验码，一旦接收端计算出的 CRC 码跟接收到的 CRC 码不同，则会向发送端反馈出错信息，重新发送。CRC 部分的计算和出错处理一般由 CAN 控制器硬件完成或由软件控制最大重发数。在 CRC 校验码之后，还有一个 CRC 界定符，它为隐性位，主要作用是把 CRC 校验码与后面的 ACK 段间隔起来。

6）ACK 段：ACK 段的作用是确认已经正常接收到了报文信息，它包括一个 ACK 应答间隙位和一个 ACK 界定符位。在 ACK 应答间隙中，发送端发送的为隐性位，而接收端则在这一位中发送显性位以示应答。在 ACK 应答间隙和帧结束之间由 ACK 界定符间隔开。

7）帧结束段：帧结束段由发送端发送 7 个隐性位表示结束。

eCAN 是一种增强型 CAN 控制器模块的智能总线接口技术。在以太网架构下，eCAN 模块的邮箱是数据传输和接收的通道，类似于以太网芯片的缓冲区。它除了具有信息临时存储功能外，还具有信号成帧功能和邮箱优先级设置功能。eCAN 模块提供两条中断线 E – CAN0 和 E – CAN1。当 CPU 从以太网接收数据时，它开始发送中断。需要注意的是，发送邮箱中始终保留一帧数据，或者这次启动的发送中断的数据是上次存储在邮箱中的值。在接收过程中，每次接收到的 CAN 总线帧加上相应的 ID，启动以太网传输过程，完成中断后退出。根据标准，在 CAN 总线端部的两条差分线路之间必须有 120Ω 的终端电阻，以减少信号反射。

在 CAN 仲裁机制下，信息的优先权遵循以下原则：

1）发送网络传感器信息帧的优先级最高，其次是输入可变信息帧，然后是输出控制信息帧。

2）在同一类型的信息帧中，节点数越小，优先级越高。在程序中，将发送轮速和车速信号的单片机中的 CAN 节点号设置为最小值，提高了轮速和车速信号的实时性。

在 CAN 物理层和数据链路层的结构中，汽车总线技术使用许多传感器、执行器和 ECU 共享一个公共总线数据通道。传输通道在总线控制器的管理下共享，每个通信传感器、执行器和 ECU 点对点地连接成一个复杂的网络结构。CAN 总线通信采用载波控制的无损仲裁技术，当网络负载较小时，CAN 总线的实时性可以满足各种要求，但随着网络负载的增加，总线上信息冲突的概率也随之增加。如果继续使用基本 CAN 协议，则会影响低优先级信息传输的实时性能，甚至在网络负载达到一定水平后，也会退出总线竞争机制。

CAN 总线在汽车联网中的应用比较成熟，在无人驾驶汽车中有着广泛的应用，是智能辅助系统中从 L0 级到 L3 级的车联网的重要组成部分。CAN 总线技术典型应用如图 2-5 所示。车联网需要解决车辆系统之间的信息交换和共享问题。通过对传感器数据和终端数据的处理，实现了车辆诊断、提醒、报警等功能。现阶段，车联网主要采用车身有线通信、短程无线通信和远程移动通信等通信技术。其中，车身有线通信主要是指车载设备通过 CAN 总线与车身控制单元通信，获取车速、胎压、燃油量等车辆状态信息。

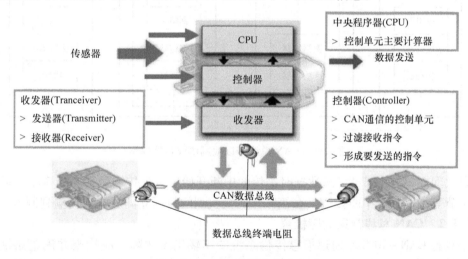

图 2-5 CAN 总线技术典型应用

整个采用车联网技术的无人驾驶汽车技术架构分为智能信息终端、无线通信网络及接入平台、后台信息服务平台和第三方应用服务。嵌入式操作系统平台是一个开放的体系结构，可以添加满足相应接口的系统、终端和应用服务。智能信息终端层是面向用户服务的第一个接口，也是系统服务和信息流的起点。

在无人驾驶汽车的工作条件下，通常是先融合车身的多传感器信息，终端加入对当前主流车载网络的支持即可，检测车辆状态信息和环境信息的多个传感器通过车载 CAN 网络传输到终端，由终端进行处理，再通过移动通信传输到后台信息系统；后台远程监控信息传输也可以通过移动通信到智能信息终端，再通过 CAN 网络传输到车辆的电控电源，可以使车辆采用远程控制实现安全防盗等功能。通过增加 RFID 的集成，终端还实现了与路侧系统的关联，并通过上述架构通过现有的电子不停车收费系统（ETC）、车辆管理平台等架构，真正将车辆集成到网络中，形成完整的车联网应用。由于CAN总线是一种低速网络通信技术，在现代汽车电子中，只有机械部分通过CAN总线联网。然而，在汽车网络庞大数据需求的影响下，汽车CAN的通信任务显然难以完成。为了满足未来车联网对汽车娱乐服务的更高要求，在车联网的基础上延伸出了车载以太网技术。

CAN总线与车载以太网的区别在于，除了帧格式不同外，冲突处理也不同，因此两者不能直接连接，必须通过网关进行转换（图2-6）。以太网具有完整的ISO/OSI模型的物理层、数据链路层、网络层、传输层、会话层、表示层、应用层共7层结构，而CAN总线仅限于物理层、数据链路层和应用层。因此，在转换过程中，除了应用层数据不变外，其余各层必须按照相应的规则进行更改。

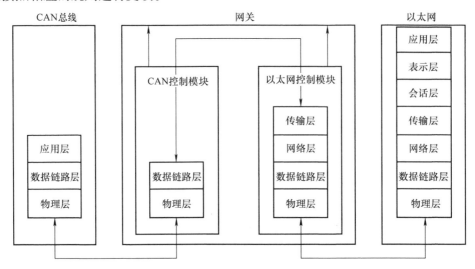

图2-6 CAN总线与以太网协议转换模型

当以太网向eCAN邮箱发送数据时，传输中断开始后，先传输最后8个字节，此时填写的8个字节等待下一个中断传输。在接收端，接收到的数据立即从端口传输到网卡。

2.1.1.2 CAN总线常见故障检查

如果装有CAN-BUS多通道信息传输系统的车辆出现故障，应检查并测量系统是否正常工作。如果多通道信息传输系统出现异常，整个系统中的一些信息将无法完全传输，接收到信息的电子控制模块将无法工作，这将给故障诊断带来严重困难。对于汽车多通道信息传输系统的维护与维修，需要根据多通道信息传输系统的内部结构和分析电路进行仔细探索。

一般来说，汽车多路信息传输系统故障的原因有三种：一是汽车多路信息传输系统链路故障；二是无法通信，这类故障一般是由汽车蓄电池和动力机械系统引起的；三是汽车多通道信息传输系统基本节点的故障。

1）链路故障：当车辆多通道信息传输系统的链路（或通信线路）出现异常现象，如链路或通信线路短路时链路故障，开路和传输线本身减弱或扭曲的信号都可能导致多个ECU无法正常工作或电子控制装置故障。在判断是否是链路故障时，我们经常使用波形法或专用诊断仪来观察通信数据信号与标准通信数据信号的接近程度。诊断汽车多路信息传输系统的链路是否存在问题，大多采用更换法或短接法进行检查。

2）无法通信：汽车蓄电池和发电机导致的车辆多通道信息传输系统故障，车辆多通道信息传输系统的关键部件是电子控制模块（ECM），电子控制模块的正常工作电压为10.5~14.5V。如果ECM的正常工作电压高于汽车电源系统提供的工作电压，会导致部分工作电压要求较高的电子控制模块暂时停止工作，使系统暂时不工作。

3）节点故障：节点是汽车多通道信息传输系统中的电子控制模块，节点故障的实质是ECM的异常。异常现象包括软件故障，即传输协议或软件程序出现问题，导致传输系统通信故障或停止运行，这种故障发生后一般无法修复。大多数硬件故障都是由于内置芯片或集成电路的问题，导致传输系统无法正常工作。因此，如果汽车多通道信息传输系统采用较低层次的信息传输协议或点对点的信息传输协议，如果节点发生故障，整个系统将无法正常工作。如果是节点故障，只能通过更换来解决。

车载网络控制系统和传统的电子控制系统有自身独特的特点，在故障诊断的时候也有其专用的故障诊断设备。设备的具体功能如下：系统整体测试、读取故障码、删除故障码、读取车辆运行参数、执行器的激活检测、编码、电控单元软件升级、远程援助、电控单元的列表确认、万用表功能、示波器功能、诊断指引、电路图查询、技术资料查询等，也可以对诊断设备进行网络升级来适应不同的工况诊断。

2.1.2　LIN总线

2.1.2.1　LIN总线系统结构与原理

LIN总线是CAN总线下的一个低成本、低速（20kbit/s）的辅助网络，它通过智能传感器和执行器实现了具有成本效益的通信。LIN总线常用于汽车低端分布式应用的串行通信总线，适用于较低的车身电器系统的通信，例如汽车的车门、车辆玻璃升降器与灯光系统等智能传感器与执行器的连接与控制、前后灯光控制开关、电动座椅开关、中央门锁防盗控制开关、电源镜控制开关、电动车窗升降开关以及空调系统（包括空气控制开关、故障诊断系统、组合开关、驱动控制信号采集系统、仪表显示）的控制等。

LIN总线系统主要由LIN主控单元、LIN从控单元和单线组成。

LIN主控单元连接到CAN数据总线，主要监视数据传输过程和数据传输速率，发送信息标头，确定何时发送信息以及向LIN数据总线发送多少信息，在LIN控制单元和CAN总线之间起"翻译"的作用，并能对与其相连的LIN主控单元和LIN从控单元进行自诊断。LIN主控单元控制总线上的每个消息的开头通过LIN总线主控单元发送一个消息头，LIN总线主控单元由一个同步阶段组成，后面是一个标识符字节，它可以传输2、4和8个字节的数据；标识符用于确定主控单元是否将数据传输给从控单元，信息部分包含发送到从控单元的信息。检查区域为数据传输提供了良好的安全性，由主控单元通过数据字节形成，位于消息的末尾，LIN总线主控单元以循环的形式传输当前信息。

在LIN总线中，LIN从控单元的通信完全由LIN主控单元控制。只有当LIN主控单元发出命令时，LIN从控单元才能通过LIN总线进行数据传输。单个控制单元、传感器和执行器相当于LIN从控单元。传感器是一个信号输入装置，集成了一个电子控制装置对测量值进行分析，并将分析后的值作为数字信号通过LIN总线进行传输。一些传感器或执行器仅使用LIN主控单元插座上的一个针脚来实现信息传输，即单线传输。

LIN执行器通过LIN主控单元的LIN数字信号接收任务。LIN主控单元通过集成的传感器获取执行器的实际工作状态，并将指定状态与实际状态进行比较，给出相应的控制指令。

LIN 主控单元发出控制指令后，传感器和执行器就可以做出反应。LIN 从控单元等待主控单元的指令，并根据需要与主控单元通信。为了结束睡眠模式，LIN 从控制器可以自己发送唤醒信号。

LIN 总线拓扑如图 2-7 所示，它补充了现有车辆的多个网络，为车内网络分类提供了条件，解决了分布式系统的软件复杂性。LIN 总线用于具有一个主节点和一组从节点的多点总线，有效支持应用中分布式节点的控制。

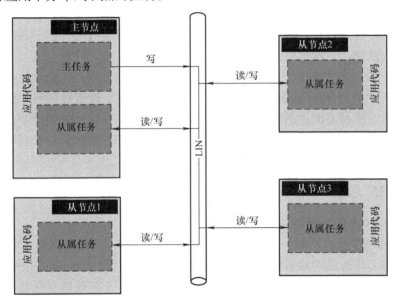

图 2-7　LIN 总线拓扑

LIN 总线的工作原理是，由 LIN 总线控制的控制单元一般分布在相对较近的空间内，数据在一条线上传输，数据线可达 40m。主节点 12V 电源接 1kΩ 电阻，节点 12V 电源接 30kΩ 电阻。每个节点通过蓄电池的正极端子电阻向总线供电，每个节点通过内部发射器降低总线电压。

如图 2-8 所示，LIN 网络由一个主节点和一个或多个从节点组成。媒体访问由主节点控制，无须仲裁或冲突管理，可以保证信号在最坏状态下的传输延时。LIN 总线是单线传输，总线由蓄电池的正极节点通过终端电阻器提供。

图 2-8　LIN 总线结构

总线可采用两个互补逻辑值：主值有一个接地电压，逻辑值为"0"；输出值接近蓄电池电压，逻辑值为"1"。若无信息发送到 LIN 数据总线上或者发送到 LIN 总线上的是一个隐性电平，则数据总线导线上的电压就是蓄电池电压。想要将显性电平传到 LIN 数据总线上，需将发送控制单元内的收发器数据总线接地。LIN 总线在传递隐性电平和显性电平时，通过预先设定公差值来确保数据传输的稳定性。如在干扰辐射的情况下仍能收到有效的信号，那么实际接收的允许电压要再稍高一些。

LIN 协议的核心特性是使用调度，这有助于确保总线不过载，也是确保信号正常传输的核心组件。在一组 LIN 节点中，只有主任务才能启动通信以确保确定性行为。主节点负责确保与操作模式相关的所有帧必须分配足够的传输时间。LIN 总线在汽车上的应用如图 2-9 所示。

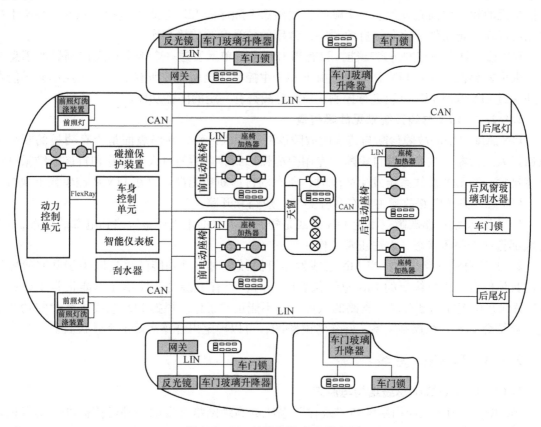

图 2-9　LIN 总线在汽车上的应用

LIN 总线的信息波形包括一条来自从控单元的响应消息和一条来自主控单元的命令消息，LIN 主控单元要求从控单元发送的消息头包含开关状态或测量值等信息响应，由 LIN 从控单元发送响应信息与主控单元的命令。主控单元要求从控单元通过消息头中的标识符发送带有响应内容的数据，响应由主控单元发送。

LIN 总线的消息头由主控单元定期发送，消息头分为四个部分：同步暂停区、同步边界区、同步区和识别区。

1）同步暂停区：同步暂停区域的长度至少为 13 位元，并以主导位元传送。

2）同步边界区：同步边界区域至少有 1 位长，并且是隐性的。

3）同步区：同步区由 0101010101 位序列组成，所有 LIN 从控单元都使用这个位序列来执行与 LIN 主控单元的信息匹配。

4）识别区：识别区长度为 8 位，前 6 位数字是响应消息的 ID 和数据字段的数量，响应数据字段的数量在 0 到 8 之间；最后 2 位是检验位，用于检查传输的数据是否存在错误。

LIN 总线的信息内容承载着主控单元的查询信息，从控单元将根据识别码对该查询指令提供相应的响应信息。主控单元携带动作命令的信息，从控单元将提供响应，根据识别码的状态，相应的从控单元将利用这些数据执行各种功能以及主控单元的指令。这个指令由 1 ~

8个数据组成，每个数据区域是10个二进制位，其中一个是显性的起始位，一个包含信息的字节，另一个是隐性的终止位。启动位和停止位用于再同步，可以有效地避免传输错误。主控单元的软件中预先设置了一个顺序，按照这个顺序向LIN总线发送信息报头。LIN主控单元可以在一定条件下改变信息的顺序，常用的信息会被传输多次。

LIN总线具有一定的防盗功能，只有当LIN主控单元发送一个带有相应识别码的消息头时，数据才会被传输到LIN总线上。由于LIN主控单元全面监控所有信息，从控单元不能在车外通过LIN线对LIN总线进行控制，LIN总线具有一定的防盗功能。

2.1.2.2 LIN总线系统常见故障检查

LIN总线系统的故障诊断与传统的故障诊断有很大区别，线路表面是否有明显的断线可以通过人工诊断，主要通过自诊断和专用探测器诊断，最后通过人工经验和自诊断结果进行故障排除。当LIN总线系统发生故障时，所有的自诊断功能都可以在LIN从控单元上执行。

LIN总线系统电路故障主要有两种类型：短路和开路。

1）LIN总线短路故障：不论LIN总线是短路到电源的正极还是短路到电源的负极，LIN总线都将处于关闭状态，无法正常工作。

2）LIN总线开路故障：当LIN总线发生开路故障时，其功能的丢失取决于开路故障发生的具体位置。当母线上的LIN总线位置断开时，所有下游的从控单元不能正常工作；当LIN总线在位置支路断开时，支路的从控单元不能正常工作。根据LIN总线故障时的功能损失，再结合LIN总线控制关系，并参考电路图，可以确定出开路故障的大致位置。

2.1.3 FlexRay总线

2.1.3.1 FlexRay总线结构与原理

FlexRay是为车载应用系统和"线控"系统的高级网络开发的一种通信标准，具有很好的容错性，其最大的特点是能够在提高数据传输速率的条件下满足汽车安全的要求性指标。FlexRay采用两条独立的物理线路进行通信，每条线路的数据速率为10Mbit/s，两条通信线路主要用于实现冗余，使消息传输具有容错能力；它也可以使用两行来传输不同的消息，从而使数据吞吐量达到20Mbit/s。FlexRay也可以选择提供总线监视器，它可以监视每个节点上的通信控制器的定时，以确定其是否满足要求，并且还可以根据需要将通信控制器从网络断开。

FlexRay总线主要用于需要高实时安全性的系统，如线控底盘和线控转向的通信，电子动力转向系统（EPS）、电子稳定控制系统（ESC）、主动悬架系统（AS）和发动机管理系统（EMS）通过FlexRay总线交换信息并传输相关状态，与控制信号配合完成线控底盘控制的功能。FlexRay总线定义了通信消息的传输时间，它还支持具有高速通信能力的事件触发和时间触发通信，数据传输速度明显快于K-CAN、PT-CAN和K-CAN2等总线，网络带宽是CAN的20倍以上。

FlexRay的通信周期包括静态段、动态段、符号窗口和网络空闲。静态段发送由时间触发的周期消息，动态段发送由事件触发的临时消息。汽车FlexRay网络控制系统结构如图2-10所示。

FlexRay总线的主要特点有以下几点：

1）支持双通道通信，每个通道速度达到10Mbit/s。与CAN协议相比，可用带宽增加了

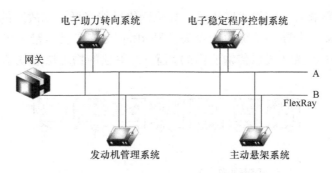

图 2-10 汽车 FlexRay 网络控制系统结构

10~40 倍。

2）总线数据的存取基于同步时基。时间库通过协议自动建立和同步，并提供给应用层。时基的精度在 0.5~10μs 之间，由于采用同步时基，消息在通信周期中有固定的位置。接收者提前知道消息到达的时间，并能根据时间处理对各种特殊情况做出响应。

3）FlexRay 总线为消息冗余传输和非冗余传输提供了两个选项，可以对系统进行优化以提高可用性或吞吐量。用户可以扩展整个系统，而无须调整现有节点中的软件。同时，它还支持总线或星型拓扑结构。FlexRay 总线提供了大量支持系统调整的配置参数，如通信周期的持续时间和消息的长度，以满足不同应用的需要。

FlexRay 总线可以替代 CAN 总线，适用于车辆骨干网、分布式控制系统和安全系统等应用。FlexRay 有多种拓扑结构，它可以使用类似于 CAN 总线的线型结构；也可以使用星型结构，由中心节点负责消息转发，如图 2-11 所示。当中心节点以外的节点发生故障时，中心节点断开与受损节点的通信；但如果中心节点受损，则整个总线系统无法工作。

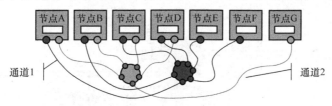

图 2-11 FlexRay 星型拓扑

FlexRay 总线和其他总线系统通过中央网关模块（ZGM）连接。为了实现网络控制单元中各种功能的同步执行，需要统一的时基。由于所有控制单元都有自己的拍频发生器，因此必须通过总线进行时间匹配。例如，当中央网关模块激活时，ZGM、动态稳定控制系统（DSC）、一体式底盘管理系统（ICM）和数字式发动机电子系统（DME）作为节点起到同步作用。

如图 2-12 所示，FlexRay 是一个双通道系统。FlexRay 节点选择双通道冗余模式以满足系统安全要求。控制节点采用两个独立的通信控制器，一个负责正常通信，另一个实现总线监控，进一步提高了系统的可靠性。在实际的传输环境中，两个通道传输的信息是相同的，冗余备份称为容错。简单的理解是，当一个信道发生故障或信息受损时，另一个信道可以继续正常传输，而不影响另一方的数据传输。如果网络性能降低，则故障的严重性将成比例增加。换句话说，故障不会导致系统功能丧失。FlexRay 支持多级容错，包括可扩展单通道或双通道模式下的系统容错（提供传输所需的冗余），单独的物理层总线监视器也有助于最小化系统错误。

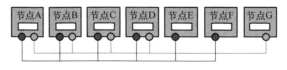

图 2-12　FlexRay 信道节点

为了为所有 FlexRay 节点提供一个时间触发的实时系统，不同节点之间需要精确的全局时间同步。FlexRay 通过偏移校正和速率校正算法支持时钟校正管理。在每个周期中，"同步信息"从网络上的同步节点发送到总线。为了支持容错系统，它至少提供 4 个同步节点。每个节点接收一条同步信息，将其时钟与同步节点的时钟进行比较，然后校正其时钟以匹配同步节点的时钟。如果一个节点出现故障，则不会影响其他节点的同步。

此外，星型结构在灵活性方面也具有故障隔离功能。当控制器发生故障时，主节点可以自动断开故障节点，防止对其他正常节点功能的影响。节点间通信数据传输量大，实时性要求高，如 EMS 节点的发动机状态和转速信号、ESC 节点的轮速信号等。这些信号能否实时传输，直接影响到车辆的安全运行。为了保证各节点网络通信的安全性和可靠性，需要建立在线网络通信管理机制，实时监控总线上各节点的状态。FlexRay 总线的应用如图 2-13 所

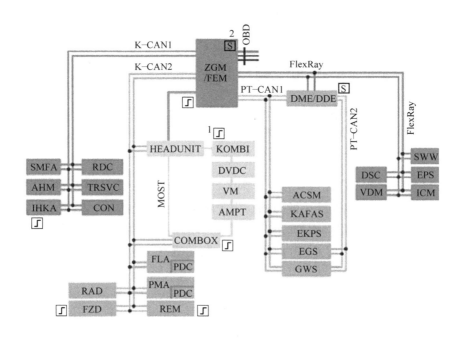

图 2-13　FlexRay 总线的应用

示。除了拓扑的灵活性之外，FlexRay 总线与其他协议相比还有很多优点。它支持时间触发通信和事件触发通信，例如启动制动序列。FlexRay 总线还支持总线之间的各种消息传递体系结构，例如在网络架构中，所有的通信都是通过一个网关来实现的，而与使用的通信协议无关。

根据应用的确定性和容错需求，在每个节点中，FlexRay 模块包含实现 FlexRay 协议所需的所有组件。这些组成部分主要包括：

1) 寄存器模块：包含配置 FlexRay 设备的控制寄存器，还包括读取当前协议状态信息的状态寄存器。

2) 信息缓冲接口：该接口用于 CPU 接收和传输数据，包括寄存器块生成的数据。

3) 协议状态机：通信控制器的核心，负责执行整个协议逻辑，如信息处理、建立通信周期、启动和错误处理。

4) 定时单元：负责定时控制，包括对分布式时钟同步的支持。

5) 循环冗余校验（CRC）单元：在信息传输和接收过程中，生成并校验每一数据帧的校验和。

6) 收发单元：每个信道一个。

FlexRay 传输速率可以有效地保证线控转向系统（SBW）消息的实时传输。FlexRay 静态段基于时分多址（TDMA）技术，将静态时隙分配给指定的节点，并以固定延迟时间的时间触发方式工作。接收方可以预测报文的到达时间，以满足线控舵机的确定性通信要求。FlexRay 具有出色的冗余能力，可以通过硬件完全复制网络配置，监控进程，进一步满足线控转向的安全要求。

在分布式直接网络管理中，每个节点通过接收和发送网络管理消息独立地执行网络通信管理。其功能主要包括通信功能管理、通信资源管理、节点通信状态监控等。FlexRay 主要有三种基本模式：总线休眠模式、同步模式和网络模式。

初始化 FlexRay 节点后，默认进入总线休眠模式，在此状态下不进行网络管理通信。为了让所有节点协同执行状态转换，节点在离开总线休眠模式后进入同步模式。在这种状态下，FlexRay 节点与其他节点同步，等待进入其他网络管理模式。网络模式是正常网络通信管理的状态，它的三个子状态如下：

1) 重复消息状态：将启动重复消息定时器，激活发送网管消息的权限，并发送带有重复消息指示符的 NM – Date 消息。

2) 正常运行状态：节点收发网络管理消息，进行正常的网络管理活动。

3) 准备休眠状态：启动 ReadySleepCnt，只接收网管消息，不发送网管消息。

为了实现对节点网络状态的在线监测，FlexRay 网络通信管理中引入了故障状态检测来检测节点通信故障。每个状态的转换如图 2-14 所示。

每个状态转换的触发条件如下：

1) 打开 ECU，初始化网络通信管理。

2) 节点发送网络通信请求。

3) 节点同步，当前重复周期结束。

4) 重复消息定时器到期，节点发送网络通信请求但不发送重复消息。

5) 重复消息定时器到期，节点没有网络通信请求，不发送重复消息。

6）节点无网络通信请求，不发送重复消息。

7）该节点无法正常接收其他在线节点的网络管理消息。

8）ReadySleepCnt < 1，节点没有网络通信管理请求，不发送重复消息。

9）从重复报文状态和正常运行状态进入故障检测状态，未检测到故障。

10）ReadySleepCnt > 1，节点发送一个重复的消息请求。

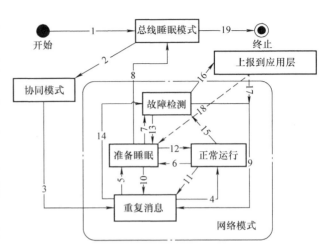

图 2-14 节点网络通信管理状态图

11）节点发送重复消息请求。

12）ReadySleepCnt > 1，节点发送一个网络通信请求。

13）从条件 7 进入故障检测状态，故障检测完成，无故障节点。

14）、15）节点无法正常接收其他节点的网管消息或自身无法正常发送网管消息。

16）在故障检测状态下检测到节点故障。

17）从条件 14 和条件 15 进入错误检查状态，完成故障检测，检测其他节点故障。

18）从条件 7 进入错误检查状态，完成故障检测并检测其他节点故障。

19）关闭并结束所有网络通信。

FlexRay 总线主要用于汽车发动机和底盘的信号与数据通信。利用 CAN 总线实现的线控转向系统可以正常传输数据，但滞后时间和横向加速度响应滞后时间长，变化幅度大，很难满足实际车辆对转向系统的要求。在智能车联网中，线控转向系统主要由转向操纵模块、转向执行模块、控制器模块、容错及故障诊断模块组成。线控转向系统的结构和工作原理如图 2-15 所示。

控制单元主要由转向控制控制器（ECU1）和转向执行控制器（ECU2）组成。ECU1 接收来自转角传感器和转矩传感器的信号，并确定驾驶人的意图。ECU1 基于实时车辆行驶参数和前轮转角控制策略，利用 FlexRay 总线将前轮转角传输给 ECU2。

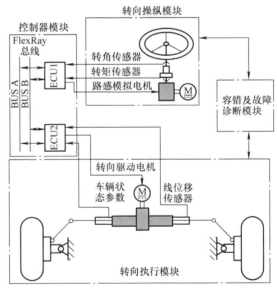

图 2-15 线控转向系统的结构和工作原理

ECU2 通过控制转向驱动电机完成前轮的主动转向。在转向执行模块中，线性位移传感器反映车轮转角，张力传感器提供正转矩信息，ECU2 采集并分析二者的信号。根据道路感知控制策略，目标信息通过 FlexRay 传输到 Flex1。最后，ECU1 通过路感模拟电机降低驾驶人疲劳，为驾驶人提供理想的路感。如果线控转向系统出现故障，则会激活容错和故障诊断模块，使车辆仍能按照驾驶人的指示行驶，而不会出现转向故障，在极端情况下保证驾驶人的安全。系统容错可以通过硬件容错和软件容错来实现。

再如，汽车线控制动系统由三个节点组成：车辆控制器节点、制动踏板节点和制动控制器节点，三个节点通过 FlexRay 总线进行通信。如图 2-16 所示，汽车线控制动系统包含大量传感器。制动时，电子信息从踏板节点发送到车辆控制器，车辆控制器向车轮节点发送制动信息，车轮节点处理信息并提供适当的电压矢量，而电动执行器可以执行必要的转矩响应。由于 FlexRay 总线带宽大，可以传输大量详细的制动信息，使得机械响应速度非常快。每个车轮是一个独立的节点，可以在不同的时间间隔提供不同的制动压力，从而在不同的制动条件下提供即时稳定控制。

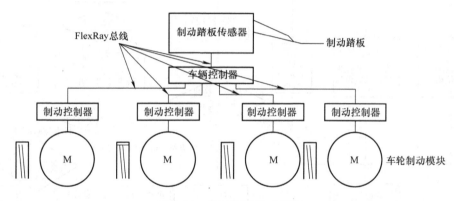

图 2-16 汽车线控制动系统

汽车制动系统节点实现制动信息的接收，根据制动信息产生响应的脉冲宽度调制（PWM）控制信号，控制电机产生制动力矩，并通过 FlexRay 总线将车轮传感器测得的车轮信号发送给车辆控制器，从而实现车辆控制器信息显示、报警等功能。

除了线控制动的安全性和可靠性优势外，FlexRay 总线还可以与未来的智能交通系统无缝联网，并且可以方便地与其他车载线控功能集成。此外，未来的汽车多媒体娱乐系统需要一个集成的数据总线来传输运动图像，这就需要更高的传输速率和更快的网络总线来满足最严格的系统要求。

2.1.3.2 FlexRay 总线常见故障检查

FlexRay 总线"NormalError"故障检测机制如图 2-17 所示，当网络中发生通信故障时，节点进入故障检测状态，并以重复消息、正常操作和准备睡眠三种状态进行故障检测。如果节点在当前的重复周期内不能正常接收网络管理消息，则在相邻的重复时间输入故障检测，设置标志位 NormalError1，并设置故障检测信息（故障检测为"1"，睡眠为"0"），其他网络节点接收此消息并在此重复周期内以相同格式发送故障检测消息。从故障发生时的当前重复周期到相邻重复周期结束，未发送故障检测消息的节点被标记为故障节点并向应用层报告。如果节点在当前重复周期内不能正常发送网络管理消息，则进入故障检测状态，将标志 NormalError 设置为 1，启动故障计数器 ErrorCnt，并将计数器的初始值设置为 0。因为节点进入故障检测状态，在重复周期内不发送故障检测消息，所以 ErrorCnt 增加 1；当 ErrorCnt = 2 时，标记节点并向应用层报告。如果节点在当前重复周期内发送错误检测消息，则会清除

ErrorCnt 并返回到重复消息状态。

当网络中有节点处于唤醒状态时,准备睡眠的节点仅具有监视功能。如果此时节点无法接收网络管理消息或故障检测消息,则节点进入故障检测状态,ReadyError 标志设置为 1,并发送当前重复周期的故障检测消息(故障检测位和休眠位均为"1"),从而实现图中的故障检测机制。

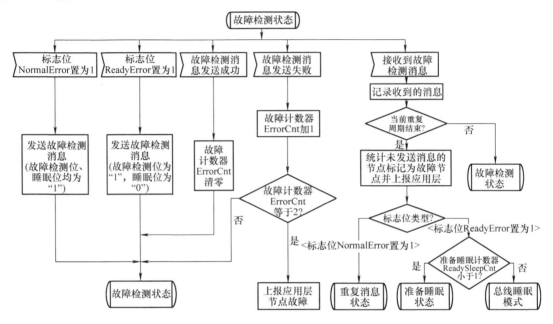

图 2-17 FlexRay 总线 "NormalError" 故障检测机制

当网络中没有节点保持清醒时,所有节点将协作进入休眠状态,并且不执行数据通信。此时,无法检测节点是否发生故障。当 ReadySleepCnt = 1 时,所有节点协同进入故障检测状态,将 ReadyError 标志设置为 1,并在当前重复周期内发送故障检测消息。当所有节点都能正常接收和发送故障检测信息且就绪时,节点协作进入总线休眠模式。如果节点在重复的时间段内发送或接收错误,ReadySleepCnt 将重置并执行错误检测。此机制与网络中节点处于唤醒状态时的休眠状态故障检测机制相同,该机制在实现故障检测的同时保证了节点的协同睡眠。

在 FlexRay 车辆网络中,由于信号传输方式不同,每个通道需要两条线,即总线正(Bus – Plus,BP)和总线负(Bus – Minus,BM)。在接收端,通过这两个信号之间的差分获得原始比特状态。定义了三种状态:空闲、数据 0、数据 1。当所有控制单元都处于休眠模式时,将出现急速状态,此时,BP 和 BM 连接到高电阻接地点(GND)。在空闲状态下,没有数据传输,此时,电压 – BM 电位差为 0V,电压和 BM 水平约为 2~3V。在数据 0 状态下,BP 与 BM 差为负(400~600mV),在数据 1 状态下,BP 与 BM 差为正(400~600mV)。为了区分数据 0 和数据 1,发射机必须具有至少 600mV 的电压差,接收机必须具有至少 400mV 的电压差。根据端子电阻的配置,当车辆出现 FlexRay 系统故障时,可以使用万用表测量连接不同控制单元时的电阻值,以确定系统故障的原因。根据不同接线板的电阻,可以很容易地确定故障原因,例如连接线断开。

FlexRay 具有很高的传输速率，普通示波器或带有数字存储示波器（DSO）的诊断仪无法显示 FlexRay 数据的波形。因此，FlexRay 系统无法根据不同的波形诊断 CAN 总线故障。

线路短路、对地短路或线路控制单元本身的故障可能会切断每个控制单元或整个分支与总线之间的通信。以宝马为例，有 4 个授权唤醒 FlexRay 的控制单元（ZGM、DME、DSC、ICM）。如果这些控制单元之间的通信中断，发动机将无法起动。此外，控制单元中的总线监视功能防止在未经授权的时间发送信息，从而防止其他信息被覆盖。FlexRay 上的终端电阻器位于每个控制单元中，线束电阻测量结果不能 100% 反映系统接线的功能。当有破碎变形、堵塞腐蚀等损坏时，静态模式下的电阻值可在允许范围内。然而，在动态模式下，电效应会导致浪涌阻抗增加产生数据传输问题。当电缆损坏时，FlexRay 总线可以修复，并可与普通电缆连接器连接。但是，在安装过程中必须遵守特殊要求。FlexRay 的线路是双绞线，在进行维护时，保持这种双绞线布置也很重要。带剥离绝缘层的维修零件必须用收缩管密封，否则进入水中后，可能会影响浪涌阻抗，进而影响总线系统的效率。

FlexRay 总线系统的电压范围（对地测量测得的电压值）如下：
1）系统已接通：无总线通信 2.5V。
2）高电平信号：3.1V（电压信号上升 600mV）。
3）低电平信号：1.9V（电压信号下降 600mV）。

如果需要修理线束，请注意以下事项：
1）维护时，两条导线的长度必须相同。
2）捻线长度不应超过 30mm。
3）未加捻线长度为 50mm（FlexRay 数据电缆和 CAN 总线数据总线为双绞线）。
4）最大剥离长度为 100mm。
5）修理时，带压缩软管和内部黏合胶的压褶接头必须放置在未扭曲的修理位置，在剥开的电线上包上防水绝缘带。

2.1.4 MOST 总线

2.1.4.1 MOST 总线结构与原理

MOST 总线是基于光纤的面向网络的媒体系统传输总线。目前，随着车内娱乐多媒体的发展，如视频和音频的使用，传输速率明显提高。仅立体声数字电视信号就需要大约 6Mbit/s 的传输速率。虽然车辆网络总线有多种类型，如 LIN 总线、CAN 总线、FlexRay 总线等，但这些总线的传输速率不能满足车辆多媒体信息的承载和传输，包括蓝牙技术在内。为了实现更实时、更严格的音视频传输，需要使用 MOST 总线。

MOST 总线的光纤传输特性有以下几点：
1）重量轻，占地面积小。MOST 总线系统使用聚甲基丙烯酸甲酯（俗称"有机玻璃"）制成的塑料光纤作为传输介质。与其他铜芯电缆母线相比，在提供相同传输带宽的情况下，能减轻重量约 4.5kg。
2）抗电磁干扰能力强。MOST 总线使用光纤作为传输信号的媒介，它使用光信号来防止交叉线干扰和电磁辐射，从而确保系统的稳定性和可靠性。
3）高传输速率。MOST 总线采用光纤传输数据，传输速率可达 24.8Mbit/s，明显高于其他总线。

然而，由于 MOST 总线采用无源光技术，也存在自然信号衰减的缺点。

MOST 总线基于环形拓扑结构，如图 2-18 所示，允许多个发射机和接收机共享数据。MOST 总线主节点便于数据收集，因此网络可以支持多个主节点拓扑，一个网络中最多可以有 64 个主节点。

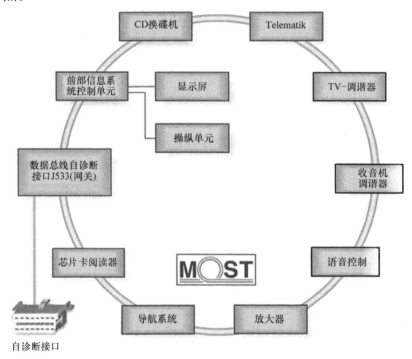

图 2-18　MOST 总线基于环形拓扑结构

为了保证数据的安全性，总线主系统将查询总线上的每个从节点，并在通电后完成自动密钥交换（AKE）。如果从节点具有有效的总线密钥，则允许使用预定协议在 MOST 总线上发送和接收数据。

MOST 总线传输协议由分成帧的数据块组成，每个帧包含流数据、分组数据和控制数据。在物理层上，传输介质本身是聚甲基丙烯酸甲酯（PMMA）纤维，带有塑料保护罩和 1mm 的芯，一束光纤像电线一样捆成一根电缆，光纤传输采用 650nm 的 LED 发射器。数据传输采用双相编码，最大数据速率为 24.8Mbit/s。MOST 总线数据传输使用 512kbit 的帧和 16 个帧块，帧重复率为 44.1kHz。除了前导码和其他内部管理位之外，每个帧还包含同步、异步和控制数据。

控制单元通过光纤以圆形方向将数据发送到下一个控制单元，这个过程一直持续到发送数据的控制单元第一次接收到数据为止。光纤传输速率为 21.2Mbit/s，可以实现声音和图像数据的同步传输。数据总线诊断接口 J533 用作诊断管理器，前端信息系统控制单元 J523 用作系统管理器。系统管理器的角色如下：

1）控制系统状态。
2）发送总线信息。
3）传输容量管理。

MOST 总线允许多种拓扑结构，如图 2-19 所示，包括星形和环形。大多数汽车设备都有圆形布局。前面介绍过，一个 MOST 网络中最多可以有 64 个节点。一旦汽车接通电源，网络中的所有 MOST 节点就全部激活，因此低功耗、停电模式设计很关键。MOST 总线节点通电时的默认状态是通过，即输入数据从接收器直接传输到发射器，以保持环路打开。MOST 环形总线结构的每个控制单元都装有光电转换器，控制单元在光纤中点对点连接。每个单元都有一个 MOST 信号中继器，接收器模块将一个光电二极管与信号处理和激活功能结合在一起做在芯片上。

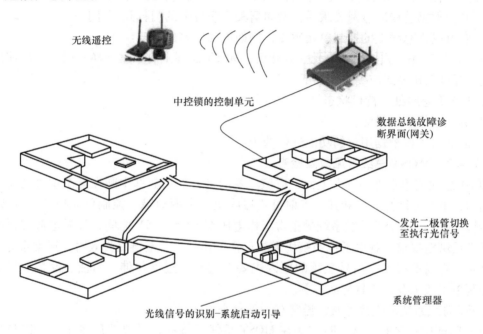

图 2-19　MOST 总线其他的拓扑结构

所得到的光信号通过光电二极管转换成电压信号，并传递给光信号接收器。发光二极管的作用是将光信号发射机的电压信号转换成光信号，产生波长为 650mm 的可见光。数据经光波调制后传输，调制后的光通过光纤传输到下一个控制单元，使光信号一圈一圈地传输，直到恢复到原来的位置。各控制单元通过网络服务软件与 MOST 信号转发器通信，并利用网络接口与各种应用设备通信，实现不同多媒体信号的传输。图 2-20 所示为两个相邻控制单元的连接结构。

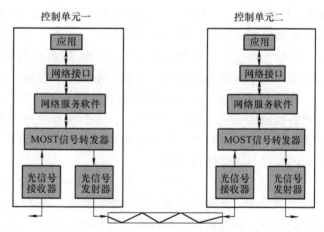

图 2-20　两个相邻控制单元的连接结构

MOST 总线的网络结构都使用以下三种工作模式：

（1）休眠模式　在这种模式下，MOST 总线上没有数据交换。所有设备处于待机状态，只能通过系统管理器发出的光启动脉冲激活。休眠模式的先决条件如下：

1）总线上的所有控制单元显示为准备进入休眠模式。
2）其他总线系统通过网关的请求较少。
3）未激活诊断。

（2）待机模式　此模式无法为用户提供任何服务，感觉系统已经关闭。此时，MOST 总线系统在后台运行，但所有输出媒体（如显示屏、收音机、放大器等）都不工作或不发出声音，此模式在启动和连续系统操作期间激活。待机模式前提条件如下：
1）其他数据总线通过网关激活，例如驾驶人座位旁的门打开/关闭。
2）它可以由总线上的控制单元激活，例如需要应答的呼叫。

（3）开机工作模式　控制单元完全开机，MOST 总线上有数据交换，用户可以使用所有的功能。开机工作模式前提条件如下：
1）MOST 总线处于待机状态。
2）其他数据总线激活。
3）激活时可以根据用户的功能进行选择。

2.1.4.2　MOST 总线常见故障检查

MOST 总线应用在许多汽车上面，应该注意的是，如果数据中断在某个位置的总线数据传输期间，主要原因是光纤断开、发射机或接收机的电源故障、控制单元损坏、环线中断、数据传输故障等。MOST 总线系统的正常工作电压在 10.5~15V 之间，如果电源提供的工作电压不满足供电要求，各电子控制模块无法正常工作。当传输链路失效时，通常会导致光信号的衰减。容易造成光学信号衰减的原因主要有过热、过度拉伸、弯曲、磨损、污垢、油污、控制单元故障及系统软件故障等。

MOST 总线系统发生故障时，通常有三种检查方法：

（1）闭环中断诊断　该诊断方法在 MOST 总线系统中，需要使用专用的诊断仪器进行闭环中断诊断。在闭环诊断过程中，电子控制模块会在一定的时间内响应。诊断管理器（网关）通过电子控制模块的响应时间判断其工作状态，并输出相应的诊断信息或故障码。闭环中断诊断开始后，MOST 总线系统上的电子控制模块主要检查电气故障和数据传输故障。诊断管理器通过检查闭环中的每个电子控制模块是否能够发送和接收光信号，便可以知道故障的电子控制模块和中断数据传输的电子控制模块的位置。

（2）衰减诊断　衰减诊断的基本原理与闭环中断诊断基本相同。它还必须由一种特殊的诊断仪器来完成。不同之处在于，诊断仪器通过计算发射功率与接收功率之间的关系来计算光衰减。光衰减越大，传输速率越低。该诊断方法可以确定闭环中相邻两个电子控制模块之间的光纤是否弯曲或损坏。

（3）短路诊断　当 MOST 系统工作异常或完全瘫痪时，光纤环路中的任何控制模块都可能出现故障。此时可以通过推断假设来逐一判断，如果要确定是否由电视接收器在回路中引起的故障，则可以断开电视调谐器并缩短光纤。如果断开的电视调谐器故障消失，那么故障点在电视调谐器上，操作模块在操作过程中不能短路。注意，在确定控制模块是否损坏时，必须检查其电源接地码。

2.1.5　汽车车载网络技术在车联网中的应用

随着汽车越来越智能化和网联化，汽车电子对带宽的需求也越来越大。汽车中由电子控制单元控制的部件越来越多,复杂的车身电子布局也导致了车身布线越来越复杂,可靠性降低。从材料成本和工作效率的角度来看,传统的布线方式已经不能适应汽车的发展。如图 2-21 所示,远程信息处理器(T-BOX)和 CAN 总线深度连接,是车辆网络功能的核心部件。T-BOX 可读取 CAN 总线数据和专用协议,是连接车辆网络和外部网络的唯一通道。它负责主动收集车辆数据报告,被动执行云平台任务。

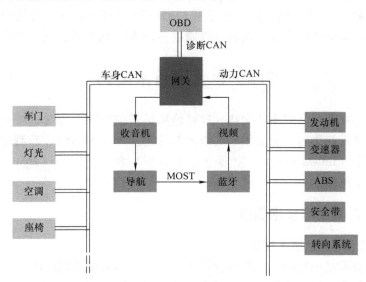

图 2-21 T-BOX 和 CAN 总线深度连接

在智能化方面,未来的燃油喷射系统+发动机 ECU+新能源电机 ECU 也在向可扩展的方向发展。V2X 车联网具有 CAN 总线功能,CAN 总线实现了各个节点的信息交换和共享,传感器从外部环境收集信号,并将收集到的信号发送到相应的 ECU,ECU 根据信号执行相应的执行动作,同时将 ECU 内相应的信号上传到 CAN 总线,与其他节点的 ECU 上进行信息共享。

智能加减速系统的协同工作依赖于 CAN 总线。例如,车辆高速行驶时,当传感器检测到前方即将发生碰撞时,传感器向制动节点 ECU 发送信号,ECU 控制执行端使制动系统工作。同时,信号在 CAN 总线上与其他 ECU 节点共享,每个节点的 ECU 控制下层的执行器执行相应动作,从而完成整个制动动作,以防止可能的危险。

典型应用如梅赛德斯-奔驰的预安全系统,环境意识为识别电子控制单元提供了依据。每个节点的 ECU 共享信息,每个执行器完成执行以完成驾驶辅助。CAN 总线作为车联网的黄金数据通道,是车联网的关键数据传输方式。通过对传感器数据和终端数据的处理,实现了车辆的诊断、提醒和报警功能,解决了智能网联车辆系统之间的信息交换和共享问题。

车联网的网络连接主要依靠车身有线通信、短程无线通信和远程移动通信等通信技术。其中,车身有线通信主要是指车辆内部装置通过 CAN 总线与车身控制单元通信,获取车速、胎压、油量等车辆状态信息。

对于汽车的智能网联连接,汽车上的数据传输量是传统汽车的百倍、千倍、万倍,对大数据传输带宽要求更高。传统的 CAN 总线通常采用的传输速率为 500kbit/s,最大传输速率为 1Mbit/s;CAN FD 总线的最大传输速率为 5Mbit/s;FlexRay 总线的传输速率可达 10Mbit/s;

MOST 总线采用光纤通信。

未来智能网联结构将以以太网（Ethernet）为主，娱乐系统和驾驶人辅助系统可以使用以太网作为子网，与传统的动力底盘系统 CAN（P-CAN）和车身舒适系统 CAN（B-CAN）子网兼容。辅助驱动系统使用以太网传输高清晰度摄像机和高精度雷达数据，娱乐系统使用以太网传输音频和视频数据。与车辆相关的数据（车辆状态数据、道路环境高清视频数据、雷达数据）可以通过远程通信模块或 V2X（或 Car2X）传输到外部云、基站、数据控制中心等。车载娱乐系统控制器可以通过 Wi-Fi、蓝牙等方式下载音频和视频。

2.2 以太网技术架构

以太网具有高带宽、低成本的优势，较好地满足了越来越多的汽车电子应用和车联网的需求。以太网被植入汽车后，主要用于高级辅助驾驶系统（ADAS）、车载诊断系统（OBD）以及娱乐资讯系统（Infotainment），宝马公司（BMW）和现代公司（Hyundai）已经在一些生产车型中应用了该技术。

2.2.1 以太网通信技术原理

2.2.1.1 以太网通信技术优势

汽车以太网技术是一种用以太网连接汽车电子单元的新型局域网技术，旨在满足汽车市场（包括电气、带宽、延迟、同步和网络管理等）的要求，目前已经在宝马、奔驰和奥迪等车型上得到了应用。汽车以太网技术在物理层（PHY）采用博通公司为车内以太网定制的 BroadR_Reach 技术，提供标准以太网的 MAC 层接口，因而能够使用与其他以太网类型相同的数据链路 MAC 层逻辑功能及帧格式。汽车以太网 MAC 层采用 IEEE 802.3 的接口标准，可以做到与传统以太网 MAC 层技术的无缝衔接。以太网（Ethernet）可以使车内数据传输速率达到10Gbit/s，高带宽和快速的信号处理是自动驾驶的关键。汽车以太网源于当今通信网络中使用的以太网技术，但增加了特定的汽车协议和为汽车环境设计的新物理层连接。

汽车通信网络可分为四个不同的领域：

1）信息娱乐系统：信息娱乐系统的通信需要高速和高带宽，有时还需要无线传输。目前最流行的应用协议是总线协议，其中也包括 IDB-1394。

2）汽车线控技术：汽车线控技术涉及高度安全的制动和转向系统，其通信要求高容错性、高可靠性和高实时性，主要协议是 TTCAN、FlexRay 和 TTP 等。

3）车身控制系统：该领域应用协议是 CAN 协议（B-CAN），包括传统的车身控制和传输控制。

4）低端控制系统：该系统包括那些只需要简单串行通信的 ECU，例如控制后视镜和车门的智能传感器和执行器，这是 LIN 总线最适合的应用领域。

基于车载以太网的车载网络架构如图 2-22 所示。汽车以太网作为一种车内通信网络，不仅适应 ADAS、音视频娱乐和汽车网络所需的带宽，而且支持未来更高性能的要求。随着汽车电子技术的日益复杂以及网联化、宽带化的发展，汽车以太网已经适应了这一发展趋势，在汽车应用领域有着广阔的发展空间。商用车网络技术目前包括局域网（LIN）、控制器局域网（CAN）、TTP/C、FlexRay、面向媒体的系统传输（MOST）和低电压差分信号

（LVDS）。

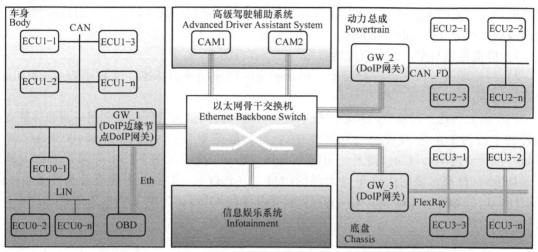

图 2-22 基于车载以太网的车载网络架构

TTP/C 是一种基于时分多址（TDMA）的时间触发通信协议。在汽车上，它主要用于安全关键领域，如航空电子或汽车线控技术应用，最大传输速度为 10Mbit/s。TTP/C 是为满足最高安全要求而开发的，因此与事件触发系统不兼容。

FlexRay 时间触发通信总线允许同步和异步数据传输。同步部分采用时分多址方式，异步部分采用灵活的时分多址方式，每个节点都可以使用全带宽传输事件来触发数据。FlexRay 主要应用于底盘系统，例如在容错环境中的线控制动等，并支持多媒体数据流传输。

MOST150 标准的最大带宽为 150Mbit/s，是目前汽车多媒体数据传输的首选协议。MOST150 支持基于 IP 的应用程序，由于单一供应商的问题，基础开发的成本很高。

LVDS 是一种通过铜双绞线传输高速数据（最高可达 850Mbit/s，最长传输距离为 10m）的电子数字信号系统，是计算机总线的一部分。在汽车领域，LVDS 用于屏幕和摄像机之间的数据传输。此外，LVDS 还包括一个非开放协议。但是，来自不同制造商的组件不支持数据交换，并要求 ECU 充当网关。

车内以太网将主要用于具有高带宽要求的系统，如高级驾驶辅助系统、车载诊断系统和车载信息娱乐系统。与传统的车内网络不同，车内以太网能够为带宽密集型应用提供更高的数据传输能力，在当前的汽车领域，以太网得到了广泛的应用，具有技术成熟、标准化程度高、带宽高、成本低等优点。随着近年来汽车电子技术的飞速发展，汽车电子产品的数量逐年增加，复杂性也随之增加，以太网的技术优势可以很好地满足汽车制造商对车内互联网络的需求。

2.2.1.2 以太网技术架构与原理

汽车以太网是一种新型的局域网技术，在车联网时代，以太网在汽车领域的应用已成为一种趋势。随着车载电子控制模块的日益复杂，特别是在配备了自动驾驶、360°摄像头和音视频娱乐系统等功能后，以太网可以将这些功能完美地集成并能流畅地运行。目前，国内汽车厂商主要采用 CAN 总线技术，但是一个 CAN 总线只能连接 16 个电子设备。如果增加一个电子控制模块，只能增加布线，这不仅增加了线束的成本，而且电气结构也变得更加复杂。相比之下，以太网的通信速度是 CAN 总线的 200~300 倍，这大大降低了通信连接成本和线束重量。

然而，车内以太网的最大障碍是控制器的电磁兼容性能，其电磁兼容性比 CAN 总线差。传统的以太网使用屏蔽线束作为传输介质，但是增加屏蔽层的成本较高，针对这种情况，以太网线束技术应有相应的技术创新：

1）降低传输频率，最大限度地满足电磁兼容性能。

2）对物理层（PHY）进行转换，建立相应的物理层接口标准，实现单双绞 100Mbit/s 全双工通信。

汽车以太网是一种新型的局域网技术，与传统以太网最大的区别是它用一对非屏蔽双绞线代替了两对非屏蔽双绞线（UTP），在单对非屏蔽双绞线上可以达到 100Mbit/s 甚至 1Gbit/s 的传输速率。目前，博通公司的 BroadR - Reach 技术（图 2-23）已经通过以太网联盟（OPEN）标准，被用作汽车以太网的物理层（PHY），其技术大致可分为三类：IEEE 802.1Q、时间触发以太网和以太网音视频桥接技术（AVB）。其中，AVB 是广域以太网主要支持的应用领域。

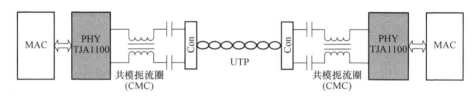

图 2-23　BroadR - Reach 系统图

1. IEEE 802.1Q

IEEE 802.1Q 定义了桥接局域网（LAN）体系结构中虚拟局域网（VLAN）网桥的概念、操作和管理机制，该技术标准主要用于以太网数据包的优先级标记，在数据包头部增加 3 位存储优先级，共包含 8 个优先级。它主要用于将一个大的网络分成多个小的网络，从而解决广播和多播不占用更多带宽的问题。IEEE 802.1Q 在车载以太网音视频桥接应用中，为提高车载网络的服务质量提供了一种轻量级、可靠的方法。

在汽车上的一些应用需要实现不同传感器之间的时间同步，或者在测量时需要知道不同节点的转矩，这需要所有参与节点之间的同步，并且某些精度需要达到亚微秒级。

以太网音视频桥接技术（AVB）是在传统以太网的基础上，采用精确的时钟同步来保证带宽，以限制传输延迟，并提供高水平的服务质量来支持各种基于音视频的媒体应用。

IEEE 802.1AS 协议根据最佳主时钟算法选择同步参考节点，并使用高精度时间作为参考节点的同步时钟。IEEE 802.1AS 为网络物理层上的数据包提供时间戳服务，该时间戳出现在时间敏感数据包的包头上。

IEEE 802.1Qa 流保留协议是一种用于音频和视频数据流的发送者和接收者的服务请求的管理协议。

IEEE 802.1Qav 是一种实时数据流转发和队列控制协议，它为数据流发送者和交换节点提供成形数据流服务。

IEEE 802.1BA 标准是定义 AVB 配置的文件，定义了 AVB 在不同市场的技术规格。例如，针对不同应用环境（如车辆系统）给出的不同技术要求，明确哪些技术要求是强制性的、哪些是可选的，以及输出电压等技术参数的微调。

2. 时间触发以太网

时间触发以太网，简称TTEthernet，是一种实时以太网解决方案。TT代表时间触发，这意味着消息是根据一个确切的时间计划发送的，以秒为单位确定消息的传输延迟时间，且时延抖动小。车内网络设计采用静态网络拓扑结构，对通信数据和控制数据的时间和负载要求可预测。TTEthernet与传统以太网相比，增加了同步功能，与IEEE 802.3完全兼容，可以在同一个网络中进行各种网络应用，包括车内语音和视频、远程监控数据、多媒体数据流和诊断信息的传输。

汽车上的许多控制装置要求通信延迟在微秒范围内。时间触发以太网允许低优先级的实时时间触发通信与事件触发通信的共存，使以太网能够满足高层次的系统需求，同时仍然支持以太网传输的需求，实时性要求不那么严格，但带宽仍然很高。图2-24所示为TTEthernet协议控制框架。

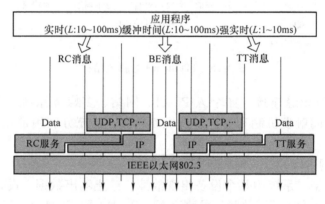

图2-24 TTEthernet协议控制框架

TTEthernet在IEEE 1588 V2的时钟同步机制上引入了点对点（P2P）透明时钟的概念，并利用透明时钟的支持、阶跃固化功能和压缩功能来获得准确的时钟。在同步时钟的基础上，建立了全双工交换网络结构的周期性任务调度表，周期任务表有静态和动态两种使用方法。

图2-25所示为TTEthernet数据流结构，它可以同时满足单个网络中不同实时和安全级别的应用需求，并支持三种不同的消息类型：

1) 时间触发消息（TT）：在预定义的时间通过网络发送，并优先于所有其他消息类。

2) 速率约束消息（RC）：用于不太严格的确定性和实时应用。

3) 尽力而为消息（BE）：遵循通常的以太网策略并使用网络的剩余带宽，比其他两种类型的优先级低。

TTEthernet在汽车应用中的情况如下：

1) 高级驾驶辅助系统（ADAS）结合了高带宽和TT通信。

2) 多媒体、高带宽和可靠的数据通信、保证数据传输速率，可用于驾驶辅助系统和信息娱乐系统的融合。

3) X-By-Wire（线控）远程控制系统，TT服务提供了强大的实时通信能力、容错能力和故障操作能力，能够满足这些系统的通信要求。

时间触发以太网与IEEE 802.3以太网协议完全兼容，能够使各种不同类型的应用业务

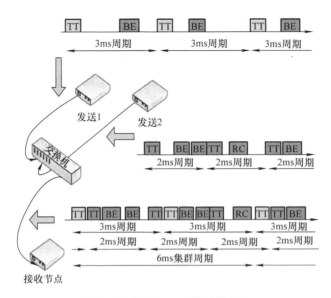

图 2-25 TTEthernet 数据流结构

在同一个网络上实现无缝连接，如个人 PC 机、网站、多媒体系统均使用相同网络。在 TDMA 机制上采用时间触发机制和事件触发机制并存，能充分利用带宽以提高通信网络的效率。

时间触发以太网可以容忍三种故障模型：

1）沉默故障模型：系统中某个设备出现故障，停止输出数据。设备正常发送/接收了 A、B 消息，随后设备发生沉默故障，导致后面的 C、D、E、F 帧无法正常发送/接收。使用 TTE 协议中的同步/异步集群检测解决，一旦集群检测成功，就重新开始建立同步。

2）遗漏故障模型：存在遗漏故障的设备在某个随机的时刻将无法发送或接收随机数量的帧。正常发送/接收了 A、C、F 消息，而 B、D、E 消息无法正常发送/接收。可以通过多重冗余机制预防。

3）随机故障模型：一个设备发生错误，在任意时刻发送随机信息至网络中。随机地在任何时间出现沉默和遗漏故障，以及发送帧的误传。比如帧 A 的遗漏或误传为 X，帧 B 的遗漏或误传为 Y，帧 D 的遗漏或误传为 K 等。针对随机故障模型可以使用语义控制予以解决，辅助工具是令牌控制。

3. 以太网音视频桥接技术

以太网音频和视频桥接技术被称为以太网 AVB，是 IEEE 802 协议系列开放标准的增强版本。AVB 包括 IEEE 802.1AS—2011（gPTP 精确时钟定时和同步协议）、IEEE 802.1Qat（流预留协议）和 IEEE 802.1Qav（队列和转发协议），它们共同构成 AVB 系统。它还包括 IEEE 802.3 以太网标准，以提供服务质量（QoS）保证，允许网络处理音频和视频（A/V）数据。在汽车中，AVB 还可以满足更广泛的时间关键型网络要求，使信息和娱乐、车身控制、辅助驾驶和一些安全相关功能能够通过网络处理。典型的以太网 AVB 应用程序如图 2-26 所示。

车头摄像头信号只传送给辅助驾驶模块，其他子系统和设备有独立的连接。这种视频传输方式的优点在于它不仅可以获得点对点连接，而且可以实现全双工通信，通信过程互不影

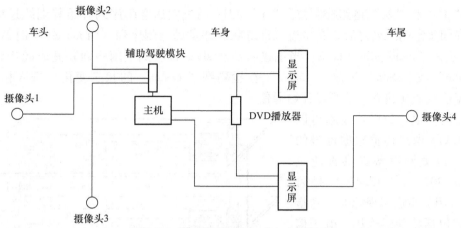

图 2-26 典型的以太网 AVB 应用程序

响,可扩展性强,灵活性高。大多数通信的前提是整个车内网络的速度必须相同,这就降低了低带宽设备的灵活性,增加了不必要的成本,以满足高带宽设备的需求。图 2-26 中,车身部分的 DVD 播放器和后排座椅上的两个显示屏可以实现同步多媒体播放,以太网 AVB 可以实现三个设备的精确时钟同步。

如图 2-27 所示,BroadR – Reach 规范规定了物理层连接建立机制。在建立连接之前,必

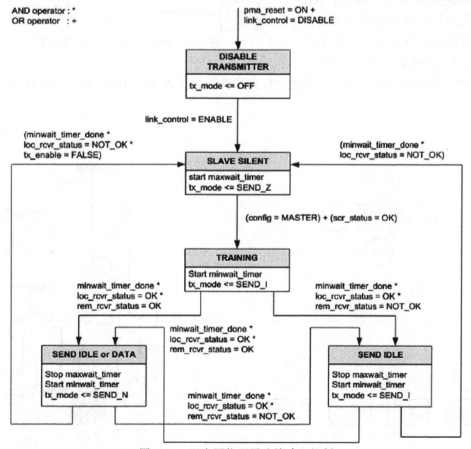

图 2-27 以太网物理层连接建立机制

须设置"主"和"从"链路控制位。"主"PHY通过发送空闲序列开始其训练过程,一旦接收器在同步空闲序列之后,它也进入训练状态并发送空闲序列。当master定时器超时时,"slave"进入"Send_Idle"状态;当主接收器从slave接收到空闲序列并完成同步后,进入"Send_Idle"或"Data"状态;"slave"在检测到"master"的状态变化后进入相同状态,双向数据连接成功建立,就可以开始通信。

以太网供电(POE)技术可以在通过CAT5电缆传输数据信号的同时向该以太网设备提供直流电源。IEEE 802.3af(15.4W)是目前POE应用的主流实现标准,它指定的内容包括物理层连接、电子信号和媒体访问层协议,如图2-28所示。

以太网取代了令牌环、FDDI和ARCNET等其他局域网标准。以太网的标准拓扑是总线型拓扑,但目前的快速以太网为了减少冲突,将最大化网络速度和使用效率,使用了集线器进行网络连接。汽车以太网的常见拓扑结构有星型、菊花链型和树型(图2-29~图2-31)。这些结构支持交换以太网中的IEEE 802.3和IEEE 802.1Q标准。

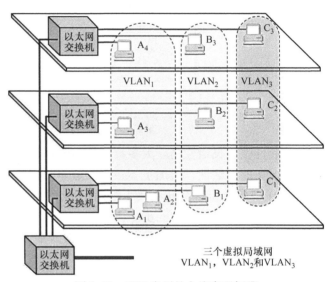

图2-28 POE应用的主流实现标准

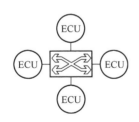

图2-29 星型结构

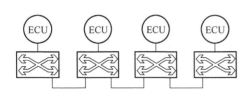

图2-30 菊花链型结构

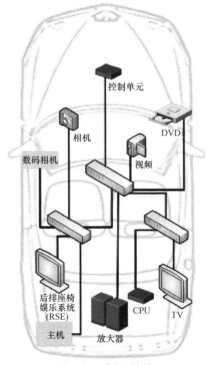

图2-31 树型结构

以太网数据传输过程如图 2-32 所示。以太网常用的帧格式有两种，一种是 EthernetII 帧格式（图 2-33），另一种是 IEEE 802.3 帧格式（图 2-34）。这两种格式的区别在于 Ethernet II 包含一个类型（Type）字段；而在 IEEE 802.3 格式中，这个位置是长度字段。以太网中的大多数数据帧使用 Ethernet II 帧格式。

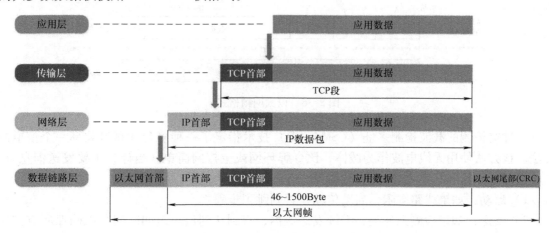

图 2-32　以太网数据传输过程

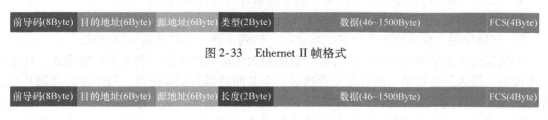

图 2-33　Ethernet II 帧格式

图 2-34　IEEE 802.3 帧格式

1）前导码：Ethernet II 是由 8 个 8'b10101010 构成，IEEE 802.3 由 7 个 8'b10101010 + 1 个字节 SFD。

2）目的地址：目的设备的 MAC 物理地址。

3）源地址：发送设备的 MAC 物理地址。

4）类型（Ethernet II）：以太网首部后面所跟数据包的类型，例如，当类型为 0x8000 时，它是一个 IP 协议包；当类型为 8060 时，后面为 ARP 协议包。

5）长度（IEEE 802.3）：当长度小于 1500 时，说明该帧为 IEEE 802.3 帧格式；当长度大于 1500 时，说明该帧为 Ethernet II 帧格式。

6）数据：数据长度最小为 46Byte，不足 46Byte 时，填充至 46Byte。

7）FCS：就是 CRC 校验值。

以太网首部如图 2-35 所示。

车载以太网实现了向网络上的无线系统中的多个节点发送信息。以太网帧格式如图 2-36 所示，每个节点必须获得一根电缆或信道来传输信息。每个节点都有一个全局唯一的 48 位地址，这是制造商分配给网卡的 MAC 地址，以确保车载以太网上的所有节点都能相

图 2-35　以太网首部

互验证。

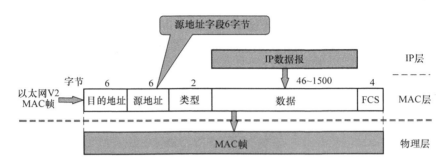

图 2-36 以太网帧格式

带冲突检测的载波检测多址（CSMA/CD）技术指定了一种多台计算机共享一个信道的方法。该方法使用无线电波作为载体，比令牌环网或主控网简单。当计算机要发送消息时，它会在以下操作和状态之间切换：

1）启动：如果线路空闲，启动传输，否则跳到步骤4。
2）发送：如果检测到冲突，继续发送数据，直到达到最小返回时间，以确保所有其他中继器和终端检测到冲突，然后跳到步骤4。
3）成功传输：向上层网络协议报告成功传输并退出传输模式。
4）通信忙线：一直等到有空。
5）线路空闲：在达到最大尝试次数之前，转到步骤1并以随机间隔重试。

如果超过向上层网络协议报告传输失败的最大传输尝试次数，则退出传输模式。就像在一个没有主持人的论坛里，所有参与者通过一个共同的媒介相互交谈。每个参与者都礼貌地等待其他人发言完毕后再发言。如果两位客人同时开始说话，那么他们都会停下来等一段时间再开始说话。此时，如果两个参与者等待的方式不同，冲突就不会发生。如果传输失败不止一次，它将在指数延迟后重试，延迟时间是通过截断二进制指数退避算法来实现的。

2.2.1.3 以太网通信技术在车联网中的应用

传统的车辆网络支持单一的通信协议，而车辆以太网可以支持多种协议或应用形式，如 AVB、TCP/IP、DoIP、SONIP 等。其中，以太网 AVB 是对传统以太网功能的扩展，通过增加时钟精确同步和带宽预留等协议，提高了传统以太网音视频传输的实时性，它是一种极具发展潜力的网络音视频实时传输技术。一些 TCP/IP 规定了车辆摄像机应用的视频通信接口要求，可以应用于车辆摄像头领域，通过 API 实现驾驶辅助摄像头的模式控制。

为了满足车内音视频应用的低延迟和带宽要求，可以在车内使用 IEEE 802 工作组开发的 AVB 相关标准。AVB 技术提供了优先级、流预留协议（SRP）、队列和转发协议（FQTSS）等核心功能。汽车中的 AVB 应用有很多，如同步多媒体播放、在线导航其他汽车网络应用、ADAS 和诊断功能等，其帧突发时间模型如图 2-37 所示。

作为 AVB 协议的扩展，AVB 协议集如图 2-38 所示。车辆时间敏感网络（TSN）引入了时间触发以太网技术，可以有效地实现汽车控制信息的传输。此外，1Gbit/s 速率通信标准的汽车以太网还支持 POE 功能和节能以太网功能。POE 功能可以在对双绞线传输数据的同时向连接的终端设备供电，消除了对终端的外部电源线的需要，并降低了电源的复杂性。

在现有的车载网络中，TDMA 远远优于使用码分多址（CDMA）模式的以太网上的安全

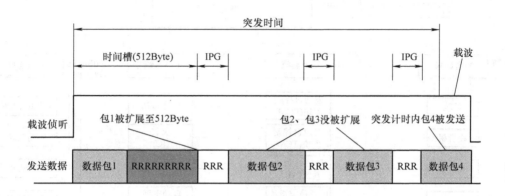

图 2-37 帧突发时间模型

应用。在汽车领域,目前最成熟的两种技术是以太网音视频桥接技术(AVB)和时间触发以太网(TTEthernet)。

目前汽车以太网可用于汽车拓扑骨干网,完成高清视频传输、线上线下诊断刷写、车辆数据校准。基于以太网的车载网络架构如图 2-39 所示,充分实现了互联互通,提高了汽车的安全性。以太网可以实现全双工操作,可以同时发送和接收数据。由于是基于地址传输,每个以太网消息都有一个源地址和一个

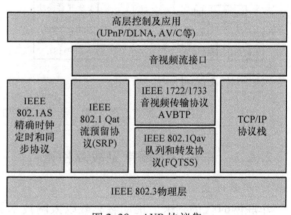

图 2-38 AVB 协议集

目标地址。交换机根据目标地址将消息发送给目标接收方,接收方可以从消息中读取消息,回复原始地址,交换机的消息处理功能可以与车载网络中的网关进行比较,但两者存在明显的区别。网关由 ECU 中的软件支持,但是 ECU 随着网络拓扑结构的变化而变化。交换机初始设置后,它们以"透明"的方式运行,多个交换机可以连接在一起,自动向目标接收方发送以太网消息,而不会受到网络配置变化的影响。正是由于交换机的灵活配置,以太网的这些固有特性使得它能桥接多个控制域。

在智能网联汽车中,先进的高级辅助驾驶系统(ADAS)通常包括实时交通道路导航系统、电子警察系统、360°环视系统、汽车网联、自适应巡航、车道偏离预警系统、车道保持系统、前方碰撞预警系统、自适应照明系统、行人保护系统、自动泊车系统、路标识别系统、驾驶人疲劳监测系统、下坡控制系统和自动驾驶,其工作内容可分为三类:传感器、网络连接和数据处理。在网络连接部分,可以使用车载以太网实现在线地图导航,摄像头通过 AVB 网关实现 360°环视和自动泊车功能,特别是在避碰或预碰系统中,实时性较高。摄像头的实时监控需要足够的带宽来支持图像数据的交互,车载以太网在高实时带宽方面完全可以满足当前的需求。

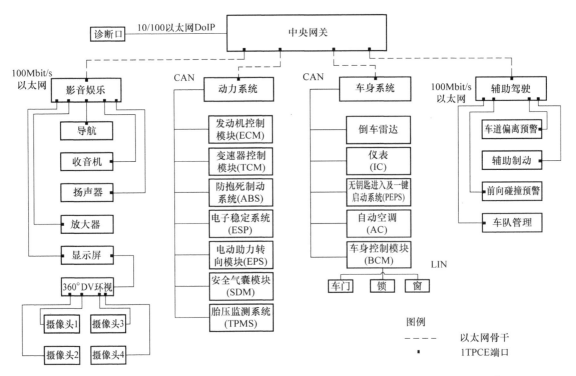

图 2-39 基于以太网的车载网络架构

2.2.2 车载以太网常见故障检查

1. 车载以太网的性能测试

车联网时代的到来,推动着车载以太网技术的迅速普及,使得已经实现的诊断协议和标准不能满足要求。目前,绝大多数汽车制造厂家的车载以太网方案是在第二代独立网关基础上,把与信息交互要求较高的子网换成以太网,这样既可以节省开发时间与周期,又可以降低电气架构总成本,更重要的是可以降低开发难度和检测难度。

车辆以太网越来越多地被用作车辆驾驶人辅助、信息娱乐和其他系统的快速总线。在电动汽车中,第二代网关通常包含 5 个子网络,分别为启动网、舒适网、动力网、ECM 网和 ESC 网。

1) 启动网:主要包括方向盘锁控制器(ECL)、车身控制模块(BCM)和智能钥匙系统控制器(I-KEY)网络节点来实现启动加密认证功能。

2) 舒适网:包括多功能显示、夜视系统、平视显示、安全气囊(SRS)、PM2.5 检测、空调控制器、空调电加热器(PTC)、多功能显示、轮胎压力监测系统(TPMS)、组合开关、转向箱开关、全景 ECU 等相关的功能。

3) 动力网:包括组合仪表、电池管理系统(BMS)、车载充电器、蓄电池加热器、模式开关、漏电传感器、蓄电池管理器等,实现蓄电池功率的调节和输出。

4) ECM 网:包括后驱动电机控制器、差速器控制器、前驱动电机控制器、DC/DC 变换器等,实现电机加减速、换档等功能。

5) ESC 网:包括安全辅助系统(SAS)、电子驻车(EPB)、电动助力转向系统(R-

EPS)、弯道辅助照明系统（AFS）、诊断端口等，实现电子停车、自动车载转向、安全气囊等功能。

随着智能驾驶技术的兴起，出现了许多与辅助驾驶相关的配置，如360°环视系统、车道偏离警告系统、抬头显示（HUD）系统和自适应巡航控制（ACC）系统。这需要各种传感器和雷达与控制器进行实时数据交换，ADAS系统采集的信号有视频信号、位置信号和音频信号，特别是车联网的广泛应用、全液晶显示和中央控制显示的双屏交互使用，对数据的实时传输提出了更高的要求，传输速率也越来越高。

车辆以太网测试主要分为物理层测试、数据链路层测试、协议层测试、系统集成测试。

1）物理层测试：主要测试中继器输出电压、输出频率、峰值电压、差分电压、失真、抗干扰、时钟频率、媒体传输质量指标（MDI）输出抖动。

2）数据链路层测试：根据通信协议（802.3、Ethernet II、802.1Q、802.1ad、802.1ah、1722）所采用标准对应的测试规范（OPEN联盟TC8成员）完成相关数据链路层测试。

3）协议层测试：协议层根据主机采用的协议IPV4或IPV6与网络层的用户数据报协议（UDP）或传输控制协议（TCP）对应的测试规范完成相关测试。

4）系统集成测试：类似于传统汽车总线的开发。控制器完成单元测试后，还需要根据系统功能完成系统集成测试。

2. 示波器的使用

基于宽带技术的100BASE-T1以太网接口基于802.3bw标准，100BASE-T1通过未屏蔽双绞线（双绞线以太网）实现全双工以太网连接，信号采用PAM-3调制，差分信号电平在-1~1V之间，数据传输速率高达100Mbit/s。

使用100BASE-T1 PHY示波器可以测量电缆的频响，并在建立连接时确定适当的信号预失真。100BASE-T1系统中信号电平分析如图2-40所示。

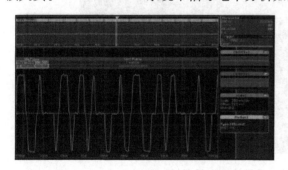 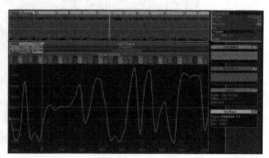

图2-40 100BASE-T1系统中信号电平分析（见彩插）

OPEN联盟已经为以太网接口测试定义了详细的规范。在物理层一致性测试中，通常使用具备触发和解码功能的示波器（图2-41）和网络分析仪在实验室中测量接口的电特性。合规性测试仅检查发射机的电气特性（使用测试信号），对接收器不执行任何测试，测试方法是通过读取PHY芯片的信号质量参数，间接测量两个控制单元之间的通信质量。用于验证控制单元应用程序通信的工具可以通过一个特殊的接口模块获得所有以太网数据流量，对协议内容进行广泛的分析，但这些工具只能将传输错误表示为包错误。例如，如果包错误是由耦合引起的干扰造成的，那么这些软件工具就不能用于更详细的分析。在这种情况下，通常使用具有触发和解码功能的示波器,其故障排除的难度几乎与传统的 CAN 总线相当。

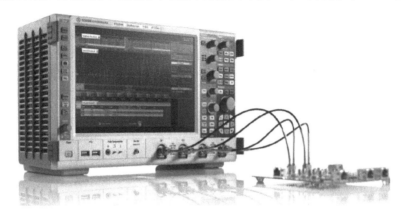

图 2-41　具备触发和解码功能的示波器

如果用示波器探头直接采集双绞线上的信号,就会得到向两个方向传输的叠加信号,如图 2-42 所示。如果不分离这两个信号,就无法执行协议分析。由于 100BASE – T1 发射机的均衡器会使采集到的信号严重失真,因此在示波器对信号进行解码之前,需要使用复杂的算法对信号进行均衡。100BASE – T1 电信号电平和传输协议内容之间的时间相关性可以详细分析总线通信和分组错误,触发包错误或数据包。

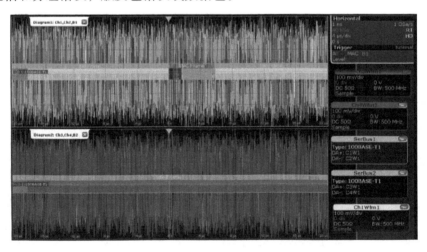

图 2-42　采集到的双绞线叠加信号(见彩插)

如果不能同时分析总线通信和 100BASE – T1 电信号电平,就很难发现耦合干扰信号引起的间歇性总线错误。解码功能可以对所有七个开放式系统互联(OSI)通信层上的总线通信进行时间相关分析,这有助于识别耦合干扰信号的来源。例如,在以太网总线通信测试波形(图 2-43)中,MAC 帧和空闲帧都在采集开始时正确发送,但在采集过程中,数据流突然停止。底部窗口显示的是故障期间的频谱,可以清楚地看到 2MHz 处有一个峰值。显然,这个干扰信号是总线问题的原因。将译码与其他示波器分析工具(如频率分析)相结合,这类问题的解决就会变得比较容易。

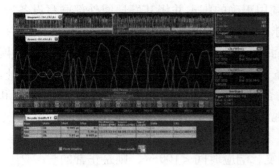 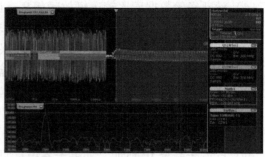

图 2-43 以太网总线通信测试波形

3. 车载以太网常见故障的排查

在进行网络故障排除之前,应建立网络文档,包括网络接线图、电缆数据库和设备手册。网络文件是记录设备正常运行时的各种数据或状态,如各种信号指示器的颜色、指示灯是否刷写等。一旦网络出现故障,可以通过对比前后信号指示灯的颜色来查找故障。

在进行网络故障诊断时,应制定诊断方案。在本质上,网络问题的诊断应该是科学的方法和技术相结合的故障分离和解决。利用对故障现象和网络工作方式的理解,用一个或多个假设来解释情况,然后检验假设是否正确。

故障的发现和分离是故障诊断过程的核心,一旦发现问题,可以跟踪问题并解决问题,但以太网故障检测与分离是一项非常复杂的工作,其复杂性在于网络中使用权限组件的数量、连接用户的数量以及网络中各种程序和高级协议的使用。故障检测方法可以采用故障隔离法,当网络出现故障时,断开网络以隔离网络的一半,然后测试网络的另一半,看是否存在问题。故障检测涉及的范围很广,一些故障检测系统定期向网络设备发送检测数据包,如果设备发送一定数量的检测包后没有响应,则视为故障,这是一种常用的查找故障的方法。

车载以太网通过车载网关连接到外部以太网,用于车辆通信和诊断数据传输。外部以太网是基于 IP 的网络,通过车载网关连接到车载以太网,实现接入功能。将汽车网关接入车载以太网和外部以太网,实现外部以太网中的外部刷写诊断设备与车载以太网中的车载子网组件之间的数据传输功能。车辆诊断经验数据库与刷写诊断设备交互信息相连接,为车辆提供正确的诊断刷写脚本。外部刷写诊断设备,连接外部以太网,根据诊断经验数据库返回的诊断刷写脚本,车辆以太网中的车辆由车辆网关进行操作。

车载以太网由多个车载子网组成,车辆系统中的每个 ECU 都连接到相应的 DoIP 节点网关。多个 DoIP 节点网关通过基于 IP 的网络连接在一起,其中一个 DoIP 节点网关充当 DoIP 边缘。节点网关连接到外部以太网,车辆以太网中的 DoIP 节点使用相同的 IP 版本,汽车网关和车载以太网网络使用以太网物理接口或无线局域网(WLAN)接口连接。

基于以太网的车辆诊断系统的方法步骤如下:

1)确认车辆以太网处于可接收状态。

2)通过电车网关控制,建立车载以太网与外部以太网之间的通信,维护外部刷写诊断设备与子网组件之间的数据路由。

3)外部刷写设备通过汽车网关访问 ECU 上的 OBD 信息,并将 OBD 信息传输到诊断体验数据库。

4）诊断经验数据库比较车辆故障信息，调用正确的脚本并将其发送回外部刷写设备。

5）外部刷写诊断设备向汽车网关发送请求，以便对诊断的 ECU 执行刷写操作。

在使用诊断设备进行故障诊断时，应确保测试工具可靠地连接到车辆诊断端口，以太网电缆子系统连接到子系统设备上，子系统设备通电，并配置 IP 地址，测试电脑配置地址。检查子系统是否响应并记录响应时间，检查是否可以与网络设备通信。根据 IP 地址分配和 MAC 地址分配，检查各个网络单元模块设置地址是否正确，检查显示的 IP 地址与 MAC 地址是否重复，测试依据如下：

1）Ping 子系统 IP 地址，如果子系统有回复，响应时间 <100ms，则是正常的。

2）Ping 子系统 IP 地址，如果子系统有回复，响应时间 >100ms，则子系统故障或线路故障。

3）Ping 子系统设备 IP 地址，如果无应答/连接超时/故障，则为线路故障。

在检查子系统和交换机之间的连接时，将每个子系统连接到汽车以太网交换机，并观察相应接口旁边的网络端口指示灯的状态，以确定其是否正常工作。还可以通过断开网络设备的电源断路器来判断，当网络设备断开电源断路器，相应的接口指示灯熄灭时，证明交换机与子系统的连接正常；否则，请检查子系统侧的线路连接器是否连接牢固；如果拧紧后没有出现上述结果，应检查设备连接线。

车载以太网常见故障主要有断路故障和短路故障。在对车载以太网进行故障排除时，需要更加注意是否存在网络电缆连接问题，例如线束插接器连接不良，是否存在退针现象等。如图 2-44 所示，通过使用线缆识别器，可理清每根电缆的走向。连接插头时，定位销的位置应匹配并紧固到位。在调试过程中，如果连接方法不当，将导致插头内部芯损坏，或插头芯整体缩回，导致连接后通信失败。如果插头损坏或插头芯整体缩回，则需要更换电缆插头并重新压装。如果线束有故障，可用万用表测量线束电阻是否正常。如果不正常，需要更换线束。如果设备没有以太网电源，可以根据设备电源接口的引脚位置，用万用表进行直流电压测试，确认电缆连接电源的正负极正确。如果交换机或网关有故障，则需要更换交换机或网关模块。

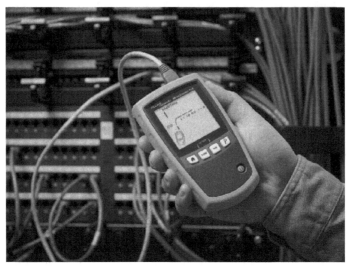

图 2-44　线缆识别器

注意：在检查的过程中，当车载以太网网关/交换机通电时，不允许拔下和插入任何卡板或模块。

思 考 题

本章的学习目标你已经达成了吗？请通过思考以下问题的答案进行结果检验。
1. 为什么要使用 CAN 总线通信网络？
2. 汽车网络总线协议主要包括哪些种类？
3. 汽车总线技术特征有哪些？
4. CAN 最大数据传输速率是多少？
5. LVDS 最大数据传输速率是多少？
6. 在智能网联汽车中，汽车通信网络应用在哪些领域？
7. 什么是 TTP/C 协议？
8. 以太网供电技术的特征有哪些？
9. 以太网的拓扑结构有哪些？
10. 以太网通信的机理有哪些？
11. IEEE 时间敏感网络的工作原理是什么？
12. TTEthernet 的工作原理是什么？
13. 在智能网联汽车中，TTEthernet 可以应用在哪些场景？
14. 汽车的内部网络如何与外部网络实现连接？
15. 如何实现智能加减速系统的协同工作？

第3章 车际网络通信接入技术

学习目标

1. 能够说出车联网的通信技术架构与移动通信技术的特征。
2. 能够说出基于物联网短程通信技术的类型、原理与应用。
3. 能够说出低功耗广域网远程无线通信的技术类型、原理与应用。
4. 能够说出车联网通信信息的传递方法。

3.1 无线通信技术

车联网是以车内网、车际网和车载移动互联网为基础，按照一定的通信协议和数据交互标准，实现V2X（车与车、车与人、车与路、车与平台等）之间信息交换的系统网络。车联网正在从传统的以导航、信息娱乐、紧急救援为主要内容的服务向以主动安全、智慧交通、无人驾驶为主要内容的V2X全方位应用方向延伸。车联网技术与智能交通技术、智能网联汽车技术相融合，为出行方式带来了新的变革。

车载通信系统的概念是利用车载移动终端相互发送和接收信息，并与路侧设备交换数据。车路通信应用广泛，例如获取远程服务信息、获取路边安全信息、开展本地支付服务等。一般来说，车对车通信的目的是交换驾驶状态信息，这些状态信息可用于车载安全系统，如提前判断和提醒驾驶人即将发生的危险或主动控制车辆。

3.1.1 移动通信技术

蜂窝移动通信使用蜂窝无线网络，其系统如图3-1所示。终端和网络设备通过无线通道连接，以便用户在活动期间相互通信。其主要特点是终端的移动性，具有跨局域网的切换和自动漫游功能。一般的蜂窝移动通信系统根据功能的不同可分为三类：宏蜂窝、微蜂窝和智能蜂窝。

3.1.1.1 蜂窝移动通信类型

（1）宏蜂窝 在蜂窝移动通信系统中，宏小区的每个小区的覆盖半径大多为1~25km，基站天线尽可能高。在实际的宏蜂窝中，通常有两种特殊类型的微区。第一个是"盲区"，是无线电波在传播过程中遇到障碍物而形成的一个隐蔽区域，该区域的通信质量很差；第二个是"热点"，是由于空间服务负荷分布不均而导致的业务繁忙区，可以支持宏小区的大部分业务。

（2）微蜂窝 微蜂窝技术具有覆盖面积小、传输功率低、安装方便灵活等特点。该小区覆盖半径为30~300m，基站天线低于屋顶高度，主要沿街道传输，屋顶信号泄露小。微

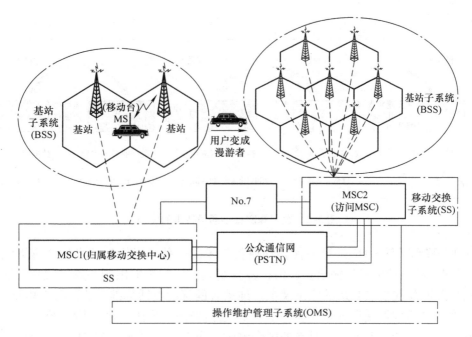

图3-1 蜂窝移动通信系统

蜂窝可以作为宏蜂窝的补充和延伸。当微蜂窝作为应用来增加网络容量时，它们通常与宏蜂窝组成多层网络，微蜂窝作为多层网络的底层。它们连续地覆盖在一个小区域中的宏单元上，形成多层网络的上层。微蜂窝和宏蜂窝在系统配置上不同，具有独立的广播频道。

（3）智能蜂窝　智能蜂窝是指利用具有高分辨率阵列信号处理能力的自适应天线系统，智能监测移动台的位置，并以一定方式将确定的信号功率发送给移动台。对于上行链路，采用自适应天线阵列接收技术可以极大地降低多址干扰，增加系统容量；对于下行链路，可以将信号周围环境控制在移动台波长 100～200m 范围内，减少同信道干扰，提高系统容量和性能。蜂窝移动通信是云平台与车辆、路侧设备之间进行数据和信息传输的一种通信方式。

蜂窝移动通信有三种应用场景：

1）车-云通信（V2C）或车-网通信（V2N）。

2）路-云通信（I2C）：除了蜂窝移动通信之外，道路云通信还可以使用诸如因特网的其他固定网络通信来实现。

3）人-云通信（P2C）：即智能手机与平台之间的通信。

车辆和交通数据信息主要分为三类：管理数据、信息服务数据和共享数据。

1）管理数据：包括交通管理云平台生成的交通管理业务数据和用于交通管理的交通管理数据。

2）信息服务数据：车联网服务平台提供的车载信息服务数据。

3）共享数据：在交通管理云平台上共享的车辆数据、交通出行数据、交通运营数据，以及在车辆服务平台互联网上共享的地图运营云交通数据。驱动算法在地面增强系统库云平台上训练人工智能路况数据、差分修正信息数据及共享数据。

3.1.1.2　移动通信技术的发展

数字蜂窝移动通信已经从1G发展到5G，其技术的发展如图3-2所示，经历了五代技术的更替。

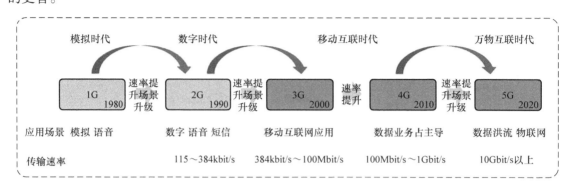

图 3-2　数字蜂窝移动通信技术的发展

（1）1G 移动通信　1G 是第一代移动通信技术，一种基于模拟技术的蜂窝无线电话系统。1G 无线系统设计为只传输语音通信，并且受到网络容量的限制。第一代移动通信技术是指 20 世纪 80 年代发展起来的原始模拟、纯语音的移动电话标准，北欧移动电话（NMT）是北欧、东欧和俄罗斯使用的标准之一，其他包括美国的先进移动电话系统（AMPS）、英国的全接入通信系统（TACS）、日本的联合测试工作组（JTAGS）、德国的 C-Netz、法国的 RadioCom2000 和意大利的 RTMI。

（2）2G 移动通信　2G 移动通信系统采用数字语音传输，除了呼叫功能，它还具有短消息服务（SMS）功能。2G 技术分为两大类：码分多址（CDMA）和全球移动通信系统（GSM）。2G 网络覆盖范围广，传输速率低，更适合通信服务（短信、电话）、车辆信息服务（门锁、发动机遥控）和大数据信息服务（汽车维修、汽车网络保险业务、二手车交易服务）。随着 3G 和 4G 的发展，许多由 2G 网络支持的车联网服务被 3G 或 4G 网络取代。2G 支持车辆与 IoV 服务平台之间的车对车云通信，以极低的传输速率实现车辆信息服务和车辆数据信息服务。

（3）3G 移动通信　3G 移动通信系统的通信传输速率约为 2G 的 10 倍，与 2G 的主要区别在于传输语音和数据速率的提高。它能更好地实现全球无线漫游，并能处理图像、音乐和视频。流媒体和其他媒体格式提供多种信息服务，包括网页浏览、电话会议、电子商务等，同时实现与现有 2G 系统的良好兼容性。3G 有三个主要标准：CDMA2000、宽带码分多址（WCDMA）和时分同步码分多址（TD-SCDM）。

（4）4G 移动通信　4G 蜂窝移动通信系统采用长期演进（LTE）技术，其上下行传输速率可达 100Mbit/s，传输速率约为 3G 的 50 倍。LTE 采用的多载波技术是正交频分复用（OFDM），这是国际标准组织 3GPP 制定的全球通用标准，包括分时长期演进（TD-LTE）和分频长期演进（FD-LTE）两个系统。LTE 的关键技术包括载波聚合、上下行多天线增强、多点协同传输、中继和异构网络干扰协调增强。

4G LTE 提高了峰值网络速率、频谱效率和小区边界的用户性能，也提高了整个网络的组网效率，它具有高速、大容量、低延迟、连接稳定等特点。4G LTE 网络的峰值传输速率是 3G 的 50 倍，能够提供车载在线、高带宽和对车载视频信息娱乐、云硬盘等车载信息服务的服务质量（QoS）敏感性。4G 可以用于车辆与交通管理云平台、地图云平台之间的车对云通信，也可以用于自主驾驶算法培训的云平台，以及交通管理云平台和路侧单元

(RSU）通信，支持 V2X 协同通信 LTE-V2X，实现网联化协同驾驶和网联化自主驾驶应用。

（5）5G 移动通信　5G 是最新一代蜂窝移动通信技术，是 4G（LTE-A、WiMax）、3G（UMTS⊖、LTE）和 2G（GSM）系统的延伸。5G 的发展在很大程度上弥补了 4G 的不足，其性能目标是提高数据传输速率、减少延迟、节能、降低成本、增加系统容量以及与大规模设备连接。数据传输速率方面，3G 是 2G 的 10 倍，4G 是 3G 的 50 倍，5G 是 4G 的 200 倍，诺基亚认为 5G 网络的最高传输速率可以达到 7.5Gbit/s 甚至 10Gbit/s。英国萨里大学在 5G 通信技术测试中成功实现了 1Tbit/s 的超高速传输速度，比 4G LTE 快了近 1000 倍。5G 关键技术包括大规模天线阵列、超密集网络部署、全频谱接入方式、新型网络架构、多址技术。

5G 支持 4G 网络支持的车载网络通信场景，其 V2X 协同通信方式称为 5G-V2X，最大传输速率可达 20Gbit/s，可用于车载摄像机采集的视频信号、车载激光雷达扫描数据等公共车辆环境感知数据的传输。

3.1.2　车联网通信技术架构

3.1.2.1　车际通信系统概念

所谓的车际通信系统，是基于智能交通系统和传感器网络技术的发展。它将先进的无线通信技术应用到车辆上，实现高度信息化、智能化的交通运输。车际通信系统是车载移动通信系统，其目的是通过车-车、车-路通信，将交通参与者、车辆及其环境有机地结合起来，提高交通系统的安全性和效率。尽管传统的无线网络已经被广泛应用于大量的消费电子设备中，但由于车辆行驶速度快，通信终端的连接时间短，导致车辆之间通信的环境十分恶劣。此外，通信能力也面临着巨大的挑战，因为道路上有数千辆车，每辆车周围可能有数百辆其他车辆。

移动用户具有多种通信需求和大覆盖范围，移动通信任务的一个固有特征是，一些用户需要本地通信，而另一些用户可能需要区域通信。即使在某些情况下，通信的任务只是在车内不同设备之间交换数据，不同通信任务的通信信息内容也会不同。车-车信息交换与覆盖的范围如图 3-3 所示，车辆用户可能对几千米外的另一个车辆用户的信息不感兴趣，但对自己车辆几米范围内的用户的信息感兴趣；相比之下，这个车辆使用者可能对几千米外的交通状况感兴趣，因为交通状况是许多车辆使用者的信息集合，而不是特定的个体。

车内的移动终端可能受到来自车内其他设备各层信息的影响，也可能与相邻车内的移动终端交换数据。从实用的角度看，局部层所覆盖的范围可视为车辆制动到停车状态所需的距离范围。例如，当车辆静止时，可能威胁车辆安全的局部层范围仅为车辆周围几米。当车辆行驶时，局部层的范围将相应扩大，以确保足够的距离，避免各种威胁，更大的范围覆盖了包括区域一级在内的整个道路网和所有不在区域一级的车辆。

3.1.2.2　车联网通信技术构成

（1）射频识别技术　射频识别（Radio Frequency Identification，RFID）技术是通过无线射频信号实现目标识别的技术，具有非接触、双向通信、自动识别等特点。RFID 不仅可以感知物体的位置，还可以感知和跟踪物体的运动状态。RFID 定位方法已经在智能交通领域

⊖　UMTS 指移动通信系统。

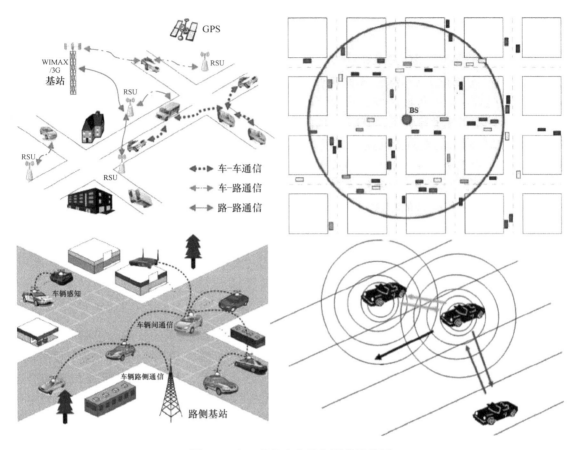

图 3-3　车－车信息交换与覆盖的范围

得到了广泛的应用，特别是在车联网技术领域。它对 RFID 技术有着很强的依赖性，已经成为车联网系统的基础技术。RFID 技术通常与服务器、数据库、云计算和短程无线通信等技术结合使用，大量的 RFID 通过物联网形成一个庞大的目标识别系统。

（2）传感技术　车辆服务需要大量的数据，原始数据源由各种传感器采集，不同的传感器或大量的传感器通过采集系统构成一个庞大的数据采集系统，动态采集所有连接的车辆服务所需的原始数据，如车辆位置、状态参数、交通信息等。目前的传感器已经从单一或多个传感器发展到由大量传感器组成的传感器网络，可以根据不同的业务进行定制，为服务器提供数据源，并作为各种业务数据进行分析处理后为车辆提供优质服务。

（3）卫星定位技术　随着全球定位技术的发展，车联网的发展迎来了新的历史机遇。传统的 GPS 系统已经成为汽车技术互联网的重要技术基础，为车辆提供定位和导航。高精度、可靠的定位服务已成为汽车的核心业务之一。随着我国北斗导航系统的日益完善和投入使用，车联网技术有了新的发展方向，并逐步实现了向国产化和自主知识产权时期的过渡。北斗导航系统将成为中国车联网系统的核心技术之一，并成为自主研发车联网核心技术的重要开端。

（4）无线通信技术　传感器网络采集的少量数据处理需要通信系统从云平台向外传输，以便及时处理和分析，分析的数据也需要通过通信网络传输到车载终端设备。考虑到车辆的移动特性,车联网技术只能利用无线通信技术进行数据传输,因此无线通信技术是车联网技术的核心组成部分之一。在各种无线传输技术的支持下,数据可以在服务器的控制下进行交换,业务数据可以实时传输,网络中的车辆可以通过传输指令进行实时监控。

(5) 大数据分析技术 大数据是指借助计算机技术和互联网,收集大量复杂的数据或信息。随着计算机技术和网络技术的发展,各种大数据处理方法开始得到广泛应用。通用的大数据技术,包括信息管理系统、分布式数据库、数据挖掘、聚类分析等,已经成为大数据在车联网中不断应用的强大推动力。

(6) 标准和安全系统 作为一个庞大的物联网应用系统,车联网包含了大量的数据、处理过程和传输节点。其高效运行必须通过一套统一的标准来规范,从而确保数据的真实性和完整性。数据的标准化已成为车联网技术发展的迫切要求,也是一项复杂的管理技术。此外,车联网和接入服务也是为了更好地保证车辆的安全行驶,因此建立安全系统也非常重要。能否在当前车联网发展的基础上建立一套高效的标准和安全体系,成为决定未来车联网技术发展的关键因素。

3.2 通信技术接入

实现智能网联汽车的 V2X 功能需要网络通信技术的接入,目前主要有两种接入方式:移动网络通信技术和物联网无线通信技术。移动网络通信技术是一项综合性的技术应用,它是有线通信技术和无线通信技术的结合。具体地说,是指以人或设备为主体的移动网络信号系统,可以不受位置约束。无线网络通信技术是利用无线电波在空中环境传输数据信息的通信技术,无线电波的传输速度与自身波长的长度和频率有关。无线电波波长越短,频率越高,传输速度越快。相反,无线电波波长越长,频率越低,传输速度越慢。

3.2.1 短程无线通信技术

短程无线通信的主要特点是通信距离短,覆盖距离一般为 10～200m;无线发射机的传输功率低,一般小于 100MW。大多数工作频率是免费的,工业、科学和医疗波段在世界各地都是免费的,可以实现低成本、低功耗和点对点通信。短程无线通信技术可分为两类:高速短程无线通信和低速短程无线通信。高速短程无线通信的最高数据速率大于 100Mbit/s,通信距离小于 10m;低速短程无线通信的最低数据速率小于 1Mbit/s,通信距离小于 100m。在理论中,电流流过导体,导体周围形成磁场;交流电流过导体,导体周围形成交变电磁场,称为电磁波。当电磁波频率低于 100kHz 时,电磁波将被地面吸收,远距离传输能力不会形成有效的传输。短程无线通信技术有着广泛的应用,一般来说,只要通信双方通过无线电波传输信息,并且传输距离被限制在较短的范围内即可使用。

物联网无线通信技术有很多,主要分为两类:一类是紫蜂(Zigbee)、Wi-Fi、蓝牙、Z-wave 等短程通信技术;另一类是低功耗广域网(LPWAN),即广域网通信技术。

3.2.1.1 Wi-Fi

Wi-Fi 是一种无线局域网通信技术,允许电子设备连接到无线局域网,通常使用 2.4G UHF 或 5G SHF ISM 射频频段。虽然它到 WLAN 的连接通常受密码保护,但是也可以打开它,以允许 WLAN 范围内的任何设备进行连接。Wi-Fi 是 Wi-Fi 联盟旗下的一个无线网络通信技术品牌，目标是改进基于 IEEE 802.11 标准的无线网络产品之间的互操作性，有人把使用 IEEE 802.11 系列协议的局域网称为无线保真度。

IEEE 制定的 IEEE 802.11 标准确立了以太网的技术标准，无线局域网中的无线网络是"无线兼容认证"。如图 3-4 所示，Wi-Fi 通过无线电波连接到网络。Wi-Fi 和蓝牙技术一样，是一种短程无线技术和网络传输标准，其连接可用于连接到无线路由器的有效范围。如果无线路由器连接到非对称数字线路（ADSL）或其他 Internet 接入线路，则称为热点。Wi-Fi 终端是指利用高频无线电信号发送和接收数据，采用以太网通信协议，通信距离通常为几十米。Wi-Fi 是目前应用最广泛的无线通信技术，传输距离为 100~300m，速度可达 300Mbit/s，功耗为 10~50mW。

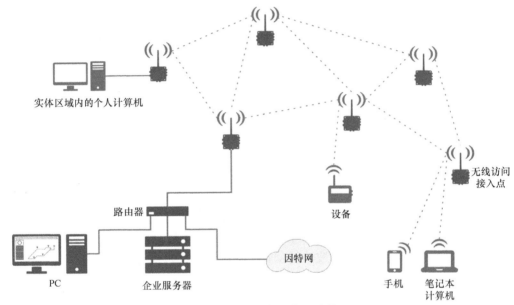

图 3-4　Wi-Fi 与网络的连接

Wi-Fi 有两种网络结构：一对多模式和点对点（Ad-hoc 模式，也称 IBSS 模式）。最常用的 Wi-Fi 是一对多结构，具有一个接入点（AP），多个接入设备，无线路由器是一个路由器 AP。Wi-Fi 也可以是点对点的结构，比如两个笔记本计算机可以直接连接到 Wi-Fi，而不需要经过无线路由器。

2.4GHz 的 Wi-Fi 分为 14 个通道，每个通道的带宽为 20~22MHz，如图 3-5 所示。不同调制方式的带宽略有不同，每个通道之间的距离为 5m，显然相邻通道之间存在干扰，只有 1、6、11、14 或 2、7、12 不会相互干扰，这就是在一个有多个 Wi-Fi 热点的地方上网很慢的原因。

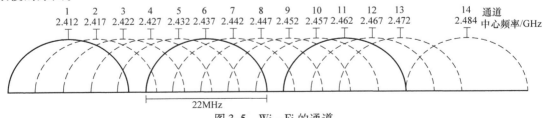

图 3-5　Wi-Fi 的通道

Wi-Fi 漫游必须满足以下条件：所有 AP 使用相同的服务集标识（SSID），必须使用相同的有线等效保密（WEP）或 Wi-Fi 网络安全接入（WPA）加密方法，所有无线接入点必须位于同一局域网上并设置相同的密码。局域网是指相同的网段 IP 地址。AP 之间的覆盖区域需要相对重叠，即 AP 半径为 30m，因此两个 AP 之间的距离应控制在 50m 以内。2.4GHz 的 Wi-Fi 仅支持 3 个不重叠的传输信道，信道 1、6、11 或 13 不冲突。移动通信技术的进步使人们在旅途中使用互联网变得更容易、更具成本效益，而且有更多的方法可以在汽车中获得比以往更多的 Wi-Fi，可以将现有的智能手机用作临时无线热点，也可以将移动数据连接和无线网络安装添加到任何带有永久调制解调器/路由器和各种不同类型 Wi-Fi 适配器的汽车上。例如，手机在智能汽车上的应用（图 3-6），既可以充当调制解调器又可以充当路由器。

图 3-6　手机在智能汽车上的应用

当将手机变成热点时，它实际上允许其他设备（如平板电脑、MP3 播放器，甚至支持 Wi-Fi 的主机）连接到 Ad-hoc 网络进行外部数据连接。通过内置 WLAN 模块将多媒体集线器（MMH）技术融入车内，使用蜂窝链路或蓝牙设备实现高速连接和互联网接入并安装永久性调制解调器。MMH 技术将完整的 WLAN 接入点功能集成到单个无线芯片中，然后集成到汽车智能座舱的连接系统中，为汽车提供区域 Wi-Fi 移动热点功能，让乘客享受无线网络接入服务。

3.2.1.2　RFID

射频识别技术采用无线电波非接触式快速信息交换和存储技术，通过无线通信结合数据存取技术，再与数据库系统连接，实现非接触式双向通信，从而达到数据交换的识别目的。在识别系统中，电子标签的读、写和通信都是通过电磁波来实现的，根据通信距离可分为近场和远场。因此，读写装置与电子标签之间的数据交换方法相应地分为负载调制和后向散射调制。RFID 大致可分为两类：电感耦合和后向散射耦合。一般来说，第一种方法主要用于低频 RFID，第二种方法主要用于高频 RFID。

如图 3-7 所示，RFID 系统由读写器、标签和数据管理系统组成。读写器是读取标签中的信息或将标签需要存储的信息写入标签的设备。根据所使用的结构和技术，读写器可以是读写设备和 RFID 系统的信息控制与处理中心。当 RFID 系统工作时，读写器在一个区域内发送射频能量形成电磁场，面积的大小取决于发射功率。

读写器覆盖区域的标签被触发，发送存储在其中的数据，或根据读写器的指令修改存储在其中的数据，并通过接口与计算机网络通信。读写器的基本部件通常包括：发射和接收天线、频率发生器、锁相环、调制电路、微处理器、存储器、解调电路和外围接口。

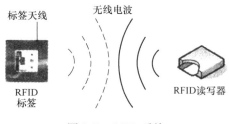

图 3-7 RFID 系统

电子标签由收发天线、交直流电路、解调电路、逻辑控制电路、存储器和调制电路组成，数据管理系统由管理软件系统组成。RFID 技术的基本工作原理如图 3-8 所示。读写器通常由耦合模块、收发模块、控制模块和接口单元组成。读写器和标签通常使用半双工通信来交换信息。同时，读写器通过耦合向被动标签提供能量和定时。

图 3-8 RFID 技术的基本工作原理

在实际应用中，可以通过以太网或 WLAN 进一步实现目标识别信息的采集、处理和远程传输等管理功能。根据标签的供电方式，射频识别技术可分为无源 RFID、有源 RFID 和半有源 RFID。

（1）无源 RFID　在无源 RFID 中，电子标签接收射频识别读写器发送的微波信号，通过电磁感应线圈获取能量，临时为电子标签自身供电，完成信息交换，主要工作在 125kHz 和 13.56MHz 的高频段，该系统目前已经被淘汰。

（2）有源 RFID　有源 RFID 技术在公路电子收费系统中起着不可或缺的作用，由外部电源供电，并主动向 RFID 读写器发送信号。它的体积比较大，但它也有更长的传输距离和更高的传输速度，且具有多标签识别功能。典型的有源 RFID 标签可以在 100m 的距离与射频识别读写器建立联系，读取速率可以达到 1700 次/s。有源 RFID 主要工作在 900MHz、2.45GHz、5.8GHz 等高频频段，通常应用于高性能要求和大规模的 RFID 应用中。

（3）半有源 RFID　无源 RFID 本身不供电，但有效识别距离太短。有源 RFID 识别距离足够长，但需要外接电源，且体积相对较大。而半有源 RFID 正是这种矛盾与妥协的产物，也被称为低频激活触发技术。正常情况下，半有源 RFID 产品处于休眠状态，只向标签的数据存储部分供电，因此功耗小，可以长期维持。标签进入 RFID 读写器的识别范围后，读写器首先以 125kHz 的低频信号在小范围内准确激活标签进入工作状态，然后通过 2.4GHz 微波向标签发送信息。即先用低频信号精确定位，再用高频信号快速传输数据。

汽车电子识别系统的架构如图 3-9 所示。它通常的应用场景是，在高频信号覆盖的大范围内，在不同的位置安装多个低频读写器，激活半有源 RFID 产品。这不仅完成了定位，而且实现了信息的采集和传输。汽车电子识别系统是在汽车前风窗玻璃内安装一个 RFID 电子标签，用来存储汽车的身份信息。设置在城市公路横断面上的电子牌照读写通信设备，可将其纳入 RFID 电子标签读写数据中，实现对车辆的主动、非接触、不停车识别和监控。同时，结合原有的交通信息采集和交通管理平台，该系统能够满足交通管理部门实现真正的数字化、智能化、监管及车辆的过路费收取、身份鉴别与管理。此外，RFID 技术还广泛应用于 RFID 智能停车管理、收费管理、智能称重管理、RFID 洗车管理等应用场景中。

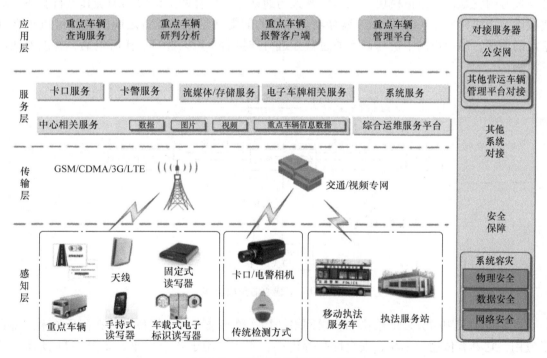

图 3-9 汽车电子识别系统架构

在 RFID 技术的发展中，近场通信（NFC）是一种短程高频无线电技术和 RFID 技术，工作频率为 13.56MHz，有效工作距离在 20cm 以内。其传输速度为 106kbit/s、212kbit/s 或 424kbit/s，数据读取和交换有三种业务模式：读写器模式、仿真卡模式、点对点模式。NFC 通信技术目前在移动支付和消费电子领域有着广泛的应用。例如，许多移动电话已经支持 NFC 应用。NFC 不像其他无线通信那样具有窃听无线信号的风险，但它的 NFC 卡过于简单，被动响应设计也存在不安全因素。例如，NFC 银行卡中的交易信息可以很容易地被其他读写器甚至智能手机读取。此外，如果通信距离较短，通信速率就会较低，这就限制了 NFC 仅适用于某些特定的物联网应用。

3.2.1.3 蓝牙

蓝牙是一种支持设备短程通信（通常在 10m 以内）的无线电技术，最初是用来代替红外线的信息交互。利用蓝牙技术可以有效地简化移动通信终端设备之间的通信，也可以成功地简化设备与互联网之间的通信。因此，数据传输变得更快、更高效，可以实现设备间方便、快速、灵活、安全、低成本、低功耗的数据通信和语音通信。因此，蓝牙技术是无线个人局域网通信的主流技术之一，连接到其他网络可以带来更广泛的应用，使各种数字设备能够进行无线通信。

蓝牙技术为固定或移动设备之间的通信环境建立了一个通用的无线空中接口，通信技术与计算机技术的结合，进一步使各种 3C 设备通过无线连接，实现了在一定距离内交流或操作。蓝牙设备连接必须在一定范围内配对，这种配对搜索称为短距离临时网络模式，也称为微微网。蓝牙设备仅可以成功连接一个主设备和多个从设备，最多可容纳 8 台设备。

蓝牙技术在汽车上最典型的应用就是车载通话。例如，车载通话中有四个子模块，里面最为核心的就是蓝牙电话模块，同步联系人与通话记录保存两个模块都围绕其进行服务。车载通话模块协作如图 3-10 所示，蓝牙功能实现的前提就是两个设备之间的蓝牙可以正常且稳定的连接，当用户的手机与设备通过蓝牙进行连接后，可以拨打、接听电话，并能保证声音流畅。

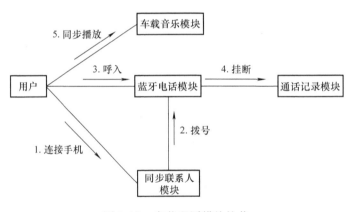

图 3-10 车载通话模块协作

蓝牙技术采用时分多址结构和多层网络结构，跳频技术和无线技术都在蓝牙技术上得到了应用，它具有传输效率高、安全性高等优点，广泛应用于各个行业。如图 3-11 所示，蓝牙通信技术协议的系统组成包括三个部分：底层硬件模块、中间协议层和高层应用层。

1）底层硬件模块（物理层）。蓝牙技术系统中的底层硬件模块包括基带、无线跳频和链路管理。其中，基带是完成蓝牙数据传输和跳频的基础；无限跳频层通过 2.4GHz 无需授权的 ISM 频段的微波，实现数据流的传输和过滤，本层协议主要定义了蓝牙收发器在该频段工作所需的条件；链路管理实现对链路建立、连接和删除的安全控制。

2）中间协议层。蓝牙技术系统的中间协议层由四部分组成：业务发现协议、逻辑链路控制与适配协议、电话通信协议和串行端口仿真协议。业务发现协议层的作用是为上层应用程序提供一种机制，以便于在网络中使用服务。逻辑链路控制和适配协议负责数据分解、复用协议和控制服务质量，是实现其他协议层的基础。

3）高层应用程序。在蓝牙技术系统中，高层应用程序是协议层之上框架的一部分。蓝牙技术的高级应用包括文件传输、网络和局域网接入。不同类型的高层应用是通过特定的应用模式和应用程序实现的一种无线通信。

蓝牙通信协议在汽车领域的应用如下：

1）蓝牙免提通信。可以以手机为网关，开启手机和车载免提系统的蓝牙功能。只要手机距离车内免提系统在 10m 以内，车内送话器和音响系统就能自动连接和控制，实现全双工免提通话。

2）汽车蓝牙娱乐系统。汽车蓝牙娱乐系统主要包括 USB 技术、音频解码技术、蓝牙技术等，结合了内置的送话器和立体声，可以播放存储在 USB 闪存驱动器中的各种音频基于 CAN 总线，可以将车辆系统中的网络连接起来，实现车辆信息娱乐系统的运行，保持系统的可扩展性。

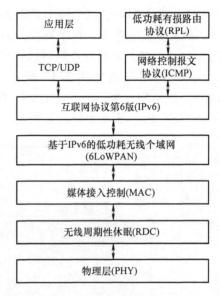

图 3-11 蓝牙通信技术协议的系统组成

3）蓝牙车辆远程状态诊断。车载诊断系统主要依靠蓝牙远程技术对车辆进行及时维护，特别是对汽车发动机的实时监控，帮助车主随时掌握不同功能模块的具体操作。一旦发现系统运行异常，则使用设置的计算方法来准确确定故障的原因和类型，可以更加方便快捷地将诊断码上传到车辆操作系统存储器中。

4）汽车蓝牙防盗技术。在蓝牙防盗装置的应用中，如果汽车处于待命状态，蓝牙传感器功能将自动连接到车主的手机上。如果车辆状态改变或被盗，它会自动提醒车主。蓝牙防盗技术的应用为汽车周围环境提供了更高的安全性。

3.2.1.4 Zigbee

Zigbee 技术是一种短程无线通信技术，具有低功耗、低价格、高可靠性的特点。与常用的无线通信标准相比，Zigbee 协议更加简单、紧凑。Zigbee 协议（图 3-12）也称为"紫蜂协议"，类似于蓝牙、Wi-Fi 等，是一种标准，定义了短距离、低数据率无线通信所需的一系列通信协议。

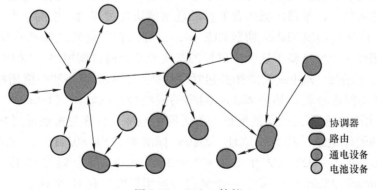

图 3-12 Zigbee 协议

Zigbee 无线网络的三个频率分别为 868MHz、915MHz 和 2.4GHz，在不同的工作频率下有不同的数据传输速率。每个频段分为多个信道，传输距离为 50～300m，速率为 250Kbit/s，功耗为 5mA。其最大的特点是可以自组织，网络节点数可以达到 65000 个。

Zigbee 网络架构如图 3-13 所示，可分为五层：物理层（PHY）、媒体访问控制层（MAC）、网络层（NWK）、应用支持子层（APS）和应用层（APL）。物理层和媒体访问控制层由 IEEE 802.15.4 规范定义组成，其余三层由 Zigbee 协议定义。

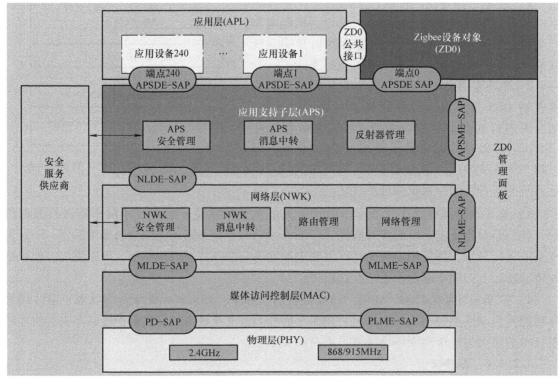

图 3-13 Zigbee 网络架构

Zigbee 协议体系结构的系统组成分为三部分：安装在车内的车辆节点、安装在道路两侧的道路节点和服务器。Zigbee 网络结构如图 3-14 所示，以所有车辆节点为端点，将道路节点分为普通路由器和汇聚路由器作为汇聚节点。道路节点采集的车辆交通信息通过普通路由器采集到汇聚路由器，汇聚路由器内置的移动通信模块通过移动通信网络发送到服务器。

Z-stack 协议栈是实现 Zigbee 协议的软件，也可以看作是实现 Zigbee 协议的打包函数库。一般的应用程序开发是基于这个协议栈的二次开发，通过调用协议栈中的函数，就可以实现要实现的特定函数。Zigbee 网络拓扑包括星形拓扑、树形拓扑和网格拓扑。

Zigbee 网络的网络号就是某个 Zigbee 网络的网络号，内联网（Intranet）地址位于 Zigbee 网络中，被用于区分不同设备的地址，称为网络地址，也称为短地址（16 位）。MAC 地址是每个芯片的硬件地址，称为长地址。Zigbee 标准为 IEEE 802.15.4，有三个工作频段：868～868.6MHz、902～928MHz 和 2.4～2.4835GHz，这三个频段的传输速率分别为 20kbit/s、40kbit/s 和 250kbit/s。最后一个频段为通用频段，有 16 个频道。

通过 Zigbee 无线网络系统，可以获得比 GPS 多得多的信息，例如速度限制、街道是单

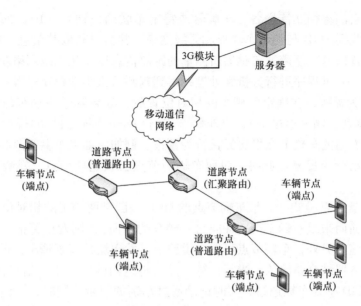

图 3-14 Zigbee 网络结构

行线还是双行线、前方每条街道的交通状况或事故信息。有了这个系统,公共交通也可以被跟踪。基于 Zigbee 技术的系统还可以开发许多其他功能,如根据交通流量,动态调整不同街道的红绿灯、跟踪超速车辆或被盗车辆等。

车辆节点硬件结构如图 3-15 所示,车辆节点包括射频模块、红外通信模块、记录其自身信息的 RFID 标签、电源接口、人机交互设备以及包括超声波测距传感器在内的各种传感器通信接口。

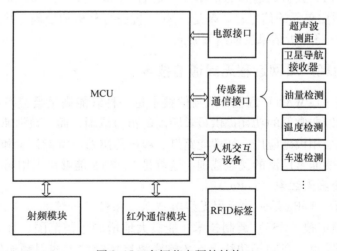

图 3-15 车辆节点硬件结构

车辆节点通过与燃油表、卫星导航接收器、惯性测量单元等设备连接来获取车辆信息。在车辆的前、后、左、右方向安装超声波传感器、车载相机或毫米波雷达传感器等部件,以此来检测其他车辆或障碍物的距离。由于最关心移动车辆的是相邻车辆,因此车辆节点在前、后、左、右方向配置了通信模块,与相邻车辆的通信模块进行通信。当两辆车的模块处于相对位置时,它们将相互传送各自车牌号或特定车联网识别号(ID)的代码。这样,车辆节点将使用接收到的 ID 与相邻车辆形成无线网络,并实时获取其信息。MCU 将对方车辆相对于自身的位置信息、超声波传感器所测量的距离信息以及从无线网络获得的相邻车辆的状态信息相结合,通过程序进行分析和处理,得到判断后供驱动程序参考。

(1)异常行为提醒　在确定两辆车的相对位置后,如果其中一辆车即将发生异常行为(如变道、突然制动、高速追尾等),其车辆节点将根据车辆转向灯的行为以及异常情况进行判断,向特定方向的车辆节点发送异常行为警报。例如,如果车辆紧急制动,其节点将向后方车辆发送制动行为提醒。此时,对面车辆的节点会收到此信息,提醒驾驶人避免意外出现。

(2)相对位置异常检测　如果车辆节点的 MCU 判断到两辆车的相对位置异常(如有车辆近距离高速迎面而来或一辆车高速冲向另一辆车的侧面),则发出警报,紧急情况下将采取强制性控制措施。另外,车辆节点可以向道路节点发送路径规划请求,道路节点将请求上传到服务器,服务器结合路况信息进行计算,然后将返回的路径规划信息传递给车辆节点。道路节点通过 RFID 感知车辆通过,实时记录通过车辆的数量。同时,它们还可以与周围的车辆节点进行无线通信。基于这样的网络平台,道路节点可以为过往车辆提供各种服务。

路由规划服务结合了道路条件,在每条道路的交叉路口和重要位置设置道路节点,道路节点通过 RFID 获取通行的交通信息,并通过道路汇聚路由器将信息上传到服务器。同时,如果区域内的车辆节点发送路径规划请求,道路节点在收到请求后将请求上传到服务器,服务器根据路况信息计算最优路径并返回到道路节点,然后道路节点将其返回到车辆节点。驾驶人得到路线规划解决方案后,结合道路条件以避免拥挤或避开有事故处理的道路。

在每个执行周期内,MCU 将检查是否有异常行为提醒需要发送到射频通信单元;如果有,则将相邻车辆列表更新到射频通信单元。之后,MCU 将检查 SPI 接收缓冲器是否已接收到射频(RF)通信单元的信息;如果是,MCU 将进行分析和处理,并通过人机交互设备(触摸屏和蜂鸣器)将分析结果反馈给驾驶人。

3.2.2　低功耗广域网远程无线通信技术

低功耗广域网(LPWAN)远程无线通信技术是一种既能满足覆盖率又能满足电池寿命要求的技术,它能以非常低的功耗提供最长距离的覆盖范围,而且数据速率仅略微下滑。许多智慧城市和智能公用设施应用,如智能路灯、湿度传感器、智能计量和智能停车,不需要高数据速率,但需要非常广泛的覆盖范围,这就是 LPWAN 能够派上用场的地方。

3.2.2.1　远距离无线电(LoRa)

如图 3-16 所示,LoRa 是一种远程无线电技术。相较于传统的 ASK、FSK 等调制技术,LoRa 基于线性调频扩频(CSS)调制技术,能极大地增加通信范围,且 CSS 具有传输距离远、抗干扰性强等特点。在同等功耗下,传输距离比传统的无线射频通信延长了 3~5 倍,单个网关或基站可以覆盖整个城市或几百平方千米的范围,不过具体的范围还要取决于所用位置的环境和干扰条件。

LoRa 信号穿透能力较强,与其他标准通信技术相比,LoRa 和 LoRaWAN 具有更好的链路预算,更适合于低成本的大规模物联网部署。LoRa 通常以分贝表示,基于次 GHz 频段,这使得其在低功耗下更容易进行远程通信,如图 3-17 所示。它可以使用电池供电或利用其

图 3-16　LoRa 架构

他能量收集方法，较低的数据速率还可以延长电池寿命和增加网络容量。

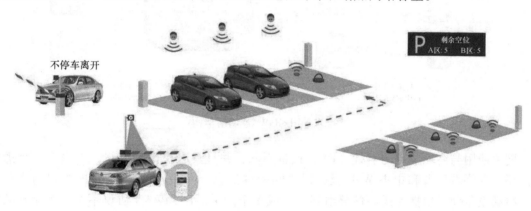

图 3-17　LoRa 低功耗远距离通信

LoRa 是专门设计用于物联网无线传输的流行技术之一，其网络规范有 LoRa 物理层技术和 LoRaWAN 开放层协议。

LoRa 整个网络协议层分为 Application、MAC、Modulation 三层。其中 Application 为应用层，用户自定义的基于 LoRaWAN 技术的应用程序、软件接口等。常见的 LoRaWAN 协议即为 LoRaMAC 协议，协议定义的终端类型有 ClassA、ClassB、ClassC 三种类型。

1）ClassA。终端先发送，在发送后开启一段时间的接收窗口，终端只有在发送后才可以接收。也就是说上行没有限制，下行的数据只有在上行包发送上来的时候终端才可以接收到。

2）ClassB。终端和服务器协商好接收的窗口开启时间以及何时开启，然后在约定的时间进行接收，可以一次接收多个包。

3）ClassC。终端在发送以外的其他时间都开启接收窗口，更耗能，但通信延时最低。

LoRa 的物理层主要负责物理信道承载、信号收发、调制解调，全球不同地区的工作频段也有所不同。LoRa 的设计使用 ISM，也就是非授权免费频段。

LoRa 整体网络结构分为终端、网关、网络服务、应用服务几个功能。一般 LoRa 终端和网关之间可以通过 LoRa 无线技术进行数据传输，而网关和核心网或广域网之间的交互可以通过 TCP/IP 协议，可以是有线连接的以太网，也可以为 3G/4G/5G 类的无线连接。为了保证数据的安全性、可靠性，LoRaWAN 采用了长度为 128kbit 的对称加密算法（AES）进行完整性保护。

图 3-18 所示为 LoRaWAN 网络架构，左边是各种应用的传感器，右边是 LoRaWAN 入口。网关转换协议将 LoRa 传感器的数据转换为 TCP/IP 格式并发送到互联网上。LoRa 网关用于远距离星型结构，是一个多信道、多调制的收发器，可以同时解调多个信道。由于 LoRa 的特性，可以在同一信道上同时解调多个信号。

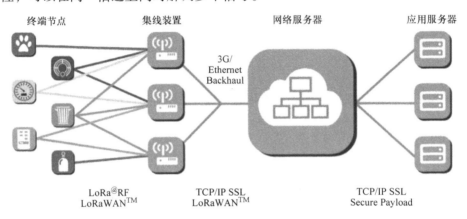

图 3-18 LoRaWAN 网络架构

网关使用与终端节点的射频（RF）设备不同，并且具有更高的容量，充当了一个透明的网桥，在终端设备和中央 Web 服务器之间中继消息。网关通过标准 IP 连接到网络服务器，终端设备使用单播无线通信分组到一个或多个网关。LoRaWAN 协议不是一个完整的通信协议，只是定义了物理层和链路层，没有网络层和传输层，也没有漫游与组网管理等通信协议的主要功能。

LoRaWAN 网络体系结构包括终端、基站、网络服务器和应用服务器四个部分。

基站和终端之间使用星型网络拓扑。由于 LoRa 的长距离特性，它们之间可以采用单跳传输。随着智能城市的全面部署和城市智能化、感知化、互联化的发展需求，越来越多分散在城市中的终端设备需要低功耗地远程接入网络。

在 LoRaWAN 网络中，节点不与特定网关相关联，发送的数据通常由多个网关接收。每个网关通过一些回程（蜂窝、以太网、卫星或 Wi–Fi）将接收到的数据包从终端节点转发到基于云的 Web 服务器。终端设备（即传感器和应用）通过单跳 LoRa 通信与一个或多个网关通信，所有网关通过标准 IP 连接到核心网络服务器。

Web 服务器具有过滤来自不同网关的重复数据包、检查安全性、向网关发送确认字符（Acknowledge Character，ACK）和向特定应用服务器发送数据包所需的功能。由于网络可以在不同网关传输的信息中选择质量最高的信息，因此不需要交换。如果节点是移动的，则无须从网关切换到网关。这是启用资产跟踪应用程序的一个关键特性，也是垂直物联网的主要目标应用程序。通过使用无线网格网络（mesh）即多跳（multi–hop）网络，系统可以以牺牲设备电池寿命为代价增加网络的通信范围。LoRa 数据应用服务结构如图 3-19 所示。

第 3 章 车际网络通信接入技术

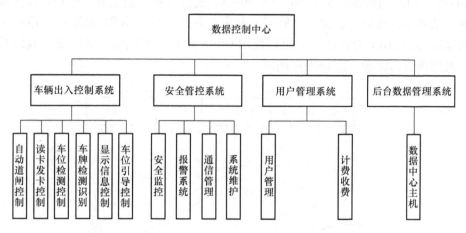

图 3-19 LoRa 数据应用服务结构

基于 LoRaWAN 的 LPWAN 网络系统架构如图 3-20 所示。通信协议和网络架构对节点电池寿命、网络性能、服务质量、安全性和应用程序多样性都具有重要影响。

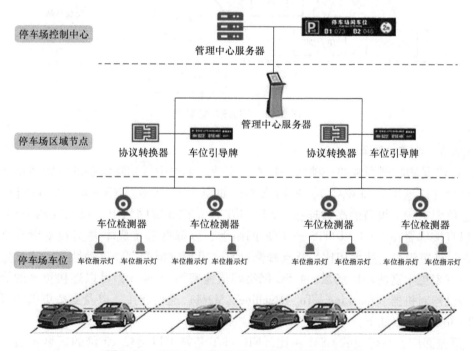

图 3-20 基于 LoRaWAN 的 LPWAN 网络系统架构

3.2.2.2 通用分组无线业务（GPRS）

GPRS 是一种终端和通信基站之间的远程通信技术，无线业务首先采用模拟通信技术，成为第一代移动通信技术。后来，数字通信技术被采用，全球移动通信系统（GSM）是全球应用最广泛、最成功的移动通信技术之一。

GSM 主要用于传输语音，当声音被传送时只使用一个频道。GPRS 可以说是 GSM 的延续，它以分组方式传输数据，不垄断信道，能更好地利用 GSM 上的空闲信道资源，如

图3-21所示。GPRS 的传输速率为 56~114kbit/s。通过这种数据服务，用户可以连接到电信运营商的电信基站，然后再连接到互联网上获取互联网信息。GPRS 由欧洲电信标准协会发起，后来被转移到 3GPP 合作项目。可以使用 GPRS 业务的领域也非常广泛，其终端可以在信号覆盖范围内自由漫游，方便用户使用。

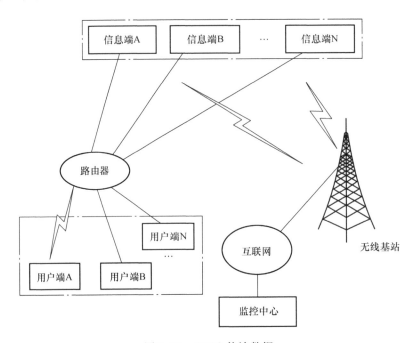

图 3-21 GPRS 传输数据

3.2.2.3 窄带物联网（NB-IoT）

NB-IoT 是物联网领域的一项新兴技术，支持广域网中低功耗设备的蜂窝数据连接，也被称为低功耗广域网（LPWAN），其网络架构如图 3-22 所示。NB-IoT 支持待机时间长、对网络连接要求较高设备的高效连接。NB-IoT 建立在蜂窝网络上，仅消耗约 180kHz 的带宽，可以直接部署在 GSM、UMTS 或 LTE 网络上，以降低部署成本并实现平滑升级。与蓝牙、Zigbee 等短程通信技术相比，移动蜂窝网络具有覆盖范围广、移动性强、连接量大等特点，可以带来更丰富的应用场景。4.5G 网络峰值速率为 1Gbit/s，可以连接更多的蜂窝物联网，支持机器对机器（Machine-To-Machine, M2M）通信连接，以及支持更低的延迟。

NB-IoT 的优点如下：

1）覆盖面广。与传统的 GSM 相比，NB-IoT 基站可以提供 10 倍的区域覆盖，覆盖范围可达 10km。同时，NB-IoT 比 LTE 和 GPRS 基站增加了 20dB 的增益，可以覆盖难以到达的地方，如在地下车库、地下室和地下管道，NB-IoT 仍然可以实现通信。

2）大规模连接。200kHz 频率可提供 100000 个连接；提供的连接越多，建立的基站就越少。

3）低功耗。使用 AA 电池（5号电池）可工作 10 年不充电。NB-IoT 引入增强型非连续接收（eDRX）节电技术和省电模式（PSM），可进一步降低功耗，延长电池寿命。在 PSM 模式下，终端仍在网络上注册，但无法接入信令，使终端长期处于深度睡眠状态，从

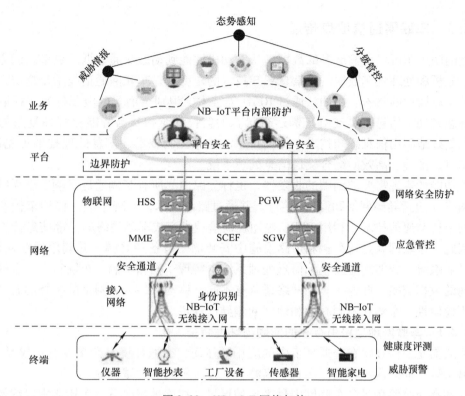

图 3-22 NB-IoT 网络架构

而达到省电的目的。与 PSM 相比，eDRX 节能技术进一步延长了终端空闲状态下的睡眠周期，减少了接收单元不必要的启动，显著提高了下行可达性。

NB-IoT 使用许可频段，可通过带内、保护带或独立载波三种方式部署，能够与现有网络共存。其架构分为以下三层：

1）感知层：由各种传感器组成，包括温湿度传感器、二维码标签、RFID 标签及读写器、摄像头、红外、GPS 等传感终端。感知层是物联网或车联网识别物体、收集信息的源头。

2）网络层：由互联网、广电网、网络管理系统、云计算平台等多种网络组成，是整个物联网的骨干，负责传输和处理感知层获取的信息。NB-IoT 网络层相当于人类神经系统，负责传输各种信号。

3）应用层：应用层是物联网与用户之间的接口，用于实现物联网的智能化应用。物联网的应用层相当于人脑，负责分析和处理各种数据。

随着汽车智能的出现，汽车、互联网和生活三个方面都发生了前所未有的变化。除了通过基于云技术的汽车运营信息平台进行一系列大数据操作外，车联网还将手机与汽车相关联，实现了一系列远程操作。通过每个人手中的手机，信息可以直接链接到后台服务器，后台服务器发送的控制指令被发送到用户的目标车辆，从而控制车辆实现特定功能。传统汽车上的网络数据连接采用 GSM（2G/3G/4G）进行通信，在上行链路容量、网络覆盖率、成本、功耗、稳定性等方面都不如 NB-IoT。与蓝牙、Zigbee 等短程通信技术相比，NB-IoT 具有连接强、覆盖率高、功耗低、成本低等特点，可以带来更加丰富的应用场景。

3.2.3 车联网通信信息传递

智能网联汽车可以传输更多的数据，从发动机性能到动态交通数据。更多新的方法被用来收集、分析和处理汽车数据。从信息感知技术的角度看，车联网通信技术是指识别和感知车辆各种状态属性的技术。例如，通过 RFID 等技术，识别车辆上的电子标签，提取车辆的属性、静态和动态信息，实现对车辆运行状态的监控和维护。为智能化管理复杂的交通状况，以及更好地利用信息感知技术、传输技术、信息控制技术、信息处理技术等先进技术，建立了实时、准确、高效的综合交通信息处理系统。

以上功能的实现需要端到端的收发器，也称为路由。所有车辆通过车辆安全无线通信终端接入网络（包括异构网络和同构网络），并通过路由技术，实现车辆、移动车辆和路边设施之间的全移动通信技术，利用 DSRC 等短程通信技术完成车辆网络的外部信息传输和接收功能。因此，车联网就是在车辆和道路设施中安装电子设备和终端，并利用无线通信技术，在车辆导航系统、智能终端设施和信息处理系统中实现车辆和车辆、车辆和人、车辆和交通设施之间的数据交换。此外，车辆网络还具有不同于移动 Ad – hoc 网络的拓扑动态性、通信网络的不稳定性、车辆在不同时期和地区的差异性等特点。

3.2.3.1 车联网地理路由存在的问题与环境特征

远程通信是通信技术在交通环境中的应用。然而，交通环境复杂多变，不仅具有公路、郊区、城市等不同的区域特征，还具有高峰、午夜等不同的时域特征。

郊区和高速公路场景是车联网中最简单的场景。在这种情况下，车辆通常以线性拓扑结构移动，并依次通过路边设施。一个稳定的高速公路交通流通常每车道每千米包含 20~30 辆车，高速公路现场的车间通信链路是高度动态和不可靠的。这主要有三个原因：一是瞬时连接问题。由于车速差异大，车距随时间的动态变化，直接导致车间链路持续时间短，连接状态断续。实际高速公路场景中，车辆之间的连接时间平均为 15s 左右。二是无线信道的影响，由于高动态和严重的多普勒频偏等问题，车辆之间的信道具有严重的衰落和损耗，由于信道质量较差，实际场景中测量的车 – 车通信吞吐量小于车辆 – 道路通信吞吐量。三是渠道竞争激烈，车联网是一个大规模的无线网络，同时存在大量的车辆共享/竞争信道。因此，无线通信资源在车联网环境下与现有无线网络不同，其通信资源更加紧张，断续连接问题严重。

在车辆网络中，城市场景既受交叉路口问题的影响，也受断续连接问题的影响，这比郊区和高速公路场景更为复杂。城市场景中的路由技术主要面临三大挑战：第一，连接车辆设备的市场渗透率较低，导致整个连接车辆至少在未来 10 年内，甚至在高密度的城市场景中，会出现严重的间歇性连接问题。第二，与高速公路场景不同，城市道路中存在大量的交叉路口，而交叉路口的路径选择对城市场景中的路径选择技术的性能有着至关重要的影响。第三，还有车辆连接的问题。在城市场景中，车辆的传输覆盖受到周围建筑物的干扰，车辆的通信范围仅限于道路。当车辆在直行道路上时，其覆盖范围可以仅包括该道路；当车辆在交叉路口时，其通信覆盖范围可以覆盖多条道路。这使得交叉路口的车辆具有更高的连通性和高覆概率。因此，在判断交叉路口时，应充分考虑不同位置的差异问题。

三维场景包括高架桥、隧道等，在交通系统中的场景应用逐渐增多。然而，这种场景的存在给车间通信技术带来了巨大的挑战，主要体现在三维场景的存在导致了道路条件的分层现象，层间和层内链路的产生导致路由选择的复杂性增加。

车联网发展模式下的交通环境较为复杂，包括城市、高速、立体等多种场景，其特点如下：

1）根据车辆的行驶方向，交通场景具有单向和双向的特点。在单向道路方案中，所有车辆都朝同一方向行驶；在双向道路方案中，车辆可以朝两个方向行驶。

2）根据交通流的数量和道路的宽度，交通场景可以具有单车道和多车道的特征。在单车道场景中，只有一个交通流，所有车辆都属于该交通流，朝同一方向行驶；而在多车道场景中，有多个交通流。

3）根据道路的形状，交通场景可能具有平直道路和交叉路口的特征。在直行道路的情况下，所有车辆沿道路直行；在交叉路口的情况下，车辆可以根据驾驶人的意图，在遵守交通规则的前提下，选择不同的行驶方向。

4）根据道路的层次结构，交通场景可以具有单层场景和多层场景的特点。在单层场景中，所有车辆都在同一道路层上。此时，节点间的通信质量好，干扰小；在多层场景中，节点可以位于不同的道路层上，节点间的通信也会受到影响。在道路层面的干扰下，通信质量更差。

5）根据交通流密度，交通场景可能具有非拥挤、近似饱和及拥挤的特点。在非拥挤情况下，交通密度较低，车辆可以在最大速度限制下行驶，此时，网络连通性最差；在近似饱和的情况下，交通密度是平衡的，车辆可以正常行驶，此时，网络连接良好；在车辆拥挤的情况下，交通密度较高，车辆无法正常行驶甚至停车，此时，网络连通性最好。

6）根据通信设备的不同，车联网场景可分为车对车通信、车对路通信、路对路通信及混合通信四种。

可以看出，在车联网中，单向、单车道、单层、直行道路可以构成任意场景，这是连通车辆环境的基本组成。因此，提取三维场景的道路基本结构如图3-23所示。

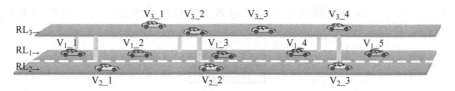

图3-23 三维场景的道路基本结构

在这种基本结构中，地面道路由两条直车道组成，分别为 RL_1 和 RL_2。高层道路由一条单行道组成，与地面道路的方向相同，为 RL_3。同时可以观察到，车辆网络中道路的宽度和道路的层次结构决定了网络拓扑结构和节点的移动方式，也就是说，这两个特性将影响网络中路由技术的性能。在现有的工作中，在建模连通车辆路径时，通常直接假设由于道路宽度远小于传输范围而忽略了道路宽度。同时，假设道路的层次结构对路由性能没有影响，将车辆网络作为二维平面进行处理。

3.2.3.2 车联网路由分类方法及路由协议

1. 分类方法

路由协议作为为数据包提供传输路径的关键技术，在车辆网络中发挥着重要的作用。车辆网络中的路由技术有很多种。根据不同的路由决策条件，路由技术也有不同的分类方法。

根据参与通信的节点数,将车联网中的路由协议分为单播路由、多播/地理辅助多播路由和广播路由。如图3-24所示,单播路由技术是指通过多跳传输或存储转发将数据从源节点传输到目的节点的路由技术,根据路由时延是否受限,该协议分为最小时延路由和时延受限路由。

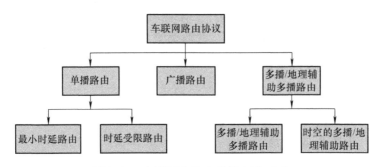

图3-24 车联网中路由分类方法(1)

最小时延路由的目的是以最小的延迟将数据包从源节点发送到目标节点,代表性的协议包括贪婪边缘协调路由(GPCR)、连接感知路由(CAR)和车辆辅助数据传输路由(VADD)等。时延受限路由主要是在给定的时延范围内最小化路由开销,这意味着协议有时会有贪婪转发时延受限。

广播路由协议是指源节点向周围所有节点发送数据包的路由协议,这类协议在关联车辆的安全信息分发中起着至关重要的作用。在这类协议中,最重要的问题是广播风暴问题。

多播路由是指从源节点向多播组中的所有节点发送数据包的路由协议。在车联网中,许多应用需要将数据包发送到指定区域的所有节点(如驾驶网络游戏等应用),因此需要地理辅助多播路由将数据包从源节点发送到位于特定地理区域的所有节点。

如图3-25所示,另外一种分类方法主要是针对单播路由,其中的广播和多播路由与前一种的分类方法类似,而单播路由被更为细致地分为自组织网络路由、地理位置路由和分簇路由三类。

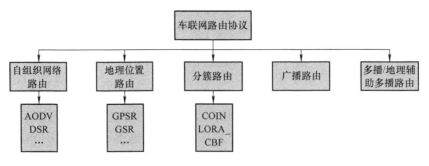

图3-25 车联网中路由分类方法(2)

早期车联网的核心技术是从移动自组织网络扩展而来的,因此成熟的路由技术在移动自组织网络中也有一定的应用。最典型的是无线自组织网按需平面距离向量路由协议(AODV)和动态源路由协议(DSR)。然而,在移动Ad-hoc网络中,这些路由大多要求在分组转发之前构造路由表。CAR网络不同于移动Ad-hoc网络,它具有很高的动态特性,使得这些路由在 CAR 网络环境中无法快速找到、维护和升级路由表,导致路由性能差,吞吐量低。

地理路由是一种基于地理位置信息进行路由决策的路由技术。在地理路由中,节点不需要预先建立、存储和维护路由表,因此能够适应高度动态的网络环境。连接车中的节点通过车载设备很容易获取位置信息和地图信息,因此地理路由在连接车中应用最为广泛。

分簇路由需要建立虚拟簇型网络结构,每个簇由一个簇头节点和集群中的一个或多个成员节点组成,簇头节点负责簇的建立和维护,以及簇内和簇间的通信。由于车辆网络中节点的移动受到道路和红绿灯的限制,车辆的移动具有聚类的特点。因此,该聚类协议适用于车联网中高密度、低拓扑变化的场景。

第三种路由分类方法是基于路由应用场景分类,车辆网络中的路由协议可以分为郊区/高速公路场景的路由协议、城市场景的路由协议和三维场景的路由协议。

在郊区/高速公路场景中,节点稀疏且移动速度快,网络拓扑变化快,存在间歇性连接问题。然而,高速公路的场景很简单,而且大多是笔直的道路。因此,应用于该场景的路由协议主要解决间歇连接问题。

在城市场景中,道路结构复杂。由于交叉路口、红绿灯、上下班高峰等因素的影响,节点密集,间歇概率低。在这种情况下,主要考虑的是交叉路口和红绿灯的影响。

三维场景是指高架桥、隧道等特殊交通场景。与郊区/高速公路和城市不同,这类场景呈现出多层、立体的分布特征。三维场景大多存在于城市与郊区的交叉路口,节点密度介于两个场景之间,同时也受交叉路口的影响。

2. 路由协议

车联网有效应用的前提是网络信息的高效传输。由于目前网络资源和网络技术的限制,同一条道路在不同时间段、不同道路交通条件下的网络信息传输会存在一定的差异,车辆的移动性和随机性也会存在一定的差异。因此,要为移动车辆和其他不同需求方提供有针对性、准确、实时、高效的信息,才能提高联网车辆系统的稳定性。路由是在数据包从源到目的地传输时,确定端到端路径的网络范围的过程。路由器通过转发数据包以实现网络互连,可以支持多种协议。路由器通常连接由 IP 子网或点对点协议标识的两个或多个逻辑端口,并且至少有一个物理端口。路由器根据接收到的数据包中的网络层地址和路由器内部维护的路由表来确定输出端口和下一跳地址,并重写链路层数据包报头来转发数据包。路由器通过动态维护路由表来反映当前的网络拓扑结构,通过与网络上其他路由器交换路由和链路信息来维护路由表。

车载路由协议如图 3-26 所示,包括两个基本操作:确定最佳路径并通过网络传输信息。

图 3-26 车载路由协议

在路由过程中,后者又称为数据交换。交换相对来说比较简单,而选择路径则较为复杂。为了有助于路由,需要进行路由算法初始化并维护路由表,其中包含根据所用路由算法更改的路径信息。

车载路由算法如图 3-27 所示。路由算法根据大量信息来填充路由表。目的地/下一跳地址会告诉路由器,到达该目的地的最佳方式是将数据包发送到代表"下一跳"的路由器。当路由器接收到一个包时,路由器会检查该数据包的目标地址,并尝试将这个地址与该数据包"下一跳"相关联。

早期的基于拓扑的车辆路由是节点之间的周期性交互,以获取整个网络中的其他节点。根据路由发现方法,该协议可分为主动路由协议(也称为先应式路由协议)和被动路由协议(也称为反应式路由协议)。主动路由和被动路由在获取路由信息、获取路由的等待时间、路由算法体系结构周期性路由更新以及控制信息开销方面存在一些差异,具体见表 3-1。

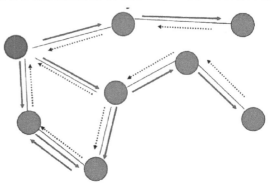

图 3-27　车载路由算法

表 3-1　反应式路由协议与先应式路由协议的区别

比较内容	反应式路由协议	先应式路由协议
路由信息的获取	有数据发送时获取	始终能得到全网范围内路由
获得路由的等待时间	等待时间较长	等待时间几乎忽略不计
路由算法体系结构	平面路由结构	绝大多数是平面路由结构
周期性路由更新	不需要	需要
控制信息开销	随着活动路由移动性的增强而增大	随着网络规模的增大而变大

(1) 先应式路由协议(OLSR)　OLSR 提供了一个具有路由跳数的最优路径,如图 3-28 所示。它的主要功能是维护网络范围的路由。OLSR 依赖于基本的路由表更新机制,需要路由信息的频繁和周期性广播,它对于数据包和 Ad-hoc 数据包的传输是非常有效的。当要发送数据时,它可以确保到任何目标节点的路由立即可用。

图 3-28　先应式路由协议

(2) 反应式路由协议（AODV） AODV 是一种用于无线随机网络路由的路由协议，可以实现单播和多播路由。它借用了动态源路由（DSR），DSR 是移动 Ad-hoc 网络路由协议中路由发现和路由维护的基本协议。如图 3-29 所示，AODV 是一个纯按需路由系统，不在路径中的那些节点不存储路由信息，也不参与与路由表的交换。这正是因为需要 AODV，并且只有在需要维护的路由较少时才会创建路由。

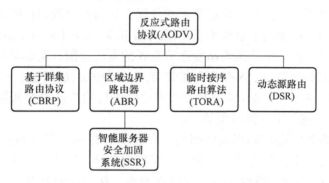

图 3-29 反应式路由协议

AODV 是一种基于传统距离矢量路由机制的反应式路由算法，路由技术思路相对简单，容易接受，单向 AODV 路由协议如图 3-30 所示。AODV 支持建立中间节点，这样可以使源节点加快获取路由，从而有效减少广播次数。节点只存储所需的路由，有效减少了内存需求和不必要的复制，能够快速响应主动路径上断开的链路，解决传统基于距离的路由协议中的无限计数问题，并通过使用目的地序列号有效避免路由循环。

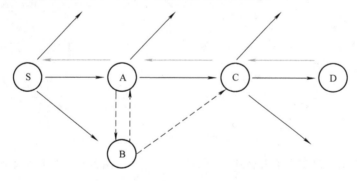

图 3-30 单向 AODV 路由协议

3.2.3.3 基于位置的 GPRS 路由协议

通用分组无线业务（General Packet Radio Service，GPRS）是车联网中最常用的路由技术，常被选为对比协议。基于地理位置的 GPRS 路由协议是典型的车辆网络路由协议。定位系统获取车辆的地理位置信息后，利用位置信息指导路由发现和转发数据。该路由协议不需要路由节点交换链路状态信息，也不具备维护和建立良好网络路由信息的功能。因此，这种简化大大降低了由特殊维护路由引起的网络开销。

GPRS 算法包括贪婪转发和边缘转发两种数据包转发方法，主要通过路由节点的位置和数据包的目标地址来转发数据。GPRS 只是根据网络拓扑中的相邻节点信息进行转发，当数据包进入一个无法贪婪转发的区域时，算法会沿着周边的区域进行路由。GPRS 中单个路由节点的规模远远优于最短距离和 Ad-hoc 路由的性能。因此，当网络拓扑结构频繁变化时，GPRS 可以利用本地网络的拓扑结构信息来寻找新的路径。

（1）贪婪转发　在 GPRS 中，贪婪转发意味着数据包标记了目的地和源节点。转发节点可以利用局部优化贪婪地选择数据包的下一跳。当节点知道邻居的位置时，贪婪转发会选择本地最近的邻居进行转发，并一直接近目的地直到目的地。

在贪婪转发模式下，发送节点根据节点的位置、邻居的位置和目的节点的位置，综合计算出距离目的节点最近的邻居节点作为下一跳发送节点。如图 3-31 所示，S 和 D 分别表示当前发送节点和目的节点。虚线圆表示发送节点 S 的发送范围，发送半径为 R，该范围内的点定义为发送节点的相邻节点。S 有 6 个相邻节点，图中虚线弧代表一个半径为 V_4 点到目的节点 D 距离的弧，可见 V_4 是 S 所有相邻节点中距离目的节点 D 最近的点。根据 GPRS 贪婪转发模式，V_4 将被选为下一跳发送节点。

然而，贪婪转发策略存在局部最优问题，即在所有相邻节点（包括发送节点）中，发送节点本身是距离目的节点最近的点。此时，根据贪婪转发算法，发送节点将找不到下一跳发送节点。如图 3-32 所示，假设 S 为当前发送节点，D 为目的节点。可以看出，S 和 D 之间的距离小于 S 的所有相邻节点（即 V_1 和 V_4）到 D 之间的距离，即 S 的有效转发区域（阴影区域）中不存在节点，其算法失效的原因是因为出现一个转发空洞。因此，当贪婪算法无法绕过这个转发空洞时，有必要使用区域路由方法进行修复并绕过这个空洞。

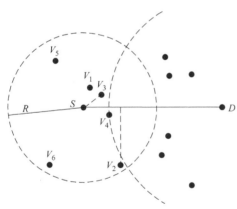

图 3-31　GPRS 的贪婪转发

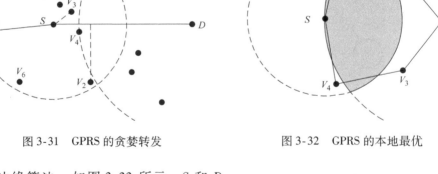

图 3-32　GPRS 的本地最优

（2）边缘算法　如图 3-33 所示，S 和 D 的覆盖圆之间没有阴影，即没有相邻节点。如果有一条从 S 到 D 的直接路径，S 将直接执行贪婪转发，如果没有，S 将利用循环遍历的特性来寻找阴影路径。

（3）贪婪转发和边缘算法的结合　结合了贪婪转发和边缘算法的路由算法是一种贪婪边缘无状态路由算法，其所有节点都有相应的邻居节点表，便于存储无线单跳邻居节点的位置。例如，当 S 节点以贪婪转发模式接收数据

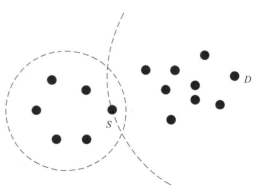

图 3-33　边缘算法

包时，搜索目标节点的邻居便从该位置查找目标节点的最近邻居。如果相邻节点的位置比 S 更接近目标节点，则执行贪婪转发模式并向相邻节点发送数据包。如果找不到比 S 更靠近目标节点的相邻节点，将直接执行边缘转发。贪婪边缘无状态路由算法如图 3-34 所示，当 S 接收到边缘转发模式分组时，GPRS 会自动、智能地比较边缘转发模式分组的位置和转发节点的位置。若从 S 的位置到目的 D 节点的距离小于边缘转发模式包到 D 的距离，则采用贪婪转发模式，否则采用边缘转发模式传输数据。

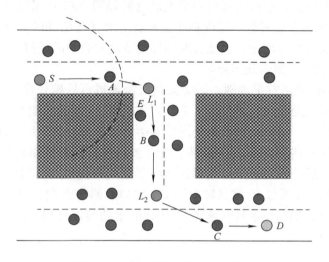

图 3-34 贪婪边缘无状态路由算法

GPRS 改善了数据分组选择传输的方向，并将其限制在街道交叉路口的车辆上。非交叉路口的车辆在通过前一个交叉路口方向时，会根据上个路口所选择的方向以贪婪模式进行转发，采用贪婪转发方法有效地减少了车辆通过建筑物、道路基础设施或周围环境造成的路径中断。

GPRS 修复策略是指当贪婪算法失效，出现局部最优情况时，当前发送节点根据右手规则沿着转发区域的边界搜索下一跳发送节点。GPRS 的周边转发模式如图 3-35 所示，局部最优值出现在 V 点，因此 V 点进入修复模式。根据右手规则，找到箭头所示的新路线。同时，在修复模式下，每当一个节点接收到数据包时，它就比较当前位置和目标节点位置之间的距离，以及发送节点进入局部最优时的位置到目的节点的距离：如果当前距离小于进入局部最优时的距离，则在

图 3-35 GPRS 的周边转发模式

跳出修复模式切换到贪婪转发模式时，根据贪婪算法选择下一跳；否则，它将继续根据修复策略查找下一跳。在两种模式之间的转换中，数据包一次发送一跳，直到发送到目的节点，然后路由成功；否则，数据包在转发过程中立即丢弃，当数据包生存期到期时路由失效。

3.2.3.4 基于位置的 GPCR 路由协议

由于交叉路口对实际交通道路的影响，GPRS 会导致数据包被送到错误的道路，从而导致路由失效。通用控制寄存器（General Purpose Control Register，GPCR）协议由限制贪婪转

发和修复策略两部分组成。考虑到在实际的交通系统中，节点的传输范围远远大于道路的宽度，因此在直行道路上，分组相当于沿着道路转发，而真正影响路由方向的决策是在交叉路口做出的。针对这一问题，GPCR 在 GPRS 贪婪转发模式下采用了限制转发的方法，规定分组只能在路段上转发，不能跨路口转发，并且由专门定义的交叉路口协调节点执行。

GPCR 的路口转发如图 3-36 所示。在图 3-36a 中，当源节点 S 有包要发送时，首先进入限制贪婪转发模式，S 检查邻居节点列表中是否有交叉协调节点。如果没有交叉协调节点，则根据传统贪婪转发算法，选择距离目的节点最近的邻居节点 V_3 作为下一跳发送节点。类似地，V_3 检查本地邻居节点列表，发现存在交叉点协调节点 C_1 和 C_2。根据受限贪婪路由策略，数据包不能跨交叉路口转发，只能转发到邻居节点列表中的任何交叉路口协调节点。在本例中，C_1 被选择为下一跳发送节点。

GPCR 修复策略也使用右手规则，但交叉路口需要进行特殊处理。因此，GPCR 修复策略还包括两种不同的道路和交叉路口修复方法。如图 3-36 所示，当交叉路口遇到局部最优问题时，根据右手法则，将城市道路拓扑图作为确定修复的方案，从而选择合适的下一条前进道路；当一个局部最优问题出现在道路上时，数据包将沿着道路转发。当源节点发送包时，在计算位置信息后，发现该节点是到达目的节点的最优节点，因此直接进入修复策略。S 沿着道路转发分组，并通过 V_1 将其转发到交叉路口协调节点 C_1。此时，C_1 根据修复策略的交叉路口修复机制，根据右手规则选择 V_2 所在的道路转发分组，然后通过 C_2 和 V_3 将数据包发送到目的节点。

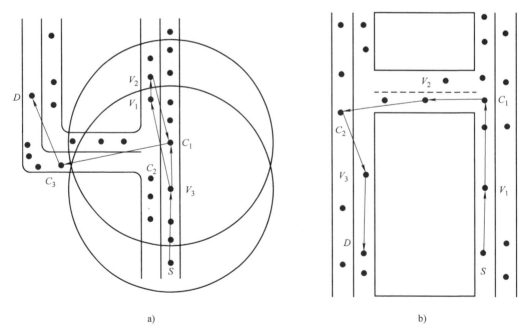

图 3-36 GPCR 的路口转发

但是，由于 GPCR 方法简单，在交叉路口处会产生大量的跳数和延误。因此，车辆网络在 GPCR 的基础上又形成了一种将交叉路口和道路部分分开进行路由的方法。在该路由协议中，当发送节点位于交叉路口时，将考虑交通密度和距离因素，并从所有直接相邻的交叉路口中选择最合适的交叉路口作为临时用途。当发送节点在途中时，根据改进的贪婪算法，选择距离临时目的地最近的节点作为沿路的转发节点。当节点找不到下一跳时，采用存储转发策略，由当前发送节点携带数据包直到遇到下一个节点。因此，GyTAR（一种典型的基于地图的车载自组网路由）包含三个主要部分，即用于选择临时目的地的交叉路口选择模式、用于在交叉路口之间转发数据包的道路模式以及在没有出现转发节点时的修复策略。

GyTAR 路由路口选择如图 3-37 所示，若车辆节点 S 向目标车辆 D 发送数据包，则 S 依据获取的十字路口位置信息计算各个路段的长度，并综合考虑各个路段的车流量信息，选择 L_2 作为下一路口，其间车流密度大且距离目的节点 D 较近。因此，S 将数据包转发至离 L_2 路口最近的邻居节点。

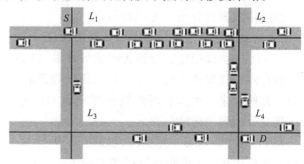

图 3-37　GyTAR 路由路口选择

在 GyTAR 路由中，每个车辆节点维护一个邻居节点表，表中包含每个邻居节点的位置、速度和方向。车辆节点之间通过周期性的广播 HELLO 消息对邻居节点表进行更新。当车辆节点收到转发数据包时，该节点根据邻居节点表的信息预测邻居节点位置，选择离目的十字路口最近的节点作为下一跳节点。

在车载自组网中，车辆节点自身位置通过 GPS 获得，目的节点位置通过位置信息服务 GLA 获得。假设位置信息服务可信，在 GyTAR 的路由过程中，攻击节点能够获取车载自组网中的所有数据包，通过邻居节点周期性广播的 HELLO 数据包获取车辆节点的真实身份、位置、速度和方向信息，从而对车辆节点进行跟踪，侵犯节点隐私。同时，攻击节点能够向邻居车辆广播伪造或篡改的 HELLO 数据包，导致合法车辆节点的邻居节点表更新错误，从而造成路由失败。攻击节点还可能伪装成为合法的车辆节点，向周围的车辆节点发送包含错误信息的数据包，不仅会对正常交通造成干扰，还有可能引起事故。

间歇性连接问题是指由于网络中节点密度和拓扑结构的变化而导致节点间链路的失效，这种现象对路由协议的性能有很大影响。因此，需要一种特殊的策略来处理间歇性连接问题，特别是在汽车联网的郊区/高速公路场景中，网络的高动态特性导致了间歇性的联网现象。车辆辅助数据传输协议（VADD）引入了一种在车联网中存储和转发的策略，以解决间歇性连接问题。VADD 的核心方法是根据存储和转发策略选择时延最小的转发路径。由于车联网的动态性，一个完整的传输路径不能只通过一次计算来选择，该协议则能够实现实时动态的路径规划。

VADD 将路由分为路口模式、直路模式和目的地模式三种模式，三种模式之间的转换关系如图 3-38 所示。当发送节点位于交叉路口时，路口模式被激

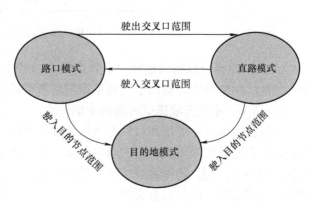

图 3-38　VADD 的模式转换

活,发送节点根据文本中定义的延迟计算方法重新规划路径。当发送节点在直行道路上时,采用改进的贪婪算法选择距离行车路线最近的交叉路口,由最近的车辆作为下一跳发送节点;当发送节点进入目的节点的通信范围时,进入目的模式,将数据包直接发送到目标节点,路由结束。在整个路由过程中,当发送节点找不到下一跳时,采用存储转发策略。当前发送节点携带数据包并通过物理信道传输数据包,直到当前发送节点进入某个节点进行传输,然后将数据包分组转发到此节点。

3.2.3.5 基于位置的 GPsrJ+路由协议

与 GPCR 协议相比,分组无线业务技术(GPsrJ+)协议的主要优点是不需要每个节点都进行存储和转发数据包,而是仅当转发数据的传输方向改变时,数据才临时存储在临时节点中。这样一来,可以利用两跳相邻节点的信息来发现和预测更有利的节点,从而减少跳数,提高数据包的传输效率。

基于位置的 GPsrJ+路由协议如图 3-39 所示。为了将数据包从 S 传送到目的地节点 D,根据 GPCR 协议,S 首先将数据转发给 L,然后 L 以贪婪转发模式将数据包转发给 B。B 采用原来的寻路方法,最后将数据包发送给 D。在此过程中,$S-L-B-D$ 通过三跳发送数据,GPsrJ+协议则有所不同。首先,在接收到转发包命令后,S 使用 L 来预测下一个节点的方向;在不改变方向的情况下,S 将使用贪婪转发模式直接将数据转发到 A;A 继续使用贪婪转发模式,最终将数据转发给 D。在此过程中,$S-A-D$ 只通过两跳便完成了数据发送。

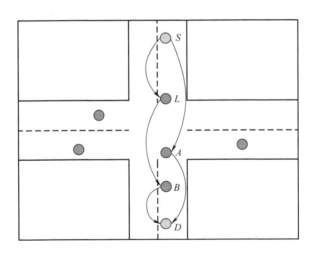

图 3-39 基于位置的 GPsrJ+路由协议

GPsrJ+路由协议有效地减少了数据转发过程中的跳数,提高了数据包的传输效率,降低了相应的网络开销,有助于达到平衡网络负载的效果。

3.2.3.6 车载无线通信终端的中继传输

中继技术通过在源端和目的端之间增加一个或多个中继节点来形成多跳网络,从而辅助无线信号传输并扩展无线网络的有效范围,解决了无线传输中网络信号质量差、衰落严重、覆盖范围小的问题。将中继技术与车载网络相结合,可以形成基于中继传输的车载无线通信网络,实现车辆之间的信息交换。

中继技术在通信系统中得到了广泛的应用,特别是在微波中继通信系统中,为了实现远距离通信，一般每隔几十千米设置一个中继器，对接收到的信号进行放大后再发送出去。

中继协同传输技术是中继技术与多天线阵列无线信号传输技术的有效结合。节点协同转发信号或分组，形成虚拟多天线，以实现空间分集增益，提高频谱利用率，从而改善了无线传输中网络信号质量差、传输不稳定的问题。

如图 3-40 所示，中继协同信道模型包括源节点（S）、中继节点（R）和目的节点（D）。中继协同传输可以看作是分两个阶段完成的。

1）第一阶段：源节点 S 以广播模式发送信号，中继节点 R 和目的节点 D 都接收信号，即 $S(R, D)$；这一阶段通常被称为广播阶段。

2）第二阶段：源节点 S 和中继节点 R 发送信号，目的节点 D 接收信号，即 $(S, R) \rightarrow D$；该阶段被称为中继转发阶段。

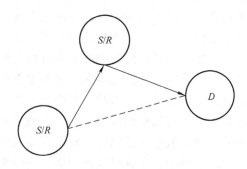

图 3-40　中继协同信道模型

在中继信道系统中，每个节点都可以是中继节点或源节点。根据中继节点对接收到的源节点信号的不同处理方法，有两种中继处理方法：解码转发（DF）和放大转发（AF）。

1）解码转发：基本内容是中继节点在第一阶段接收到源节点发送的信号后，必须先对信号进行解码，然后重新编码转发到目的节点。由此可见，DF 本质上是一种数字信号处理方法。

2）放大转发：基本内容是中继节点在第一阶段接收到源节点发送的信号后，不进行解调，而只是简单放大后转发到目的节点。AF 本质上是一种模拟信号处理方法。

中继技术的广泛应用和快速发展，能够适应车辆无线网络的动态拓扑特性，使得车辆无线网络具有良好的可扩展性。将中继技术引入车内无线网络，构成了一种新的车内自适应无线通信网络，进一步提高了车内通信的质量和普及率，更有利于人们的安全出行和安全驾驶。

车载无线通信终端主要由主控制器、传感器模块、GPS 模块、CAN 总线、无线模块、显示模块、语音模块和电源模块组成，其结构如图 3-41 所示。

车载无线通信终端的工作原理：首先，车载终端利用传感器模块获取路况信息和车辆自身性能信息，并通过 CAN 总线传输给主控制器模块；主控制器对信息进行分析并按优先级处理信息；同时通过无线模块与周边车辆建立临时移动 Ad-hoc 网络，向周边车辆广播信息，并且接收来自周边车辆的信息。车载无线通信网络是通过车载终端上的无线模块进行电子识别而建立的临时移动自组织网络，其组网过程灵活机动，通信过程高效优质。

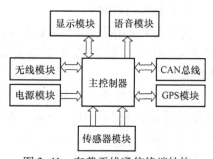

图 3-41　车载无线通信终端结构

各移动终端在行驶过程中检测到路况信息后，主动发出联网请求，并迅速与周围车辆建立通信网络进行信息广播。同时，每个移动终端也是转发信息的中继节点。这将扩大通信范围，形成快速灵活的车辆通信局域网，并随着车辆数量的增加而扩大。车辆在接收到周围车辆的广播信息后，可以根据信息分类进行提前预测，重新规划路线，从而避免交通高峰期道路拥堵，缓解交通压力。

车联网中继接入方法：在 V2I 通信场景中，如果源车辆不能直接与接入网终端 RSU 或浏览器和服务器结构（BS）通信，则需要依赖车辆周围的其他车辆作为移动中继节点来构建多跳路径，直到与 RSU 或 BS 建立无线连接。在 V2V 通信场景中，如果目的节点不在源节点的通信范围内，则还需要通过多跳中继节点协助消息传递。当车辆与其他车辆建立通信链路时，需要选择最优的中继节点进行通信，降低计算复杂度和网络能耗。在中继协作通信场景中，中继节点的性能将在一定程度上影响到消息传递的可靠性、消息传播的范围以及消息到达接入网的延迟。因此，车联网可以利用车辆的运动轨迹，利用信道衰落模型分析链路中断的概率，并选择最优的中断节点数来完成协同通信。在多用户协作通信网络中，规定如果用户的通信被中断，则确定整个网络被中断。

在车联网中，车辆可以选择访问的网络如下：

1）多车辆组成的车载自组织网络。

2）RSU 接入点。

3）传统的蜂窝网络。

其中，车载自组织网络采用 DSRC 技术支持 V2V 通信方式；RSU 接入站点和传统蜂窝网络均支持 V2I 通信方式，前者采用 Wi-Fi 技术，后者采用 3G/4G 技术。然而，对于端到端延迟、车辆移动性、通信距离、数据传输速率和通信带宽等网络 QoS，这三种技术各有优缺点。因此，当车辆行驶到多个接入网覆盖的区域时，根据计算出的乘客平均等待时间等性能指标，可以选择最有利于数据传输的接入子网，使乘客能够容忍网络。在耽误时间的影响下，尽可能地完成乘客所需要的服务。

在车联网中继协作通信系统中，如何根据已有的系统信息选择最优的移动中继节点，以及如何在保证系统传输性能指标的同时，提高频谱利用率，降低算法复杂度，是车联网中继系统的难点。例如，在传统的中继系统中，节点通常采用半双工工作模式，导致网络频谱利用率较低。如果使用全双工中继模式进行通信，则可能会造成严重的自干扰。

3.2.3.7 DSRC

专用短程通信技术（DSRC）的通信原理如图 3-42 所示，非常适合交通环境中的通信系统。

DSRC 可以在很小的距离内实现数据交换，典型的通信距离为 100~200m，在理想的工作条件下甚至可以达到 800m。DSRC 支持广播和单播两种数据传输方式，当广播信息被发送时，没有固定的网络结构或目标终端地址，并且位于信号覆盖区域内的所有终端都可以接收广播信息；单播通信则对应于某个通信地址，在相同的通信环境下，所有的终端都能接收到所有的信息。因此，处理单播消息需要过滤，在当前终端的地址不一致时，数据包将被丢弃。

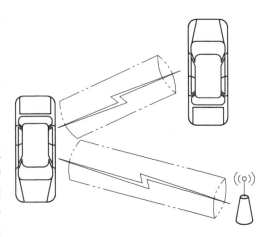

图 3-42 DSRC 的通信原理

由于系统通信距离短，DSRC特别适合本地广播通信。这种本地通信功能可以保护隐私，在交换数据时不公开有关自驾网络通信地址等的信息，而传统的通信方法则需要依靠通信终端的地址来定位发送对象。在实际的交通环境中，车辆是在不断移动的，因此用地址跟踪每个终端的位置是不现实的。如果系统只在通信范围内广播信息，则位于通信范围内的其他终端可以接收到该信息，这对于车辆应用非常有效，因为在1km以外与其他车辆通信是没有意义的，道路安全应用只针对车辆附近的车辆。相反，如果采用寻址方式，首先必须将通信地址分配给所有相关车辆，而在通信范围内有成百上千的移动终端和消息，但是每条消息只与少数终端相关，这就造成了很大的不便。

在DSRC通信系统中，供应商广播称为WAVE服务信息，它是一种短波消息。消息包含一个编号，即供应商服务编号（PSID），它对应于供应商终端提供的服务。一般来说，供应商终端是沿道路分布的固定路边终端。当然，它也可以移动。Web服务应用程序接口（WSA）包含与服务相关的初步安全信息文件（PSD）的列表，其中包括不同通信通道上可用的服务。WSA允许用户选择与之关联的服务。需要注意的是，供应商和用户可以随时发送消息，唯一的区别是用户不广播信息。图3-43所示为基于DSRC的智能车辆地图融合。

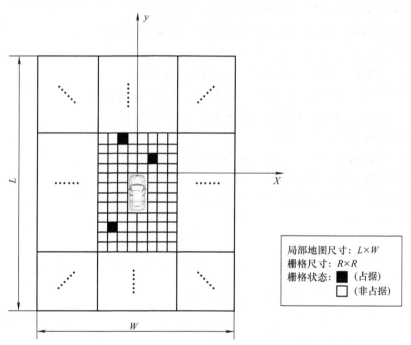

图3-43 基于DSRC的智能车辆地图融合

典型的DSRC嵌入式车载移动终端主要用于OEM的前端车联网系统，车辆数据通过DSRC发送到其他终端。根据应用程序的不同，用户界面可以是允许外部数据流入车辆系统的双向网关，也可以是只允许车辆发送数据的单向网关。DSRC收发器通常与主处理器相连，应用程序在控制器中运行，通过DSRC与外界通信。通常，用户界面与车辆集成，主处理器和车辆侧网关也嵌入到车辆当中。

思 考 题

本章的学习目标你已经达成了吗？请通过思考以下问题的答案进行结果检验。
1. 简述蜂窝移动通信的技术特征与类型。
2. 简述蜂窝移动通信的应用场景。
3. 车辆和交通数据信息有哪几类？
4. 简述 4G/5G 移动通信的特点。
5. 什么是车间通信系统？
6. 什么是射频识别技术？作用是什么？
7. 车联网通信主要技术有哪些？
8. 什么是短程无线通信？
9. 什么是 Wi-Fi？Wi-Fi 在车联网中有哪些应用优势？
10. 什么是 RFID？RFID 在车联网中有哪些应用优势？
11. 什么是蓝牙？蓝牙在车联网中有哪些应用优势？
12. 什么是 Zigbee？Zigbee 技术在车联网中有哪些应用优势？
13. 什么是 LoRa？LoRa 在车联网中有哪些应用优势？
14. 什么是 GPRS？GPRS 在车联网中有哪些应用优势？
15. 什么是 NB-IoT？NB-IoT 在车联网中有哪些应用优势？
16. 什么是路由？路由技术在车联网中有哪些应用优势？
17. 车联网路由有哪些分类方法？
18. 简述反应式路由协议与先应式路由协议的区别。
19. 什么是中继传输？其作用是什么？
20. 简述 DSRC 技术在车联网中的应用特征。

第4章 车辆信息发布与5G通信

学习目标

1. 能够说出车辆信息发布与内容分发的原理与方法。
2. 能够说出5G通信技术的原理与5G技术在车联网中的应用。

4.1 车辆信息发布与内容分发

4.1.1 车辆数据信息订阅

车辆自组织网络（VANET）是移动自组织网络在交通领域的一种应用。它是一个无线网络，由带有无线收发器的车辆或终端组成。VANET节点不需要通过基站或其他基础设施，可以直接沟通。汽车之间的协同驾驶可以克服人眼的盲点和反应时间的延误，从而保证生命安全。交通信息采集是车间辅助驾驶的基础，即定期广播其位置、速度、行驶方向等信息，保证了网络信息共享的及时性。

4.1.1.1 车辆与交通数据处理

车辆与交通数据是车辆信息服务、车辆数据服务、联网驾驶、联网自主驾驶业务和应用的核心，它是生态系统参与者之间的合作与共享，个人、汽车或系统都无法获得这些数据。车辆与交通数据可分为车辆数据、车载信息服务数据、交通运行数据、车辆环境数据、行人位置数据、交通出行数据。

车辆数据是反映车辆运行特性的数据，包括车辆位置、车辆行驶、驾驶行为（车辆运行）、车辆使用、车辆状态、新能源汽车蓄电池电量、车辆碰撞检测及车内信息服务等数据，主要通过汽车电子控制系统采集。车辆数据拓扑如图4-1所示。

其中，车辆位置数据主要由车载终端从卫星定位系统获取；如果需要提高定位精度，车载终端还需要从地基增强系统数据库云平台获取车辆位置的差分校正信息并进行计算，从而获得高精度的车辆定位数据。车辆行驶数据主要由车辆惯性导航系统采集。车辆碰撞检测数据主要由车辆加速度传感器采集。车内信息服务数据（例如音乐、信息娱乐等）可以在联网的汽车服务平台上共享。

当车辆自动驾驶时，一种选择是由导航系统、全球定位系统和本地安装的地图的位置信息构成车辆定位和导航的条件。导航系统质量的差异不仅取决于地图信息的质量和使用的路由算法，还取决于它们根据当前道路交通状况动态更新路由的能力。车辆导航系统可以利用车辆之间的通信来获取有关交通拥挤、事故和许多其他事件的动态更新，这些信息可以从中央服务器获得。只要提供足够容量的下行链路，中央服务器和系统之间的通信链路就可以具

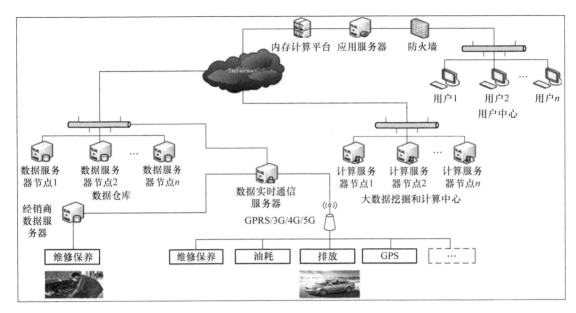

图 4-1　车辆数据拓扑

有不同的特性。汽车是智能的，人和汽车可以相互联系和互动。同时，汽车大数据将推动形成更加智能化的、大型的、多层次的汽车大数据生态系统构建。

另一种选择是直接在汽车之间交换道路交通信息，并通过访问中央服务器获取其分布数据。尽管许多事故仍然是由路边传感器或交通监管单位引起的，但事实证明，获取相关道路交通信息和及时获取数据的最佳途径还是通过我们的车辆。通过使用与地图信息相关联的本地传感器数据，每辆车就可以知道它是停在交通堵塞中还是以巡航速度向前行驶。假设每辆车都能将这些信息传递给中央交通信息系统，那么信息质量就能得到提高。只要车辆共享一个通信信道，便可以在两个或多个车辆之间直接交换此信息。依靠先进的通信技术，就可以大大提高交通信息系统的质量。

4.1.1.2　车联网的数据动态压缩

为了解决车联网难以传输大量数据的问题，可以采用动态压缩感传方法以保证车联网数据重建的准确性。动态压缩感知方法能够自动分析感知对象的数据特征、车辆分布和观测次数之间的关系，并在压缩感知的基础上增加了调整观测次数的功能。通过调整压缩感知中观测矩阵的参数来控制观测数据量，从而提高重建精度，实现更高质量的数据传输。

由于车辆的快速移动，车辆互联网很难传输大量的数据。为了减轻网络传输的压力，有必要对数据进行压缩。压缩感知便可以利用观测矩阵从少量的观测数据中准确地重构出完整的数据。然而，在压缩感知数据中，观测数据的数量会影响数据的重建精度，而在实际的车联网城市感知中，感知对象的数据特征和车辆分布会随着时间的推移而不断变化。例如，当数据的时空相关性较低时，如果观测数据太小，则无法采集足够的数据特征，从而降低重建精度。车辆分布的变化导致监测区域的覆盖范围不同，也会影响数据重建的准确性。

这种动态压缩感知主要针对固定的传感器网络。在车联网中，由于车辆的移动性，单纯考虑传感对象数据特性变化的动态压缩传感无法满足车联网的应用。车联网城市动态压缩感知框架主要分为应用层、服务层和执行层，它可以根据实际应用要求和车载传感器的类型来感知城市温度、湿度、日照、空气污染及交通状况等各种数据。

执行层包括路边设施、路由和交换设施、车辆以及安装在其上的各种传感器，该层的主要任务是根据服务层下达的任务进行数据采集活动，并将数据传输到服务层。服务层连接应用层和执行层，负责执行层的任务分解、数据集成和设备管理。应用层包括各种特定的城市感知应用程序。基于车联网的动态压缩感知过程如图4-2所示。

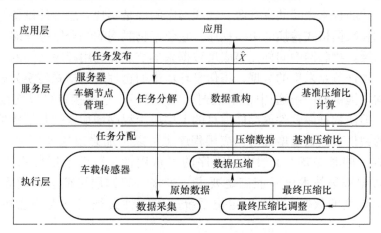

图4-2 基于车联网的动态压缩感知过程

整个动态压缩感知过程可分为五个模块：任务分解、数据采集、数据压缩、数据重构和观测量调整。

1）任务分解。根据任务的需要对任务进行分解，并将分解后的任务发送到每辆车上。

2）数据采集。接收到传感任务后，车辆将根据任务要求开始定期采集数据。利用车载传感器，车辆每隔一段时间采集一次传感目标数据，直到完成任务所需的 n 次采集。

3）数据压缩。数据压缩是利用压缩感知对原始数据进行压缩观测。

4）数据重构。压缩后的数据传输到服务层后，服务层将重构数据。

5）观测量调整。观测量调整包括基准压缩比的计算和最终压缩比的调整两部分。基准压缩比的计算是基于先验知识的分析，重点是数据的稀疏性和网络中车辆数量的变化。在这一步中，服务器将分析数据稀疏性、车辆数量和相应压缩比之间的映射关系，并根据实时数据稀疏性和车辆数量获得基准压缩比。然后，根据车辆遇到的情况，调整参考压缩比，得到最终压缩比，这一步主要解决车辆分布不均的问题。每辆车根据与其他车辆的接触情况，估算出本区域内车辆的分布密度，从而两次调整参考压缩比。

为了计算基准压缩比，系统首先需要得到数据稀疏性、车辆数量和相应压缩比之间的映射关系。在学习阶段，车辆不会压缩数据，而是直接上传原始数据。服务层分析原始数据获取先验知识，并通过数据建模方法对先验知识进行建模，得到数据稀疏性、车辆数和压缩比之间的映射关系。学习阶段只需在系统启动初期进行，在完成映射关系分析并进入压缩阶段后，无须再次执行此操作。

获取映射关系后，服务器将进入压缩阶段。在压缩阶段，服务器将在每次数据重构后计算重构数据的稀疏性，并将重构的稀疏性作为下一个观测周期的数据稀疏性。同时，由于车辆进入网络范围后会向服务器进行注册，服务器可以获取当前网络中的车辆数量。在每个传感周期开始之前，服务器将根据数据稀疏性和车辆数量计算相应的基准压缩比。同时，为了便于在最终的压缩比调整中估计车辆密度，服务器会假设在网络中车辆均匀分布的情况下每辆车的相邻车辆数量。

4.1.1.3 数据采集上行链路信道

在物联网应用领域，物联网中间件是一个独立的系统软件或服务程序。分布式应用软件使用该软件在不同的技术之间共享资源。物联网中间件是实现底层硬件设备与应用系统之间数据传输、过滤和数据格式转换的中间程序，它位于物联网的综合服务器端，嵌入式设备位于感知层和网络层。物联网中间件充当底层数据采集节点和应用程序之间的中介角色，可以收集并处理底层硬件节点采集的数据，将信息环境中的物理对象格式转换为虚拟对象。应用端可以使用中间件提供的一组通用应用编程接口（API），这些接口可以连接和控制底层硬件节点。这样，即使数据库软件或存储信息的上层应用程序增加或被其他软件替换，或者当底层某些类型的硬件节点数量增加时，应用程序也可以不加修改地处理它，消除了维护多个连接的复杂性，同时提高了上层应用程序的可重用性。随着上层应用所提供功能的多样化，单一的数据采集技术已不能满足要求。未来，感知层可能会采用多种不同特性的技术来获取不同粒度的数据。因此，定位系统的中间件必须能够支持感知层使用多种数据采集技术。

在移动通信系统中，上行链路是指信号从移动台到基站的物理信道。对于上行链路，我们必须关注与区分不同的数据源，以了解应该使用哪些信道及其局限性。

（1）基础设施数据　所有公路均配备传感器，包括路边传感器、桥梁传感器和收费站传感器。在城市环境中，感应传感器还被用来检测交通灯前的车辆。所有这些传感器都用于确定相应道路上的车辆密度，它们通常与运维中心相连。然而，所有基础设施生成的数据都是通过复杂的、在大多数情况下是专有的网络协议收集和聚合的。这可能会导致不必要的延迟，甚至由于数据聚合而导致信号丢失。

（2）浮动车数据　如果将道路上的所有车辆转换成传感器，并对超声波、雷达甚至摄像头等局部传感器的数据进行收集，则将获得时间精度高、粒度非常细的信息。浮动车数据不仅可以补充基础设施产生的数据，理论上也可以完全替代基础设施产生的数据。对于上行链路信道，浮动车数据依赖于开放协议，从车辆到交通信息系统需要某种数据通道。在大多数情况下，这些数据网络能够提供足够的容量将信息上传到交通信息系统，由中央信息和通信技术来管理所有接收到的数据。

4.1.1.4 数据传播下行链路信道

数据传播下行链路信道的作用是将相关信息下载到车辆上，其数据传播有很多不同的选择和技术。例如，应用广播频道一次将所有信息发送给所有车辆，这种广播方法可以通过卫星下行链路、FM调频广播或数字音频广播来实现，甚至可以基于3G/4G/5G等通信网络来实现。

目前，车联网无线通信技术分为两个方向：IEEE 802.11（用于DSRC的底层无线通信技术）和3GPP C-V2X（基于蜂窝的V2X无线通信技术，包含LTE-V2X和5G-V2X）。DSRC具有客观的先发优势，技术日趋成熟。LTE-V2X作为一种基于LTE演进的车联网技术，具有发展较晚的优势。DSRC和C-V2X的对比见表4-1。

表 4-1 DSRC 和 C – V2X 的对比

对比维度	DSRC	C – V2X
成熟度	已经是标准技术，美国、欧洲等国家已提出相关标准规格	标准化过程以及相关技术的开发还未完成。R14 标准（LTE – V）于 2017 年完成。基于 5G 新空口的 V2X 通信技术的研究，预计在 2020 年前后完成标准工作
芯片设计安全性	车用半导体必须要能符合较长使用周期的需求，芯片设计应支持 ISO 26262《道路车辆功能安全》	以 LTE 消费性硬件打造 V2X 功能的客户，恐怕会遭遇可靠性问题，手机芯片设计不能保用 15 年
部署	需要安装新的路侧设备，将增加导入成本与时间	能够整合现有基站资源，网络覆盖广，网络运营模式清晰
关键指标	支持车速 200km/h，反应时间 100ms，数据传输速率平均为 12Mbit/s（最大为 27Mbit/s），传输范围为 1km。根据美国交通运输部的报告，违反交通信号灯指示的时延要求是小于 100ms；车辆防碰撞指示的时延要求是小于 20ms	LTE – V2X 传输带宽最高可扩展至 100MHz，峰值速率上行为 500Mbit/s，下行为 1Gbit/s，时延用户面时延≤10ms，控制面时延≤50ms，支持车速 500km/h，覆盖范围与 LTE 范围类似。5G – V2X 支持速度更高，时延更低
政策影响	美国交通部推动，2019 年可能强制安装	中国中长期看好 LTE 及 5G 在车联网 V2X 领域的发展潜力
面临的挑战	跨部门实施有难度	跨部门实施有难度

用于这些传输的技术称为交通信息信道，交通信息信道控制广播到车辆的消息（二进制）编码。每条消息都包含事件代码、位置信息、预期事件持续时间和其他详细信息。交通信息信道面临的关键问题是下行信道的低数据速率，是每秒数百位的传输速度。显然，可以在下行链路上发送的事件数量非常有限。另一个非常重要的问题是还需要考虑在什么时候发送哪些数据。鉴于广播频道的特性，此广播传输范围内的所有车辆将接收到相同的消息，不可能把某一地点所需的信息与其他地方所需的信息区分开来。因此，典型的方法是遵循 Carousel 模型。可用的交通信息被插入转盘空间，并被连续地广播到接收端。每一轮都重复发送数据，从而解决两个技术问题。首先，由于传输本身不可靠，重复传输有助于提高传输可靠性。其次，使用蜂窝网络作为下行链路信道可以解决车辆问题。

4.1.2 内容分发

目前的 VANET 系统主要是基于已经广泛使用的 2G/3G/4G 网络和用于车辆数据信息服务的专用短程通信技术（DSRC）。基于 VANET 系统的车辆协同架构与原理如图 4-3 所示。车辆与车辆之间的通信是 VANET 的基础，作为车辆网络中的单节点，车辆需要与周围节点建立通信链路。

协同安全应用包括三个阶段：信息阶段、警告阶段和自动化控制阶段。信息和警告阶段要求驾驶人参与控制反馈回路，信息阶段需要提供有关当前驾驶状况的信息，同时不要分散驾驶人的注意力；警告阶段必须提醒驾驶人即将发生的紧急情况；自动控制阶段不需要驾驶人参与控制反馈回路，该系统直接控制车辆的执行器，以避免紧急情况。

在多跳 Ad – hoc 网络中，节点将自己的路由信息保存到相关的周围节点，并动态更新路由信息，这是车辆间点对点消息订阅的基础。因此，稳定的订阅服务需要依靠车辆和基础设

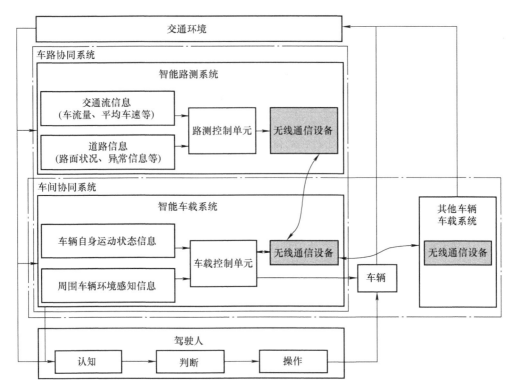

图 4-3 基于 VANET 系统的车辆协同架构与原理

施的协同服务。VANET 订阅服务主要分为三类：群组信息发布与订阅、车辆与基础设施之间的信息发布与订阅、车辆与路边车辆之间的信息发布与订阅。

4.1.2.1 车载自组织网络中的群组信息发布与订阅

车辆之间的通信可以在一定程度上提高行车安全。车载 Ad-hoc 网络（Ad-hoc 网络是一种多跳的、无中心的、自组织无线网络，又称为多跳网）中的群组通信是指多个车辆基于同一兴趣为完成共同任务而进行的通信。这些车辆必须首先组成一个通信组，每个组都有一个唯一的 ID 号，组通信要求每个组成员发送的消息由其他组成员接收。车载自组织网络中的信息发布与订阅方法是基于点对点分布式消息发布与订阅和群组信息发布与订阅。

点对点分布式消息管理机制是为了确保车辆之间点对点消息的发布与订阅。该管理机制适用于高速运动，在这种环境下，车辆网络将被划分为几个独立的部分，P2P 的功能将基于这些独立的部分。这种方法使得车辆之间能够在一定的区域和有限的时间内发布消息，可以修改/删除已发布的消息，感兴趣的车辆可以同时接收这些事件的通知。

群组信息发布与订阅是在发布和订阅模式下，由中间系统负责处理主题的发布和订阅，并保存每个组成员的信息。发布与订阅模型由发布者、订阅者和中间系统三部分组成。发布者可以根据自己的偏好发布主题，订阅者也可以订阅他们在订阅消息列表中感兴趣的主题。消息的发布者和消息的订阅者不需要知道对方的具体位置信息，并且具有空间解耦性。在发布和订阅模型中，最重要的是中间系统如何选择最佳路径将消息发送给订阅者。与传统的点对点同步通信相比，发布与订阅模式具有以下特点：

1）空间分离：消息的发布者和消息的订阅者不知道对方的特定位置信息。

2）时间分离：消息的发布者发布消息后，可以在不等待订阅服务器接收消息的情况下断开连接。

3）控制流分离：发布者和订阅者可以在发布消息时执行其他操作。消息的接收和发布是异步的。

4）多点通信：发布者信息可以同时发送给所有订阅者。

5）可扩展性：发布者和订阅者可以随时加入系统，也可以随时退出系统。

因此，发布与订阅系统的解耦可以减少节点间的依赖关系，并且可以随时扩展，非常适合应用于车载 Ad – hoc 网络的通信问题。

在基于主题的发布与订阅系统中，所有发布的信息都是按照主题进行划分的。每个帖子都标记为一个主题。订阅者可以根据自己的兴趣进行选择，也可以免费订阅自己感兴趣的话题。订阅后，系统会将该主题下的消息发送给所有订阅方，但订阅者不能对某个主题表达他们的兴趣。用户会收到很多信息，但只对其中的一小部分感兴趣。为了提高主题的表达能力，主题被组织成类似于树结构的层次结构。

在基于内容的发布与订阅系统中，订阅者可以对感兴趣的主题进行更深入的搜索，并且可以对已发布信息的内容进行更深入的订阅。订阅者还能对内容设置一些限制，只选择自己感兴趣的内容，消除无趣的信息，因此订阅者可以只接收自己感兴趣的消息。

车内自组织网络中的每辆车都既是发布者又是订阅者，可以随时发布主题、订阅主题和组通信。RSU 是车载自组织网络中的路边基础设施，具有地理位置固定、处理能力强、存储容量大的特点。此外，多个 RSU 可以通过有线连接快速同步，从而实现信息的快速传输。作为发布和订阅模型的中间系统，服务器负责处理车辆发布主题和车辆订阅主题。首先，在服务器中设置几个大的主题类别，如体育、娱乐、教育等，像车辆发布的主题就属于大型主题类别，这使得车辆更容易订阅感兴趣的主题。其次，将同一主题的车辆组成一个具有唯一编号的通信组，所有组成员的 ID 号和相关信息都存储在服务器中。

车载自组织网络中群组信息发布与订阅的基础是车载自组织网络中的信息路由，即车载自组织网络中的路由协议。首先要解决的问题是服务器如何将信息快速传输到目的车辆，车辆如何将信息快速传输到服务器，以及如何快速传输组信息。假设公路沿线分布有 RSU，RSU 通过有线连接，它们之间的信息可以快速同步。由于 RSU 的地理信息是固定的，其覆盖范围一般为几千米，因此 RSU 覆盖范围内的车辆可以直接与 RSU 通信。RSU 将覆盖区域内的所有车辆信息进行记录并定期更新。车辆知道每个 RSU 的具体位置信息，因此信息也在车辆之间定期同步。可以看出，基于地理位置信息的车载 Ad – hoc 网络路由协议非常适合高速公路环境下的群组通信。

4.1.2.2　车辆与基础设施之间的信息发布与订阅

在 VANET 中，旅行车辆利用节点之间的通信信道以及车辆与路边基础设施之间交换信息的能力来相互交换信息或访问万维网。车辆与基础设施之间的信息发布与订阅在高速公路上有着广泛应用。高速公路上车辆的主要特点是行驶速度快、车辆间距变化很大。同时，由于高速公路距离的限制，车辆的通信半径大大减小，P2P 发布与订阅的效率也会降低。VANET 的应用则可以使用多个通信方法，例如 eCall。当 eCall 装置接收到安全气囊展开等主要传感器信号时，会自动启动通信模块，拨打本地 112，报告车辆 GPS 坐标、事故发生时间、车牌号等信息，并能够尽快与当地救援队建立语音沟通。

车内通信的一个典型特征是，对于不同的应用，每一层的协议可以有很大的不同，并且通常是跨层考虑的，或者是在简化的层次上考虑的。IEEE 给出的 WAVE 协议栈是一个相对权威的协议体系结构：物理层和数据链路层由 IEEE 802.11p、IEEE 1609.4 和 IEEE 802.2 组成；网络层和传输层分别有两套协议，即传统的 TCP/IP 协议和 IEEE 1609.3 协议（专门为车辆安全应用设计的协议）；应用层区分安全应用和非安全应用，并将 SAE 协议作为安全应用的消息子层引入；最后，由跨层的 IEEE 1609.2 作为安全协议。

与车辆之间的通信方式不同，车辆与基础设施之间的通信需要基础设施的支持。这里的基础设施主要是指无线接入点（AP），因此每辆车都可以通过基础设施相互通信来完成订阅。为了在车辆和基础设施之间进行通信，我们需要基础设施具有以下要求：

1）能够向邻居发送订阅请求。在基础设施的处理过程中，一些信息可能被定位在相邻的邻居节点上，这就需要节点之间的相互协作。

2）能够及时接收车辆订购请求并分发结果。车辆与基础设施的交互主要是向周围节点发送订阅请求，这些请求包括查询某个地区的路况或加油站。设施需要在收到请求后立即做出响应，并将结果发送给请求车辆。

3）及时向邻居节点更新自己的信息。节点需要维护路由信息到邻居的副本，当其信息更新时，通知邻居节点进行相应的更新，并尽量保持数据的一致性。

如图 4-4 所示，通过车辆与基础设施之间的交互，车辆可以请求远离自身的路况信息。基础设施的固定性质可以缓解车辆在高速移动下所带来的问题，但是随着车辆的移动，车辆会迅速离开基础设施信号的覆盖范围。此时，如果信息被传输，就会造成中断。如何利用其他基础设施邻居节点来完成信息传输尤为重要，这就要求我们了解节点的移动方向，以及如何在消息传递开始时将信息的副本传输到下一个邻居节点。当车辆离开当前节点时，下一跳节点代理将完成剩余内容的发送。

图 4-4 车辆与基础设施之间交互

在车载自组织网络中，信息通过无线传输媒介进行传输。由于无线信道的不稳定性以及道路沿线建筑物和树木对信号传输的阻碍，车载 Ad-hoc 网络中的报文丢包率较高。数据包丢失可能导致消息失去原子性。所谓原子性，是指在分布式系统中，当事务完成时，所有的操作都要求是成功的或不成功的。多组成员在车载自组织网络中合作，完成任务时，组中的每个成员都必须处于步骤中，并且不能错过消息。因此，在车载 Ad-hoc 网络的组通信中，必须保证报文的原子性。组通信中消息的原子性问题是指确保组中所有成员都接收到每个消息，或者每个成员都没有接收到每个消息。

4.1.2.3 车辆与路边车辆之间的信息发布与订阅

与传统的车辆与路边设施之间的通信方式不同，首先，行驶车辆与路边停放车辆之间的通信方式不需要基础通信设施的支持；其次，当有足够的车辆停放在路边形成车辆集群时，移动车辆可以依次通过每辆停放的车辆，从而通过一定的选择方案与协作车辆传递有效信息。其中包括电子紧急制动警告灯系统、道路气象驾驶预警系统、交通信号交叉口环保交通系统、事故现场预警系统、拥堵预警系统、互联保护系统、手机接入行人信号灯系统等功能。

在大多数城市，为了方便车辆的使用，允许车辆停放在道路的一侧或两侧，使车辆在道路上广泛分布。从另一个角度看，车辆的流动性受到交通规则和车辆道路的严格限制。车辆运动可以抽象地看作是在交叉口选择道路或沿着道路行驶。因此，当移动的车辆进入允许车辆停在路边的道路时，移动的车辆有可能按顺序通过所有停放的车辆。与传统的车对车通信或车对路基础设施相比，这种移动车辆依次通过停在路上的车辆场景，使信息的分布更加可控和可预测。

每辆车的 DSRC 设备的通信距离可以达到几百米到一千米。它具有良好的隐私保护机制，不被视线遮挡，受天气和环境影响较小。最重要的是，协作连接的汽车打开了汽车之间的通信通道。就像人类可以交流一样，汽车也可以分享任何信息。但仍存在一些不足之处，如需要在所有车辆上安装 DSRC 设备，以提高车辆的安全驾驶性能，建设成本比较高。

依靠车内传感器的自动驾驶车辆只需具备极强的感知和处理能力。像超级计算机一样，它们自身的能力足够强大，不需要依赖外界的帮助。

协同式的自动驾驶车辆是通过实时网络交互实现信息的充分共享，不仅提高了获取信息的能力，而且降低了自身的处理能力要求。就像一台联网的电脑，虽然网络本身并不强大，但网络资源的共享可以获得更多的信息。基于网联化协同传感系统的 V2X 技术在非视线和复杂环境下具有一定的优势，在 V2X 的应用场景中可以在更大范围内发现潜在危险车辆，通过路况信息提前对路径进行规划和变更，自主与合作的传感系统起着互补的作用。

4.2 5G 通信技术应用

车联网是基于车内网络、车间网络和车载移动互联网的车载终端设备，它集成了传感器、RFID、数据挖掘和自动控制等相关技术。道路、行人与互联网之间的交互过程是物联网技术在交通系统领域的典型应用，实现了车辆与公共网络之间的动态移动通信。

4.2.1 5G 通信技术架构

在 5G 网络架构设计中，总体思路是集中协调接入设备，大规模部署 C-RAN，以满足低延迟、高可靠性的业务需求。在服务层，C-RAN 架构基于集中处理、协作无线电、实时云计算架构和绿色无线接入网络架构。它可以实现网络中的负载共享，最大限度地利用网络资源，降低成本。

> **注解：**
> C-RAN 是在当前网络条件和技术进步的基础上发展起来的一种新的无线接入网体系结构。它是一个基于集中处理、协作无线电和实时云基础设施的绿色无线接入网络架构。其实质是减少基站机房数量，降低能耗，利用协同和虚拟化技术实现资源共享和动态调度，提高频谱效率，实现低成本、高带宽、灵活的运营。

4.2.1.1 5G 通信技术特点

5G 也被称为第五代移动通信技术，它是 4G（LTE-a，WiMax）、3G（UMTS，LTE）和 2G（GSM）系统的扩展。5G 的性能目标是提高数据传输速率、减少延迟、节能、降低成本、增加系统容量以及与大型设备连接。与早期的 2G、3G 和 4G 移动网络一样，5G 网络是一种数字蜂窝网络，其中提供商覆盖的服务区域被划分为许多称为蜂窝的小地理区域。声音和图像模拟信号在移动电话中被数字化，由模数转换器转换并作为比特流传输。该地区的所有 5G 无线设备通过无线电波与该地区的本地天线阵列和低功率自动收发器（发射器和接收器）进行通信。收发器从公共频率池分配信道，该频率池可在地理上分离的小区中重用。本地天线通过高带宽光纤或无线回程连接到电话网络和互联网，与现有手机一样，当用户从一部手机迁移到另一部手机时，他们的移动设备将自动"切换"到新手机的天线。

5G 网络的技术特点如下：

1）非正交多址技术。如图 4-5 所示，非正交多址技术（NOMA）的基本思想是在发射端使用非正交传输来主动引入干扰信息和串行干扰（SIC）来消除干扰，接收器在接收端实现正确解调，NOMA 子信道传输仍然采用正交频分复用（OFDM）技术。子信道是正交的，互不干扰，但子信道不再分配给用户，而是由多个用户共享，同一子信道上不同用户之间的非正交传输会引起干扰。NOMA 的优点是低干扰、高速运动时传输效率高、多用户共享高速传输效率。

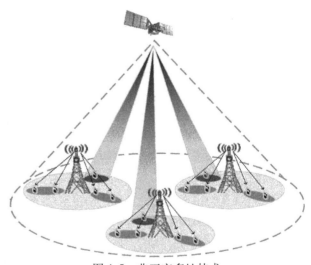

图 4-5 非正交多址技术

2）高频移动通信。传统移动通信的传输工作频段主要集中在 3GHz 以下，频谱资源非常拥挤；而在高频段（如毫米波、厘米波频段），可用频谱资源非常丰富，可以有效缓解当前移动通信中频谱资源的短缺，能够达到很高的传输速度。高频段在移动通信中的应用是未来的发展趋势，足够的可用带宽、小型化的天线和设备以及高的天线增益是高频毫米波移动通信的主要优点，但它们也存在传输距离短、穿透和衍射能力差、易受天气条件影响等缺点。

3）设备到设备（D2D）通信。传统的蜂窝通信系统以基站为中心来实现小区覆盖，基站和中继站不能移动，其网络结构具有一定的灵活性限制。随着无线多媒体业务的不断增加，传统的以基站为中心的业务提供方式已经无法满足大量用户在不同环境下的业务需求。图 4-6 所示为 D2D 通信系统的联网，该技术可以在不借助基站的情况下实现通信终端之间的直接通信，扩展网络连接和接入方式。

图 4-6　D2D 通信系统的联网

由于短程直接通信和高信道质量，D2D 可以实现更高的数据速率、更低的延迟和更低的功耗。通过广泛分布的终端，还可以提高覆盖率，实现频谱资源的高效利用，支持更加灵活的网络架构和连接方式，提高链路灵活性和网络可靠性。目前，D2D 通常使用广播、多播和单播技术解决方案，未来其增强技术的发展包括基于 D2D 的中继技术、多天线技术和联合编码技术。

4）超密集网络。超密集网络可以提高网络覆盖率，大大增加系统容量，具有更灵活的网络部署和更高效的频率复用。未来，对于高频和大带宽，将采用更密集的网络解决方案，部署的小区/扇区数量将高达 100 个或更多。同时，日益密集的网络部署也使得网络拓扑结构更加复杂。小区间的干扰已成为制约系统容量增长的主要因素，大大降低了网络的能效。干扰消除、小区快速发现、密集小区间协作以及基于终端能力提升的移动性增强方案等，都是当前密集网络的发展方向。

未来，传统的移动蜂窝通信方式将向具有多种网络类型的新型、分布式、异构通信方式转变。LTE – B 异构网络部署在密集的网络中，小区的部署更加密集，单个小区的覆盖范围大大缩小。以宏小区为网络基石，在只有宏小区的情况下，使用低功耗基站消除盲点，可以有效分担宏小区的负担，从而提供低延迟、高可靠的用户体验。

5）大规模多输入输出（MIMO）技术。现有 4G 网络的 8 端口多用户 MIMO 在频谱效率和能量效率上都不能满足数量级的提高，而大规模的 MIMO 系统可以显著提高频谱效率和能量效率。大规模 MIMO 技术是 MIMO 技术的延伸，其基本特征是在基站侧配置大规模天线阵列，其中基站天线的数目大于每个信令资源的设备数目。采用空分多址的原则，同时为多个用户服务。另外，在大规模 MIMO 系统中，采用简单的线性预编码和检测方法，噪声和快速衰落对系统的影响将逐渐消失，从而减少小区内干扰。这些优势使得大规模 MIMO 系统成为 5G 潜在的关键技术。

以上是 5G 与前几代移动通信的主要区别，这是移动技术逐渐向以用户为中心的移动通信转变的结果。

5G 应用需求体现在四个方面：移动条件下的连续广域覆盖、室内热点条件下的大容量传输、低功耗高密度终端连接、低延迟高可靠性网络。不同车速下的数据包传输速率如图 4-7 所示。

具体指标要求如下：

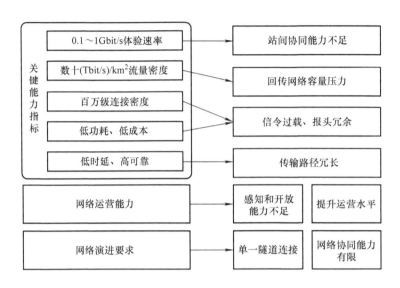

图 4-7　不同车速下的数据包传输速率

1）为了支持广泛的移动和漫游，支持视频、虚拟现实、增强现实等高速应用，在驾驶环境中提供 100Mbit/s 以上的传输速率，需要连续的广域覆盖。

2）在室内热点地区，大容量传输需要 1Gbit/s 的体验速率、20Gbit/s 或更高的峰值传输速率和数十（Tbit/s）/km^2 的流量密度。可以支持文件传输协议（FTP）下载、超高清 3D 视频、虚拟现实、增强现实等应用。

3）低功耗和高密度的终端连接要求。每平方千米终端连接数达到 100 万个。连接终端可以实现超低功耗、超低成本，主要满足低功耗、低成本、低流量、长时间连接等环境监测应用的需要。

4）低延迟、高可靠性的网络需要端到端延迟（1ms）无线接口，它支持协作驾驶、自动驾驶、智能电网和工业控制等应用。

5G 网络不再只是传统意义上的移动网络，而是与互联网和物联网深度融合，将人与人之间的联系延伸到物联网。它可以为用户提供个性化、智能化的服务，是一个真正的融合网络。因此，5G 移动通信系统所需的频谱资源也将远远超过前几代移动通信系统所需的频谱资源总量。频谱资源对 5G 商用部署过程有很大影响，为了扩大频谱资源，一方面需要政府部门科学规划频谱资源，为 5G 开辟新的频谱；另一方面需要通过新技术来提高频谱利用率。同时，为了满足未来移动网络数据流量增长 1000 倍以上、用户体验率增长 10～100 倍的需求，5G 网络不仅需要大幅提升核心网和骨干传输链路的容量，也需要提高无线接入网络的吞吐量。

目前，提高无线接入系统的容量主要有三种方案：增加频谱带宽、提高频谱利用率和通过部署加密小区来提高空间复用率。因此，5G 网络将从通信频带扩展、频谱效率提高、网络结构更新等方面来提高系统性能，共同满足移动业务的需求，并与现有的无线通信技术进行通信。

未来 5G 网络的网络架构需要支持巨大的数据连接和极致的用户体验速率（约为 10Gbit/s），而单一的网络架构难以满足多种场景下的移动接入，因此，多频谱、多标准、宏微观协同的异构网络将成为 5G 网络的主要形式。传统的移动通信系统通常采用小区分裂来减小小区半径，但是随着小区覆盖率的不断降低，小区的划分逐渐变得困难，因此小基站必须在 5G 网络规划和建设中发挥更重要的作用。通过在热点密集部署基站，不仅可以提高网络覆盖率，而且可以有效卸载系统业务服务，大幅度提高系统容量，使系统部署更加灵活高效。

4.2.1.2 5G 网络架构

车联网是一项综合性服务，通过利用信息通信技术，实现车-人、车-车、路-车、车-云服务平台的全方位网络连接，其通信结构如图 4-8 所示。不论无人驾驶汽车的摄像头和传感器是如何发展的，如果网络没有连接，那就会存在局限性。如果一辆车与周围车辆通信，即使存在摄像头和传感器错误，也可以利用车辆之间的通信来避免危险。为了实现这种完美的自动驾驶，必须建立一个能够在 1s 内下载超过 1GB 数据的网络环境。只有完成 5G 技术，达到 20Gbit/s 的速度，才能实现完美的驾驶时代。

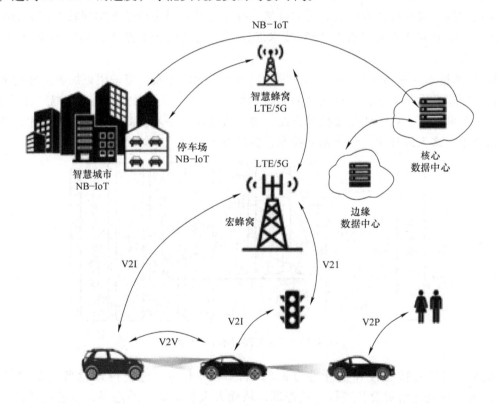

图 4-8 车联网通信结构

从不同的信息交互对象来看，目前 5G 应用分为三类：增强移动宽带（eMBB）、大容量机器通信（mMTC）和超可靠低时延通信（uRLLC）。场景是指在现有移动宽带业务场景的基础上，进一步提升用户体验等性能，主要追求人与人之间的终极通信体验。

为了满足物联网场景的需求，一方面，在现有 LTE-A 系统的基础上，可以进一步扩展和增强 D2D（图 4-9）功能和组通信功能，以支持更多的行业。另一方面，新的子帧结构和传输过程可以在向后兼容的基础上进行设计，从而减少端到端的延迟，提升用户体验。

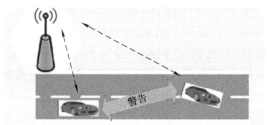

图 4-9 D2D 在 5G 通信下的应用

然而，4G 增强很难满足 5G 提出的 1ms 空中接口延迟和 99.999% 的可靠性要求，因此，有必要设计新的 5G 接口，引入新的载波设计，缩短子帧长度，支持新的调度和资源分配模式，并采用新的网络和端到端传输来减少延迟。同时，为了提高传输可靠性，引入了先进的编码调制和传输方法。

具体来说，5G 网络需要实现网络功能虚拟化、灵活的网络业务流程、网络开放性、多网多系统集成以及本地化缓存等架构特征。这些特征依赖于以下相应的技术趋势：软件定义网络/网络功能虚拟化（SDN/NFV）技术、网络切片技术、集成多标准网络技术、超密集网络实现技术、C-RAN/下一代前传接口（NGFI）。值得一提的是，SDN/NFV 技术有助于建立一个通用的、可管理的网络基础设施框架，并在此基础设施框架上实现软件定义的、可编程的网络功能和网络切片。SDN/NFV 技术促进了新网络概念的诞生，加速了 5G 网络的绿色化和灵活性。

5G 关键技术的总体框架如图 4-10 所示。在无线网络方面，将采用更加灵活和智能的网络架构和网络技术。例如，软件定义的无线网络体系结构、分离控制转发、统一组织网络、异构超密集部署等。在无线传输技术方面，将引入能够进一步提高频谱效率的技术，如先进的多址技术、多天线技术、编码调制技术、新的波形设计技术等。

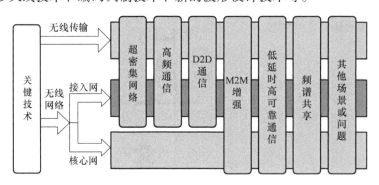

图 4-10 5G 关键技术的总体框架

此外，M2M 在智能性和交互性方面与其他应用不同，这使得该设备更加"智能"。M2M 是通过移动通信对设备进行有效控制，从而大大扩展商业的边界，或者创造出比传统方法更高效的商业方法，或者创造出与传统方法服务完全不同的全新业务方法。M2M 以设备通信控制为核心，将原有的低效率甚至不可能的信息传输应用到商业中，以获得更强的竞争力。然而，随着 M2M 终端和 M2M 业务的不断涌入，无线网络的过载和拥塞将成为首先要解决的问题，自适应负载控制机制就是解决这一问题的一种方法。M2M 通信中充斥着大量的小信息数据包，导致效率下降，同时也对 M2M 终端的电池寿命提出了更高的要求。

在提高移动网络性能和支持更多样化应用场景的同时，5G 网络架构的目标是更简单、更高效、更灵活、更开放。面对上述抽象的网络设计准则，5G 网络架构可分为接入层、汇聚层、控制层、服务层、开放式应用程序接口（API）和应用层。

1）接入层：包括多种无线接入技术（RAT）、4G、5G、Wi-Fi 等。

2）汇聚层：允许传统的核心网络功能分布到访问网络位置；汇聚层的主要功能包括 RAT 管理、本地转发、本地数据处理和本地数据感知。

3）控制层：包含了网络的核心控制功能，包括网络策略控制、业务会话、移动性管理和集中数据网关。同时，控制层可以灵活地管理配置汇聚层的本地用户面功能。

4）服务层：提供增值业务服务，如流量优化（视频优化加速等）以及类似防火墙的安全功能，进一步提升用户体验。

5）开放式应用程序接口：可以管理和调用网络关键功能块提供的信息和功能，对第三方应用程序开放。

6）应用层：包括 OTT 服务提供商、企业和移动虚拟运营商提供的各种应用。

对于车联网的应用需求，5G 大容量传输可用于采集大量的道路环境数据或车辆与云端之间的环境感知数据，例如高精度的地图和驾驶行为等。低流量连接可用于路侧终端与交通管理云平台之间的交通运行数据传输。

同时，低延迟直接连接可以实现 V2X 的协同通信，解决通信数据安全和用户隐私信息保护问题，提高 V2X 通信的利用率，减少无线数据延迟，扩展应用，如远程传输传感器。

5G 的关键技术指标包括峰值速率、用户体验速率、频谱效率、移动性、时延、连接数密度、网络能量效率、流量密度等。具体要求是峰值速率为 10Gbit/s，用户体验速率为 100Mbit/s~1Gbit/s，频谱效率是 4G 的 3 倍，支持 500km/h 的高速移动，最小端到端延时为 1ms，连接的密度为 $10^6/km^2$，网络能效是 4G 的 100 倍，并且交通密度达到 10（Mbit/s）/m^2。

为了实现这些关键指标，需要应用相应的关键技术。这些技术将部署在与用户关系最密切的网络侧、基站侧和终端侧。例如，最直观的是，在 5G 技术框架下，接入网将可能覆盖 GSM、3G、4G 和 5G 等广域网，集成 WLAN、Zigbee、蓝牙等本地网络，以及定位和导航网络。5G 智能终端将实现全连接解决方案，可同时接入不同的通信网络，并具备融合不同网络数据流的能力。基于蜂窝技术的 V2X 解决方案如图 4-11 所示。

图 4-11　基于蜂窝技术的 V2X 解决方案

5G 移动通信融合了核心路由器（CR）、毫米波、大规模天线阵列、超密集组网、全双工通信等关键技术，显著提高了通信系统的性能。在联网车辆应用场景中，与 IEEE 802.11p 标准的通信相比，5G 联网车辆的特点主要体现在低延迟、高可靠性、频谱和能量的高效利用以及更好的通信质量等方面。

作为车联网信息的发送者、接收者和中继节点，信息传输过程必须保证隐私性、安全性和高数据传输速率,具有严格的延迟限制。目前,车联网通信数据的密集使用和频繁交换对实时性提出了很高的要求,但由于无线通信技术(如带宽、速度、域名等)的限制,通信延迟不能满足实时交互的要求。

5G核心网络技术包括两大关键技术:网络功能虚拟化和软件定义网联化。5G网络切片技术可以分为多个虚拟网络,每个虚拟网络可以根据场景的需要进行划分,如延迟、带宽、安全性等,网络切片技术在5G通信架构中的应用如图4-12所示。

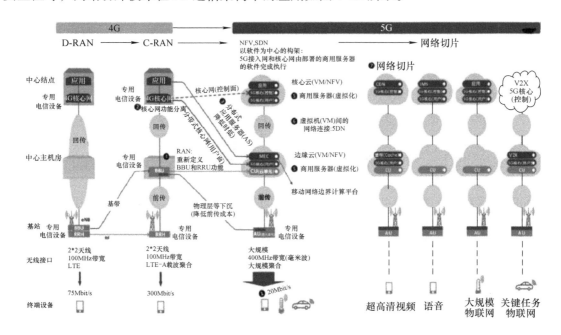

图4-12 网络切片技术在5G通信架构中的应用

研究表明,在网络拥塞领域,网络切片技术可以优先考虑高速、低延迟的汽车通信。为了保证车辆制动技术和联网车辆技术的安全使用,5G核心网的控制层和数据层完全分离,数据计算中心可以灵活分布到边缘,或者直接部署在数据源附近,许多数据不必通过网络传输到云端进行处理,减少了网络负担与延迟,并且数据的安全性和隐私性也得到了提高。

4.2.1.3 D2D通信技术

智能手机、平板电脑和车联网等移动终端已成为当今人们的必需品,移动用户对数据业务的需求迅速增长,但移动网络能够使用的带宽资源却十分有限。要解决业务增长与资源约束之间的矛盾,必须不断探索新的移动通信技术。一种方法是改变传统的网络拓扑结构,采用异构网络,即在部署大功率宏基站时增加一个或多个低功耗基站。另一种方法是在蜂窝网络中引入设备到设备(Device to Device,D2D)通信技术,即距离地面相对较近的移动设备可以直接通信,而无须遵循传统车联网的"设备-基站-设备"通信方法。

在传统的蜂窝通信中,两个用户之间的通信数据需要通过基站传输。而D2D通信是一种短程直接通信技术,对于传统的蜂窝用户来说,链路质量一般较好,两个用户可以直接交换数据而不必经过基站。

在蜂窝网络中引入D2D通信具有以下特点:

1）在传统的蜂窝通信中，从发射端到接收端的通信需要经过上下行链路，而 D2D 通信只需要一个链路就可以完成。此功能的优势如下：

① 为了完成相同的数据传输，D2D 模式只需要传统蜂窝模式一半的频率资源。

② 可节省至少一半的通信时间。

③ D2D 通信还可以减轻基站的负担，特别是在话务量大的小区中，优势尤为明显。

④ 节省信令浪费。

2）一般来说，D2D 通信距离比上下行通信资源短得多，链路质量好，可以节省传输功率。一方面有助于提高系统的能效，另一方面可以降低移动终端的电池消耗。

3）D2D 通信可以重用使用蜂窝通信资源或使用与蜂窝通信正交的频率资源。频谱复用提高了系统频谱利用率。

4）D2D 通信可以独立完成，无须基站参与。这一特性表明，D2D 通信可以作为蜂窝通信的有效补充，并且 D2D 可以用于该漏洞覆盖的某些区域的通信。

D2D 通信技术在蜂窝网络中的应用方法不同于目前的蓝牙、局域网等短程通信技术，具有以下优点：

1）D2D 通信在蜂窝网络中的许可频带中工作。D2D 通信一般在基站的协调下进行，可以保证良好稳定的通信质量和良好的用户体验。

2）D2D 通信通常遵循蜂窝通信协议。在基站的控制下，D2D 用户可以安全可靠地进行通信，但蓝牙等通信技术存在一定的安全隐患。

在蜂窝网络中，D2D 通信技术主要包括以下几点：D2D 通信场景、D2D 通信连接的建立和干扰协调。其中，干扰协调包括功率控制、资源分配和模式选择三个方面。针对 D2D 通信的安全性受到资源限制的问题，可以采用一种基于人工噪声辅助的 D2D 异构蜂窝安全通信方法。首先建立系统的可达隐私率模型，然后在基站的蜂窝通信信号中加入人工噪声，设计蜂窝用户的期望信号和人工噪声的波束向量，使系统的可达隐私率达到最大。同时，基于公平性约束，还可以采用基站功率分配、期望信号预编码矢量和 D2D 功率控制的联合优化算法等。

D2D 通信是一种新型的蜂窝终端直接通信技术，它允许两个用户直接通信而无须经过基站或接入点。与传统的蜂窝通信方式相比，D2D 通信减少了基站或接入点的负载，提高了系统的频谱利用率，延长了设备的电池寿命。将全双工通信技术（图4-13）应用于 D2D 通信可以进一步提高 D2D 通信系统的吞吐量，由于 D2D 用户共享蜂窝频谱，系统中用户间的同信道干扰将极大地影响用户服务质量，从而降低系统容量。

D2D 通信场景可以分为有网络辅助和无网络辅助两种，根据使用的频谱又可以分为许可频谱和非许可频谱。D2D 通信在蜂窝网络中的应用分为以下两种情况：

1）D2D 通信使用许可频谱进行通信而无须网络辅助。这种情况适用于一些没有蜂窝网络覆盖的场合，例如没有蜂窝网络覆盖的室内环境，或者在一些特殊情况下，例如用户区域中的基站不能正常工作。在这种情况下，D2D 通信可用于公共安全、本地通信和其他场景。

2）D2D 通信使用许可频谱并由网络辅助。这种情况适用于蜂窝网络覆盖的情况，其主要目的是提高系统吞吐量，减轻基站负担。

D2D 通信控制方式有以下两种：

1）集中式：D2D 通信连接由基站控制。在这种情况下，简单、可靠和高效的对等点发现方法依赖于网络辅助。

2）分布式：D2D 设备自主完成 D2D 连接的建立和维护，但需要一个类似蓝牙技术的信标信号，并通过复杂的扫描和安全程序建立起来。

4.2.2 5G 通信在车联网领域的应用

4.2.2.1 车联网实施的问题

在车联网中，车辆作为移动通信设备和用户的载体，以拓扑节点的形式组织移动网络拓扑。由于车辆自身的移动性，车载通信具有移动区域受限、网络拓扑变化快、网络频繁接入和中断、节点覆盖范围大、通信环境复杂等特点。

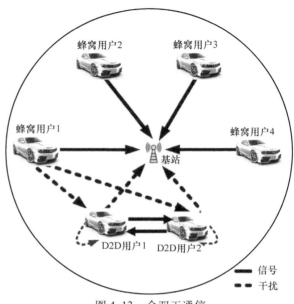

图 4-13 全双工通信

根据车联网的特点，目前车联网的实施存在以下挑战和困难。

1）在架构方面，由于移动互联网通信技术的快速发展，为了满足用户的多功能体验，车联网的架构变得复杂。在车载移动互联网中，路侧单元作为 VANET 无线接入点，将车辆及道路信息上传到互联网上，并发布相关的交通信息。这种车辆-基础设施（V2I）的协作通信模式需要大量的 RSU 支持，增加了建设成本和能耗。

2）在通信方面，车联网存在多种类型的通信网络，这些网络使用不同的标准和协议，数据处理与网络的不完全集成影响了车联网系统的运行效率。虽然 IEEE 802.11p 标准的车载 Ad-hoc 网络通信具有传输距离长、丢包率低、高速运行环境下可靠性高等特点，但其通信质量将受到极其复杂的非视距（NLOS）环境的影响。此外，由于车辆的高速移动，需要快速可靠的网络接入与信息交互，时延限制成为当前车联网面临的重要问题。

3）在安全性方面，车联网中的用户信息将接入网络，随时随地被感知，很容易被干扰和窃取，严重影响了车联网系统的安全性。目前，车联网在每一层都存在不同程度的威胁：在感知层，车载单元（OBU）和 RSU 节点的物理安全、感知信息的无线传输存在隐患；在网络层，数据破坏、数据泄露以及虚假信息等安全和隐私问题存在隐患；在应用层面，也存在由于技术缺陷或管理不当造成的隐患，如身份欺诈和未经授权的操作。

随着第五代移动通信的快速发展，汽车网络在架构、通信、安全等方面的问题得到了改善。5G 移动通信网络将集成大规模天线阵列、超密集网络、终端通道、认知无线电等先进技术，架构更加灵活，可以解决不同应用场景下不同性能指标带来的挑战，使 OBU 能够在高速移动下获得更好的性能。此外，5G 通信技术使车联网不再单独建设基站和服务基础设施。随着 5G 通信技术的应用和普及，给车联网的发展带来了历史性机遇。

未来 5G 通信技术在车联网场景中的应用将使车联网拥有更加灵活的架构和新的系统元素，例如 5G 车载单元、5G 基站、5G 移动终端、5G 云服务器等。除了车内网络、网间网络和车联网上的 V2X 信息交换外，5G 车辆网络还将互连 OBU、基站、移动终端和云服务器。5G 车联网架构的特点主要体现在 OBU 多网接入与融合、OBU 多通道互联网接入以及多身份

5G 基站等。

4.2.2.2 OBU 多网接入与融合

OBU 是一种利用 DSRC 与 RSU 通信的微波装置，也被当作车辆的节点。在电子不停车收费系统（ETC）中，OBU 被装置在汽车上，路边装置 RSU，通过微波相互通信。在 V2I 通信中，当车辆高速通过 RSU 时，OBU 和 RSU 之间采用微波通信。当二者相距 10m 时，ETC 车道计算机就可以识别车辆的准确信息并进行扣费。

在停车场管理中，采用 DSRC 技术可以实现无停车的快速通行，并自动扣除停车费，并增加了智能卡读写器的功能，可以插入带有电子钱包或储值账户的智能卡，从卡中直接扣费。

在 V2V 通信中，车辆主要依靠单跳或多跳进行实时无线 Ad-hoc 通信。在车辆自组织网络的有效范围内，车辆可以直接交换信息。车载移动互联网实现了车辆与云服务器之间的信息交互。车载移动互联网主要涉及两种通信方式：第一种是使用蜂窝网络（3G/4G/5G）通过在 OBU 上加载蜂窝通信设备来直接与云服务器通信；第二种是使用 V2I 通信网络，通过 RSU 间接访问云服务器，并与车辆管理中心进行通信。

OBU 提供的车辆辅助驾驶行为主要分为三个层次：

1）被动信息提供，如后视镜、倒车影像等。信息提供后，驾驶人有意识地获取并分析。

2）主动信息提供，如倒车雷达语音提示、超速提醒等。主动信息是驾驶人采取控制措施的来源。

3）主动和直接的车辆控制，如自动停车和自动驾驶。OBU 和车内电子控制系统可以取代驾驶人对车辆进行智能控制。

由于使用 IEEE 802.11p 协议，主要有两种延迟：一是由于载波感知多址/冲突避免机制（CSMA/CA）的竞争特性，车辆节点退避会造成长延迟；二是由于移动速度快，在 IEEE 802.11p 的有效通信范围内，当车辆节点无法感知中继和目的地节点时，车辆节点将存储当前数据包并且转发，直到找到新的有效中继节点，此时存储和追赶延迟（SAC）可能更长。因此，广域网的通信时延要求尽可能低，否则会造成数据包丢失和性能下降。

5G 移动通信网络将融合超密集组网、大规模天线阵列、终端直通、认知无线电等多种应用场景，以更加灵活的架构解决性能指标差异化带来的问题。特别是在车联网场景下，5G 移动通信技术在车载单元和 RSU 硬件设备及其通信网络中的融合带来了更多的积极影响。在消息传输过程中，车联网通信链路的发送方、中继节点和接收方不仅要保证安全性、保密性和高数据传输速率，还要考虑严格的时延限制。

在目前的车载通信系统中，由于通信数据的密集使用和频繁交换，用户对实时性的要求非常高。然而，由于 V2V 通信在速度、带宽和域名等方面受到 VANETs 的限制，延迟不能达到预期的毫秒级。因此，它不能满足车联网安全互联的时延和可靠性要求。如图 4-14 所示，5G 移动通信技术对车联网通信性能的优化，不仅要考虑现有 IEEE 802.11p 标准下车联网应用服务的兼容性，还要满足未来网络的多种业务需求，以适应高延迟敏感的远程信息处理 V2X 异构网络通信及其不断增长的数据量。低延迟、高可靠性是 5G 新拓展的车联网应用场景的显著特点，主要针对垂直行业的特殊应用需求。支持网状网络、终端直通和多无线电接入技术（RAT）融合，以满足 1ms 空中接口延迟、毫秒级端到端延迟和接近 100% 的高可靠性保证。

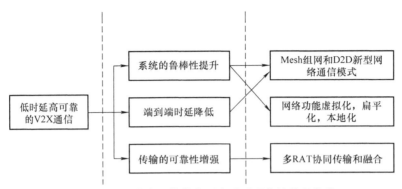

图 4-14　5G 移动通信技术对车联网通信性能的优化

在车载网络中，多个网络共存，包括 WLAN、2G/3G/4G/5G 蜂窝通信、LTE 和基于 IEEE 802.11a/b/g/n/p 标准协议的卫星通信网络。网络在联网车辆的通信中采用不同的标准和协议，数据处理和信息交换也不完全相同。OBU 多网接入与融合如图 4-15 所示，5G 连接车辆将整合多个网络，实现信息和通信的无缝交换。

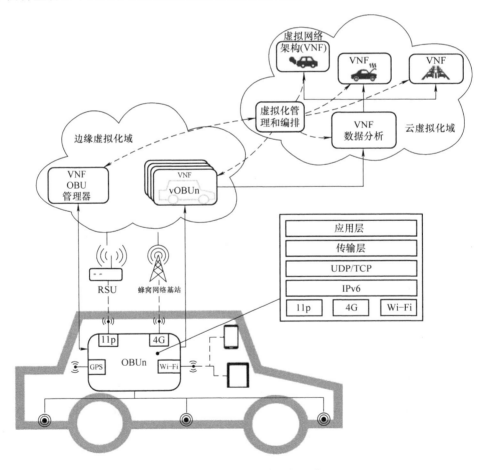

图 4-15　OBU 多网接入与融合

5G移动通信网络是一个包括宏蜂窝层和设备层的两层网络。宏蜂窝层类似于传统蜂窝网络，涉及基站和终端设备之间的直接通信。在设备层通信中，设备到设备（D2D）通信是5G移动通信技术的重要组成部分。它是一种直接在终端之间交换信息而不使用任何网络基础设施的通信方法。根据基站对起点、终点和中继终端节点的资源分配和控制，D2D终端通信方法可分为四类，如图4-16所示。

1）基站控制链路的终端转发。在信号覆盖不良的环境中，终端设备可以通过相邻终端设备的信息转发与基站通信。

2）基站控制链路的终端直接通信。终端之间的信息交换和通信不需要基站的协助，但基站需要控制链路的建立。

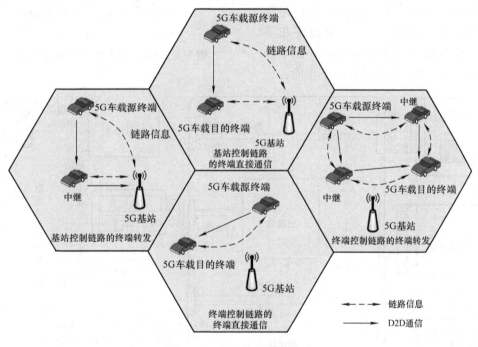

图4-16 D2D终端通信方法

3）终端控制链路的终端转发。基站不参与通信链路的建立与信息交换，源端和目的端通过中继装置协调和控制彼此之间的通信。

4）终端控制链路的终端直接通信。终端之间的通信不需要基站和终端设备的协助，链路的建立可以自行控制，有助于减少设备之间的干扰。

D2D通信方法允许OBU通过复用蜂窝链路的资源直接与附近终端通信，提高了频谱利用率。未来，5G联网车辆D2D通信技术将为联网车辆提供一种新的通信方式。其中，在车载移动互联网中，如图4-17所示，OBU可以通过5G基站或中继（包括相邻的OBU和用户移动终端）直接接入互联网，实现车辆与云服务器的信息交互；在车内网中，为了充分实现用户与车辆之间的人机交互，在不使用基站或其他终端设备的情况下，采用OBU作为与用户5G移动终端通信的媒介。

在基于D2D的通信网络中，5G车载单元可以在网络通信的边缘或在信号拥塞区域建立基于单跳或多跳D2D的Ad-hoc网络，以实现车辆Ad-hoc网络通信。5G车联网将改变基于 IEEE 802.11p 标准的车联网通信方式，如图 4-18 所示，实现 OBU 的多网接入。

5G 基站的大规模部署将使超密集网络能够为用户提供精确定位、辅助终端通信等功能。传统基站作为终端通信的中继站，在数据转发和链路控制中发挥着重要作用。在基于 5G 毫米波的通信网络中，D2D 技术涉及终端和基站（D2B）之间以及基站与基站（B2B）之间的直接通信。其中，D2B 与 B2B 之间的自组织通信将是一个重要突破，这决定了 5G 基站将在不同的角色中发挥至关重要的作用。在车联网应用场景中，5G 基站具有以下功能：

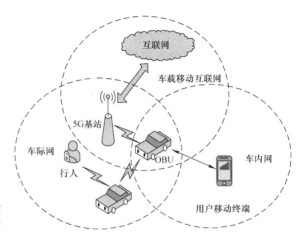

图 4-17　5G 联网车辆 D2D 通信技术

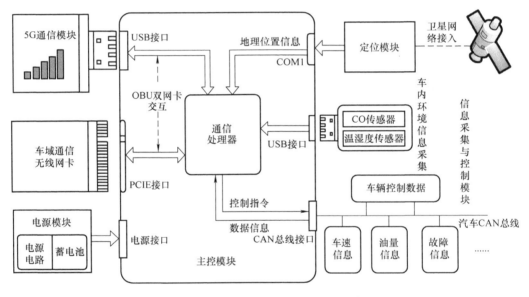

图 4-18　多网接入的 OBU 系统

1）协作中继。5G 基站具备传统基站的中继转发功能，作为无线接入点，协助车辆与互联网进行通信。

2）担当 RSU。在高速运行环境下，车载 Ad－hoc 网络中的 5G 基站将取代 RSU，与 OBU 实时通信，并向车载 Ad－hoc 网络上的车辆广播交通信息，协助车对车通信和多车自组网通信。这不仅节省了联网车辆系统的建设成本，而且解决了 V2I 协同通信系统融合面临的诸多问题。

3）精确定位。作为当前 OBU 的定位系统，GPS 非常脆弱，容易受到欺骗、封锁等各种攻击。此外，GPS 信号易受天气影响，无法实现精确定位。未来 5G 基站的大规模部署将采用更高的频率和信号带宽，实现密集网络和大规模天线阵列，使 OBU 能够在复杂的非定向环境中减少定位误差。D2D 通信充分利用高密度终端设备连接的优势，可以从以下两个方面提高定位性能：

① 大量的 D2D 链路可以为确定车辆之间的伪距提供信号观测。D2D 通信不仅使 OBU 能够接收来自附近车辆和移动终端的信息，而且其信号处理实体（如同步和信道估计单元）可以被复用于信号传输的延迟估计。

② OBU 的 D2D 通信链路直接交换定位所需的数据，可以进一步加快局部决策的速度，优化位置估计过程的收敛时间。

在 5G 移动网络通信中，5G 终端自行控制通信链路的建立，并定期广播身份信息。其他相邻终端及时发现并评估多信道状态信息（CSI），自适应选择当前最优的信道，决定在 5G 终端之间建立直接通信或选择合适的中继转发消息。这种通信方式使得 5G 终端能够以最佳方式交换信息，同时也提高了频谱和能量的利用率。

根据 5G 终端高效、多样的通信方式，OBU 可以通过多种渠道接入互联网。除了现有联网车辆的 V2I 协同通信方式外，OBU 还可以自适应地选择更好的信道质量，通过最近的 5G 基站、5G 车载单元 OBU、5G 移动终端等多个信道接入互联网。

自动驾驶汽车关键部件组成与位置分布如图 4-19 所示，车载终端通过感知无线通信环境获取当前频谱空洞信息，快速接入空闲频谱，并与其他终端进行高效通信；车载终端还可以利用认知无线电技术与其他授权用户共享频谱资源，从而解决无线频谱资源不足的问题。

图 4-19 自动驾驶汽车关键部件组成与位置分布

5G 通信网络可以为每个用户提供每秒千兆比特的数据速率，以满足服务质量要求。相关技术研究表明，30～300GHz 频段的毫米波通信系统能够在 5G 终端之间、终端与基站之间交换信息，具有较好的通信质量。其中，毫米波带宽巨大，可以提供较高的数据传输速率，减少各种环境干扰，降低终端间连接中断的概率，具有更优越的无线链路特性。

5G 为 V2X 通信提供了高速下行和上行数据速率，实现了车辆之间的高质量音频和视频通信，并支持更快车速场景下的车辆通信。然而，5G 远程通信也面临着重大挑战，主要体现在干扰管理、通信安全和行车安全三个方面。

1）干扰管理。5G 蜂窝网络采用了资源复用和资源集约化来提高信号容量和吞吐量，但是也存在共信道干扰问题。基于 D2D 技术，基站作为中继来控制终端和终端之间的直接通信。基站可以进行资源分配和链路管理，实现集中管理，减少干扰问题。然而，对于未来 5G 车载单元之间的直接通信，没有基站作为中继或管理链路，车辆连接通信中的干扰是不可避免的。在基于 D2D 的 V2X 通信场景中，需要从多个角度充分考虑干扰管理问题，适当选择复用信道。

2）通信安全。5G 通信存在严重的安全问题，其常见的窃听节点如图 4-20 所示。例如，在 VANET（车辆自组织网络）中可能存在恶意车辆，这些恶意车辆会通过发送虚假信息欺骗其他车辆，从而造成车辆信息和车主私人信息的泄露。此外，一些恶意车辆还会盗用多种身份，伪造流量场景，影响流量秩序，扰乱网络正常运行，威胁用户生命财产安全。因此，通信安全和隐私保护是联网车辆发展中的一个热点问题。为了支持数据流量的持续增长，5G 无线通信网络需要更高的容量和高效的安全机制。

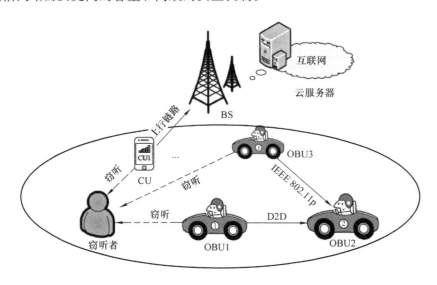

图 4-20　5G 通信中常见的窃听节点

在 5G 网络通信系统中，为了防止假冒终端和中间人的攻击，终端用户和不同接入点之间需要更频繁的认证。多方安全认证主要包括用户移动终端和 5G 车内无线局域网、车与车之间、车与行人之间、车与车之间（5G 移动终端或车内单元）强安全认证。因此，必须采取有效措施，确保通信安全和数据完整性。

在 5G 终端通信中，采用软件定义网络（SDN）技术，根据数据流的敏感度水平，为数据流选择多条传输路径。在接收端，使用私钥从多个网络进行解密和重组来传输路径中的数据流，从而防止隐私在无线接入点泄露。

在物理层，车对车通信中存在多个窃听风险。在未来的 5G 通信中，通信网络中车辆节点的快速连接和中断，如何结合基于香农信息理论的物理层安全技术，提高车辆通信的安全性是亟待解决的问题之一。采用基于物理层安全的密钥分配方法，将安全车辆数据的密钥分配和传输分离开来。在密钥分发阶段，采用相应的物理层安全方案，最大限度地保证密钥分发通道的安全。密钥分发完成后，使用分发的密钥对车载数据进行加密和传输。该方案能够保证密钥分发过程的安全性。在 5G 通信系统中，物理层的安全性通过集成先进的 5G 技术来保证数据的机密性和可靠性。其中，异构网络、大规模多输入多输出、毫米波通信技术在物理层安全方面有着巨大的应用前景。

3）行车安全。驾驶行为分析和预测是安全保障的基础，如何对运动轨迹进行预测和建模是提高交通安全的关键问题。尽管车辆网络拓扑结构变化频繁，数据量持续增加，但车辆运动受到道路拓扑结构、交通规则和驾驶人意图的限制，这都为行为预测提供了可能。OBU 安全接入网与网络层设备的安全互联核心问题是身份认证，但由于每个网络体系结构不同，身份验证方法、密钥管理和安全状况也不同。

在 5G 车联网的异构环境下，各种安全问题复杂多样，需要在车载单元、移动终端、行人、基站和服务器上实现多方认证（图 4-21）。因此，异构融合网络的安全性是 5G 互联车载网络面临的重要挑战。OBU 对面向 5G 的多种业务的并发执行和协同控制，促进了不同安全策略的业务组合，但是也容易带来新的安全风险。此外，OBU 关键服务部件的故障可能导致整体服务瘫痪，从而影响车联网服务的可靠性和可用性。

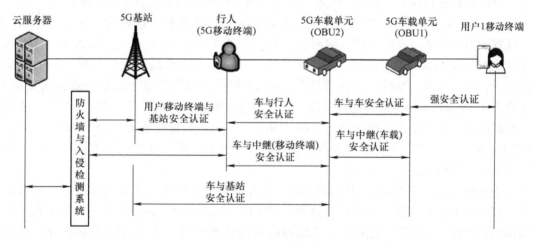

图 4-21　5G 车联网异构环境下的多方认证

LTE-V 的 4G 阶段只能支持部分自主驾驶，5G 汽车联网优化了传统汽车联网的体系结构，提高了 OBU 的通信质量和通信方式，促进了 OBU 智能化、网联化的发展和变革，解决了数据传输速度和容量的问题。随着 5G 时代的到来，5G 超低延迟的优势将提高车联网数据采集的及时性，保证车与人、车与车、车与路的实时信息通信，从而消除无人驾驶的安全风险。

4.2.2.3　5G 通信的车联网应用案例

基于 5G 通信的车联网应用是目前中国自主驾驶的主要技术攻关方向。自主驾驶需要感知、计算和通信技术的全面授权。随着汽车和机器驾驶程度的逐步提高，对汽车感知、决策和执行的自主驾驶要求也越来越高。汽车需要配备传感器，如车载照相机、激光雷达、毫米波雷达、超声波雷达和芯片，并配合远程信息处理和高精度地图辅助。以华为为例，其优势在于构建自己的芯片计算能力和基于通信技术优势的物联网建设。因此，华为汽车业务的目的不是制造汽车，而是依靠自身的计算能力和通信能力，打造先进的自主驾驶解决方案。华为从"端、管、云"三个维度部署了车联网。

1）端。端是车联网的"器官"，主要指智能网联汽车终端，涵盖智能驾驶舱、智能驾驶、智能动力、智能网关等不同场景。华为通过自主研发的人工智能（AI）芯片和基于 AI 芯片的计算平台，推动汽车终端的智能化。2018 年 10 月，华为发布了 AI 芯片昇腾 310 和昇腾 910，以及支持 L4 级自主驾驶能力的计算平台 MDC600。该平台基于 8 颗昇腾 AI 芯片，将集成到奥迪在中国生产的汽车中。2019 年 4 月，华为推出了基于昇腾 AI 芯片的 Atlas 人工智能计算平台。华为正依托自主研发的 AI 芯片和计算平台，加快汽车终端的智能落地。

2）管。管是车联网的"神经"和"血液"。它通过智能网络实现了车与车、车与人、车与路侧单元、车与云的互联与协调。C-V2X 自动驾驶解决方案需要在车载单元和路边单元之间建立稳定可靠的连接，其中基带芯片和通信模块是连接的基础。2013 年，华为发布了一款支持 4G 的车载模块 ME909T，并将其应用于多种车型。2018 年 2 月，华为发布了 4.5G 基带芯片 Balong765，并成功应用于自己的 LTE-V2X 车载终端和 RSU 产品。2019 年 1 月，华为发布 5G 基带芯片 Balong5000，预计支持 5G 通信的车载单元和路边单元也将落地。凭借自身的信息通信技术（ICT）优势，华为已逐步在接入网领域打下坚实基础。

3）云。云是车联网的"大脑"，包括自动驾驶培训系统和车联网云平台，为车联网提供云计算能力和服务。在部署接入网和智能终端的同时，华为也在云上积极部署，主要部署云计算能力并建立 IoV 生态联盟。2017 年 9 月，华为发布了智能云硬件平台 Atlas，主要面向公共云、人工智能、高性能计算等场景。在 2018 年国际消费电子信息与通信博览会上，华为发布了 OceanConnect 车联网云平台，致力于为汽车企业转型提供"四大助力"：连接助力、数据助力、生态助力、进化助力。2018 年 4 月，标致雪铁龙集团（PSA）DS7 Crossback（搭载 OceanConnect 车联网平台的新车型）亮相华为展台。华为正在打造车联网平台，推进车联网生态系统落地。

华为利用大量基于 5G 通信技术的基站，在车联网解决方案中支持自动驾驶大量数据的传输。根据目前智能驾驶行业的试验数据，70% 以上的故障是由网络引起的，其中包括基站替换瞬间信号的"失帧"，也包括网络延迟造成的数据延迟。华为的网络解决方案是通过 iMaster MAE-CN 核心网络管理和控制单元实现的，基于这一核心技术，网络问题就可以得到解决。在算法方面，基于华为云+华为芯片研发能力，也有成熟的解决方案。为了应对道路不交叉等非正常道路的情况，华为根据车辆目前所在的路面情况，在秒级响应时间内绘制一个虚拟的道路标线，并将共享的数据发送到与云连接的其他自动驾驶汽车上形成知识库。同时，根据以上虚拟道路指示，随时更新，例如道路凹陷、障碍物或临时道路指示都会同步更新。这项技术在自动驾驶领域迈出了新的一步，使技术研究不再停留在车辆本身，而是集中在整个道路交通和云端学习。

摄像机和雷达等"视觉"系统的存在并不意味着非视线问题可以得到解决。例如，车辆和行人在交叉路口的对角线上时，便无法被雷达探测到。在 5G 的帮助下，V2X 可以有效解决单车决策时无法处理的非视线问题。在这一阶段，自动驾驶车辆依靠几种不同类型的传感器（如雷达和摄像系统）来检测和推断其周围环境与道路状况，但这些传感器会受到视距（LOS）操作的限制。

Rel-14 C-V2X 可以通过提供 360°非视距（NLOS）感知能力直接通信，弥补了这些传感器的短板，即使在盲区或恶劣天气条件下，V2X 也可以扩展车辆在道路上的检测能力，帮助驾驶人更好地进行预测和决策。基于 Rel-16 5G—NR 的 C-V2X 直接通信技术将使非视距感知能力提高到一个新的水平。5G NR C-V2X 技术的高吞吐量和 URLLC 能力将使自动驾驶车辆能够以高效的方式与其他车辆或道路基础设施直接分享其对道况、道路条件和环境的感知。这些功能旨在帮助它们通过在车辆之间共享高吞吐量传感器数据来模拟真实的周围环境。

在 5G 的支持下，多辆车可以在路网上协同作战，提高编队和决策效率。编队行驶时，领队车辆为有人驾驶车辆或自动驾驶车辆。后方车辆通过 V2X 通信与前方车辆保持实时信息交互，在一定速度下实现稳定的车对车跟踪。以及跟踪、协同自适应巡航、协同紧急制动、协同换道提醒、进出编队等应用。3GPP 定义了从 1ms 到几毫秒的低延迟场景，主要集中在自动驾驶上。自动驾驶中的制动等响应时间是系统响应时间，包括网络云计算处理和车间协商处理时间，以及车辆系统计算和制动处理时间。如果以 100km/h 的速度行驶，所需的制动距离不超过 30cm。从确保安全的角度来看，系统的整体响应时间不能超过 10ms。当然，系统响应时间越短越好，这就需要更小的通信延迟。未来 5G 网络在实现小于 1ms 的通信延迟的同时，可以提供 99.999% 的稳定性，自动驾驶车辆的低延迟场景可以更好地提高效率。

借助 5G NR C-V2X 技术，车辆可以互通它们的意图和计划动作，并通过更好的预见性和决断性，规划更科学的自动驾驶路径。在 V2X 联网车辆的帮助下，驾驶人可以更有效地远离拥堵的道路，减少交通堵塞造成的时间损失。基于 5G NR 的 C-V2X 技术还可以通过 3D 高清地图等实时本地更新，让自动驾驶汽车了解自己的位置，并且更加熟悉周围环境。

目前比较完善的自动驾驶系统主要是基于传感器、雷达和摄像头的各种信息输入。通过人工智能技术的决策，使自动驾驶车辆本身可以在一定条件下行驶。大量的传感器、雷达和照相机是自动驾驶车辆成本的重要组成部分。同时，由于自动驾驶车辆本身的局限性，需要开发更强大的传感器，这反过来又会进一步增加成本。这就要求车辆网络中的 V2X 通信（V2N、V2I、V2V、V2P）提供远超当前传感器感知范围的信息。V2X 可视为远距离"传感器"，它与周围的车辆、道路和基础设施进行通信，以获得更多的信息，大大增强了车辆对周围环境的感知。5G 网络本身具有超大带宽和低延迟的特点，能够实时采集和传输越来越准确的环境信息，并利用云计算能力为车辆自动驾驶决策。因此，在 V2X 技术下，即使车辆本身能够实现部分自动驾驶，也可以通过车联网技术进一步提高性能，降低在单个车辆上部署传感器的成本，降低对高精度传感器的依赖。由于"视觉"系统由摄像机、激光雷达、毫米波雷达和超声波雷达以及 V2X "听觉"系统组成，因此需要高精度地图和基于差分 GPS 的位置传感系统，就像"网格单元"和以制造数据采集管理系统（MDC）为中心的计算系统一样。

高精度地图作为自动驾驶系统的重要组成部分，在自动驾驶车辆感知、定位、决策、规划等模块中发挥着重要作用，也是自动驾驶解决方案的组成部分。从目前 L3 级与 L4 级车的技术方案来看，车辆对周围环境的监控和驾驶控制要求将全面超越驾驶人，传统驾驶人将逐步摆脱车辆在驾驶过程中的实时驾驶与决策责任，因此从实时的角度来看，高精度地图是自动驾驶车辆导航中最安全的预设"轨迹"。

与传统导航地图相比，高精度地图的应用者是车辆的智能驾驶系统，而非驾驶人的视觉读取。因此，其数据表示方法与传统地图不一致，构图方法也不同。二者的区别在于，高精度地图将承担车辆自动驾驶时确保驾驶安全的重要责任。其中，矢量地图信息将是自动驾驶系统所依赖的局部"轨迹"，也是系统读取依赖性的重要组成部分。

在 L3 以上的自动驾驶环境中，车辆必须具备对周围环境的实时感知和决策反馈能力。特征地图需要通过云端实时或定期更新，而矢量地图必须在保证数据正确的前提下稳步更新。在此基础上，与传统的导航地图销售方式相比，高精度地图的持续运营模式将得到显著改善，就像智能手机需要定期升级/更新操作系统和应用程序一样。从安全性的角度来看，高精度地图的存储和修改必须引入分级保护系统。特别是对于矢量地图数据的更新和保护，原始地图厂商的商业责任和地位难以动摇。因此，从更新的方式来看，行业传统的"许可"授权和完全转向基于云的持续支付可能成为高清地图的主要商业模式。

无人驾驶要求 GPS 定位误差不超过一个车道的宽度。差分 GPS 模块为无人 GPS 自动导航系统的实现提供了必要的技术支持。与传统 GPS 技术相比，差分 GPS 是在一个测站对两个目标的观测量、两个测站对一个目标的观测量或一个测站对一个目标的两次观测量之间进行求差，大大提高了 GPS 测量的精度，实现了厘米级定位和 GPS 定位。

对于智能驾驶来说，MDC 就像一颗"心脏"，它为计算提供源源不断的强大动力，而操作系统更像一个致力于设备管理和启用的"大脑"。作为 ICT 领域的领头羊，华为在 2018 年发布了 MDC600，这是一把无人驾驶的"亮剑"。2018 年 10 月 15 日，在华为 2018 年互联大会上，华为发布了一个支持其无人驾驶战略的重要运营商——自动驾驶的移动数据中心（MDC），涵盖芯片、平台、操作系统和开发框架。MDC600 配备了华为最新的 Ascend 芯片，可提供高达 352TOPS/s（万亿次/s）的计算能力，足以满足 L4 级自动驾驶的要求。它可以支持 $-40 \sim 85$°C 的环境温度；端到端能效高达 1TOPS/W；底层硬件平台配备实时操作系统，底层软硬件集成高效优化；内核调度延迟小于 $10\mu s$，内部节点通信延迟小于 1ms，为客户的端到端自动驾驶带来小于 200ms 的低延迟，提高了自动驾驶的安全性。

思 考 题

本章的学习目标你已经达成了吗？请通过思考以下问题的答案进行结果检验。
1. 车载通信技术的挑战有哪几个方面？
2. 车联网通信由哪些技术构成？
3. 什么是宏蜂窝？什么是微蜂窝？什么是智能蜂窝？
4. 蜂窝移动通信有哪些应用场景？
5. 数字蜂窝移动通信已从 1G 发展到 5G，各有什么特点？
6. 物联网的无线通信技术有哪些？
7. 什么是 Wi-Fi？
8. RFID 的组成有哪些？

9. 蓝牙通信技术协议的系统组成有哪些?
10. Zigbee 无线网络一共分为哪 5 层?各有什么特征?
11. 低功耗广域网远程无线通信技术有哪些?各有什么特点?
12. 通信技术接入层有哪些协议?各有哪些特点?
13. 什么是非正交多址接入技术?
14. 5G 网络的技术特点有哪些?
15. 什么是 D2D 通信技术?有哪些技术特征?

第5章 车联网关键技术与应用

学习目标

1. 能够掌握车联网系统技术架构的基本特征与系统组成。
2. 能够说出车联网系统关键技术原理与车载网联系统终端的技术应用。
3. 能够说出智能网联汽车数据采集、传播原理与车辆信息发布、订阅原理。
4. 能够掌握车联网前装与后装车载设备终端的技术原理与应用。
5. 能够掌握车联网电气控制系统常见故障及排查流程与方法。

5.1 车联网技术体系架构

车联网是指装载在车辆上的电子标签通过无线射频等识别技术，实现在信息网络平台上对所有车辆的属性信息和静、动态信息进行提取和有效利用，并根据不同的功能需求对所有车辆的运行状态进行有效的监管和提供综合服务。车联网利用无线通信技术的综合应用、信息网络平台和智能终端设置，实现车与车、车与人、车与道路基础设施之间的实时通信，从而实现高效的信息共享和交换。通过这种方式，可以有效地识别车辆、人员和道路，实现远程智能控制，提供综合交通信息服务，从而缓解城市道路交通拥堵，加强交通安全，减少能源消耗。简单地说，车联网的车内通信为局域网，车辆与车辆之间的通信为车际网，车网与互联网相连，三者基于统一的协议，实现人、车、路、云之间数据互通，并最终实现智能交通、智能汽车、智能驾驶等功能。

5.1.1 车联网技术介绍

5.1.1.1 车联网技术特征

车联网是由车辆位置、速度和路线等信息构成的巨大交互网络，以车内网、车际网和车载移动互联网为基础，主要通过 GPS、RFID、传感器、摄像头图像处理等装置，完成自身环境和状态信息的采集。通过网络技术，车辆可以将自身的信息传输汇聚到中央处理器，再通过计算机技术分析和处理这些信息，从而计算出车辆的最佳路线，并及时获取道路信息。

自动驾驶汽车通过车载摄像机、激光雷达、毫米波雷达、超声波等车载传感器来感知周围的环境，依据所获取的信息来进行决策判断，由适当的工作模型来制定相应的策略，如预测本车与其他车辆、行人等在未来一段时间内的运动状态，并进行避碰路径规划。在规划好路径之后，需要控制车辆沿着期望的轨迹行驶。其关键技术包括环境感知、精准定位、决策与规划、控制与执行、高精地图与车联网 V2X 以及自动驾驶汽车测试与验证技术。人工智能在自动驾驶汽车中的应用包括人工智能在环境感知中的应用、人工智能在决策规划中的应用以及人工智能在车辆控制中的应用。

车联网从体系结构上可以分为感知层、网络层和应用层三层，其中，网络层又分为虚拟层和控制层。车联网是一个强大的网络，它使车辆能够在这个网络中有效地进行通信，车联网架构如图 5-1 所示。

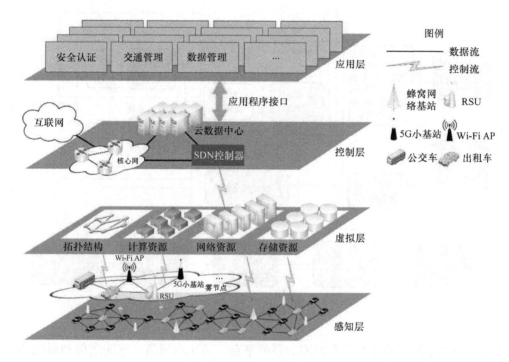

图 5-1　车联网架构

车联网的每辆车是通过车载单元与其他车辆以及固定基站通信的。其中，固定基站称为路侧单元，它可以连接到骨干网，这将允许车辆连接到互联网以获得更高效的服务。根据网络的位置和相应基础设施的提供，车联网将是一个混合网络，在车辆与车辆、路侧单元和无线网络之间进行通信。

车间网络和车云网络的实现需要依托车联网通信技术，从而实现 V2V（车-车）、V2I（车-路）、V2P（车-人）、V2C（车-云）的高效互联。车联网是无人驾驶汽车和智能网联汽车的配套基础设施，也是智能交通的必要前提，整个过程包括车辆位置、行驶速度、路线信息、驾驶人信息、道路拥挤状况、事故信息以及各种多媒体应用。

从应用的角度看，人们出行首先考虑的是安全。车联网通过无线通信连接到网络系统上，从而完成车与车、车与人之间的信息交换，因此从车联网的角度出发，通过碰撞报警系统避开障碍物是可行的。防撞报警系统的信息主要来源于采集的其他车辆信息和所在车辆的行驶信息，同时还借助了汽车雷达等技术。系统在获取相关信息后，根据车辆所在的不同道路对获取的信息进行分析，并使用不同的提示。例如，在转弯处使用从车联网获取的信息判断是否有发生碰撞的可能，给出相应的提示；在街道上，将行驶速度与街道限速进行比较，并提供超速警告,在行驶速度较低但与前车距离较小时自动制动;或在公路上计算车辆及其前后车的制动距离,以获得不会制动后碰撞的安全距离,并使用此功能执行碰撞警告。

从网络角度看,车联网系统是"端、管、云"的三层体系。"端、管、云"是未来信息服务的新架构,展示了未来自动驾驶的端到端综合解决方案,如图5-2所示。

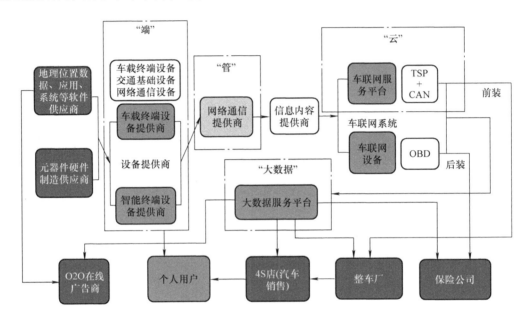

图5-2 "端、管、云"架构

第一层是端系统。端系统是车联网的硬件平台,是车内通信、车间通信和车载移动互联网通信的基础,由多种智能传感器和控制器组成,连接到车辆中央控制系统的传感器负责采集车辆状态和周围环境信息,将其转换为控制中心能够识别和处理的电信号。此外,智能传感器还为车辆提供查找地址和网络可信标识符的能力。

第二层是管系统。所谓的管系统是车-车网络通信的基础,主要解决互联互通问题。通过蜂窝通信技术和短程无线通信车辆的Ad-hoc网络和各种异构网络连接起来,保证了实时有效的检测和控制。通过管系统,车辆自组网与各种网络之间的通信和漫游可以顺利实现,从而保证了功能和性能的实时性和可用性,以及网络的普及性。

第三层是云系统。车联网是基于云的汽车运营信息平台,由于车辆基数大、功能复杂,为了满足生产厂家、企业、政府对大量车辆的管理需求,车对车的网络必须是一个基于云的平台系统。其生态链包括信息技术、物流、货运、汽修及汽配、租赁、企业车辆管理、汽车制造、门店、4S店、车辆管理、保险、应急救援、移动互联网等,都是多源、海量信息的集合。因此,云计算需要虚拟化、安全认证、实时交互和海量存储等功能。其应用系统还围绕着车辆数据采集、计算、调度、监控、管理和应用等复杂系统,主要根据不同用户的需求提供不同的服务,并利用车辆云与车辆信息交互,实现真正便捷的出行。

车联网主要用于安全行车辅助、交通效率管理、改善车载娱乐和互联网应用服务,具体任务分类见表5-1。

表 5-1　车联网任务分类

分类	实例	主要涉及参数
交通安全类	平行辅助、碰撞早期检测、交通信息违规警告、弯道速度警告、紧急制动警告、碰撞警告、左转辅助、车道变更警告、辅助"停车"标志等	车辆特性、速度、加速度、温度、方向、位置、预警信息、车辆路径预测信息、公路几何特征等
交通效率类	旅途规划、路径选择、避免堵车、自动巡航、查找停车位、避免交通事故发生点等	导航信息、全局公用时钟、交通密度、行程时间、停车位信息、城市实时交通状况、指示灯状况、驾驶人偏好等
娱乐应用类	通信交流、服务公告、信息娱乐、支付服务、互联网应用等	文字信息、图片信息、语音信息、视频信息、网页文件等

5.1.1.2　车联网技术架构

从车联网的发展历史来看，车辆运行监控系统长期以来一直是智能交通发展的重点领域。近年来，无线技术如 Wi-Fi、RFID 等也被应用到智能交通管理中，如智能公交定位管理和信号优先、智能停车场管理、车辆和交通信息采集、路桥电子不停车收费、车速计算以及分析等。车联网通信架构如图 5-3 所示，未来将会面临系统功能集成化、数据海量化和高传输速率。车联网的发展主要是通过传感器技术、无线传输技术、数据处理技术和数据集成技术的互补来实现的。

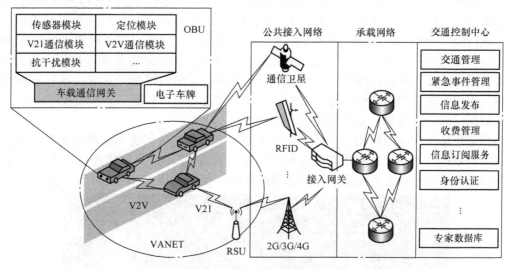

图 5-3　车联网通信架构

车联网技术系统主要由车辆及车载系统、车辆识别系统、路侧设备系统、信息通信网络系统四大系统组成。

1）车辆及车载系统。车辆及车载系统是每辆车和车辆中的各种装置，通过这些设备，车辆不仅可以实时知道自己的位置、方位、行驶距离、速度和加速度等信息，还可以通过各种环境传感器感知外部环境信息，包括温度、湿度、光照、距离等，不仅便于驾驶人及时了解车辆和信息，而且能够及时对外部变化做出响应。此外，这些传感器获取的信息还可以通过无线网络发送到周边车辆、行人和道路，并上传到车联网系统的云计算中心，增强了信息共享能力。

2）车辆识别系统。车辆上的一些标志和外部识别装置构成了车辆识别系统，这些标志主要是 RFID 和图像识别系统。该系统由数字电子汽车标签和汽车自动识别管理系统组成。当电子标签车辆通过时，系统可以检测到车辆信息，大大提高了车辆管理水平。其原理是在每辆车的适当位置逐个安装与车号对应的电子标签，当车辆通过天线查询射频波束时，电子牌照接收来自天线的定向查询射频信号，并将存储的电子信息调制并反射回天线以实现车辆的自动识别和数据管理。

3）路侧设备系统。路侧设备系统将沿交通路网设置，一般安装在热点、交叉路口或道路环境高危区域，通过收集、分析特定地点的不同拥堵路段的信息，为交通参与者提供避免拥堵的建议。路侧设备系统包括主机和射频单元，主机用于在短距离通信中获取系统的配置信息，根据配置信息配置各射频单元，并将各射频单元配置为不同的信道和频率，维护与各射频单元的通信链路；射频单元利用配置好的频道和频率，广播系统信息与车载单元通信，实现车辆识别、电子退单、禁止停车、免费卡等功能。

4）信息通信网络系统。汽车信息通信网络技术是现代汽车电子技术的重要组成部分，子控制单元通过汽车电子网络系统连接，实现通信和网络控制管理。汽车在获得一些信息后，还需要一个信息通信系统来传输各种数据。

根据物联网的体系结构和车联网所能提供的各种网络服务，车联网系统架构可以分为感知层、网络层和应用层三个层次。

1）感知层。感知层是车辆网络的神经末梢，主要负责汽车信息的在线采集和道路交通信息的感知。它通过各种智能传感器，如 RFID 标签、摄像头、红外传感装置、GPS 等，收集与车辆行驶状态相关的信息，以及道路周围的环境信息。感知层需要对周边车辆行驶状况进行感知，如周边车辆的位置、方位、速度、航向角等；需要对道路环境进行沟通和感知，如交通信号灯状态、道路拥堵状态和车道的行驶方向；需要进行车路通信，每个车辆和路侧设施单元需要分发其感知到的信息；另外，还可以通过与后台和第三方应用程序交互，获取更多的数据，如天气数据、总线优先级调度请求等。

与网络传输层和应用层相比，感知层是从技术架构的角度实现车联网的基础。如图 5-4 所示，车辆数据采集主要是利用车内各种传感器，通过 CAN 总线网络连接技术，实时在线采集车内各电子控制单元的数据。车辆的道路环境主要是利用 RFID 读写器、摄像机和各种

图 5-4　车辆数据采集（见彩插）

路边传感器来实现交通路况信息的实时采集。感知层可以使用 RFID 技术来传输数据，负责车辆和道路交通信息的综合感知和采集，实时感知车辆状况，为车联网应用提供全面的原始信息与终端信息服务。

2）网络层。车联网网络层由无线通信网络、有线通信网络、互联网等通信系统组成，其主要功能是帮助车辆实现互联网接入，完成数据分析和处理，以及信息的远距离、大规模传输。在网络层，应用无线通信技术保证数据在车联网中传输的实时性和有效性是信息传输的重要手段。为了实现车联网接入，可以使用 3G、4G、5G、全球微波互连接入（WiMAX）、卫星网络等无线接口，借助相应的软件实现车辆之间的无缝通信。考虑到这些网络在车联网通信中使用不同的标准和协议，数据处理和信息交互不完善，以及无线信道衰落和车辆运动状态的影响，有必要提出一个适合于车联网的网络环境。实现异构车联网环境间通信的无缝切换与互连，是未来车联网无线通信的目标。

感知层采集的实时数据通过车载互联网应用处理层，完成数据分析处理和大规模远程传输。位置信息、驾驶信息、服务信息被快速传输到云计算处理平台中心，然后将云计算平台的决策信息快速传给驾驶人。同时，网络层还可以实现对所连接车辆节点的远程监控和管理功能。主要用于网络层的设备是 Internet CPS 节点，它在传统网络中充当路由器，当然，Internet CPS 节点提供的控制功能在传统路由器中是不可用的，还需要将车联网接入互联网进行协议转换。因为车联网底层使用的网络协议不同于 TCP/IP 协议，通过开发专用的网络架构和协议模型，可以与异构网络协作，在感知层进行数据通信和集成。

网络层可以提供透明的信息传输服务，即实现输入输出数据的聚合、分析、处理和传输。为了实现车、路、云之间的信息共享，有必要考虑开发通用通信协议。网络层通过建立与通信环境特点相适应的网络体系结构和协议模型，将网络环境中不同实体感知到的数据进行集成，以满足业务传输的需要。通过屏蔽应用层的通信网络类型，为应用提供透明的信息传输服务。网络层通过云计算、虚拟化等技术的综合应用，充分利用现有网络资源，为上层应用提供强大的通信信息支持。

3）应用层。应用层的功能是为不同的用户提供不同类型的应用服务，并利用数据服务中心保证云计算中的安全认证和海量数据存储等服务。百度公司车联网应用层服务架构如图 5-5 所示。

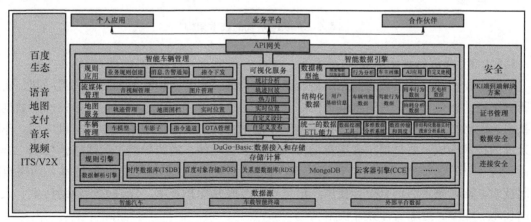

图 5-5　百度公司车联网应用层服务架构

这些各种信息管理应用都要求它是基于现有的网络协议和系统，并且必须兼容未来的网络扩展功能，从而实现车内信息系统对相关社会部门实时动态的交通诱导、应急救援、道路安全事故处理及对策。

应用层使用的设备主要是提供网络服务的服务器和用户使用的车载计算机。车辆网络的各种应用必须与现有网络系统和协议网络扩展能力兼容。车联网在实现智能交通管理、车辆安全控制、交通事件预警等高端功能的同时，还应为车联网用户提供车辆信息查询、信息订阅、事件通知等多种服务功能。此外，还可以利用云计算平台实现新车和省道交通数据的共享，支持新的交通工具、服务形式和业务运营模式。

这三个层次相互支持、相互关联，形成了车联网系统的技术架构（图5-6）。

应用于车联网系统的互联网技术应满足车辆在任何时间、任何地点都能与任何车辆、路边接入点或行人连接，这就要求互联网技术具有自适应性、自配置性、自优化性和自控制性管理能力。移动通信网络主要由无线接入网、核心网和骨干网三部分组成，由于其覆盖范围广、建设成本低、部署方便以及对移动终端的支持，将成为车联网的重要接入方式和为V2V、V2I、V2P之间的通信提供服务的传输载体。

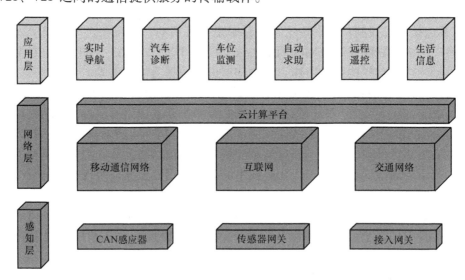

图5-6 车联网系统的技术架构

5.1.1.3 车联网技术组成

车联网技术的核心是交通信息网络控制平台，通过安装在每辆车上的传感器终端，实现对所有车辆的有效监控，并为车辆提供综合服务。它是先进的传感技术、通信技术、数据处理技术、网络技术、自动控制技术和信息发布技术在整个交通管理系统中的有机应用。车联网系统的技术构成主要包括车载影音设备、智能手机软件、地图导航、无线通信技术、智能交通系统（ITS）、RFID、网络与计算技术、智能互联技术、中央信息处理技术、网络自动控制技术、语音技术、信息融合技术、信息安全与隐私保护技术、先进驾驶辅助技术、人机界面技术、OBD、边缘云计算等技术。

（1）车载影音设备 通过车载影音设备，车辆可以实现驾驶人与车辆、车辆与外界的交互，增加驾驶人的用户体验和安全系数，例如车辆维修预约、远程诊断、接听电话、语音控制和车辆救援等。

（2）智能手机软件　驾驶人可以将手机的内容投影到汽车的屏幕上，使车辆智能系统更加灵活、可扩展，给驾驶人带来更方便的体验。

（3）地图导航　很多车辆都配备了导航，但由于版本更新缓慢等问题，实际使用量非常小，大部分驾驶人都会切换到手机应用程序进行操作。

（4）无线通信技术　车联网采用的无线通信技术有中远程无线通信和短程无线通信两种。车联网技术的关键在于它直接决定着信息传输的实时性和有效性。根据不同的通信和交互对象，车联网中的通信场景大致可以分为V2V、V2R和V2I。每种场景针对不同的应用和需求，将使用不同的通信技术，如红外通信、WLAN、DSRC、移动通信网络（蜂窝网络）、地面广播、卫星广播等。

（5）ITS　智能交通系统（ITS）是先进信息技术、数据通信传输技术、电子传感技术、控制技术和计算机技术的有效结合。它可以有效利用现有交通设施，减少交通负荷和环境污染，保证交通安全，提高运输效率。

（6）RFID　RFID可以识别特定目标，并通过无线电信号读写相关数据，无须在识别系统和特定目标之间建立机械或光学接触，主要用于车辆辅助或管理的RFID系统包括ETC、停车场、停车诱导和专用车辆管理。

（7）网络与计算技术　车内各单元模块的通信主要基于CAN总线，由于车载移动节点车辆计算平台安装在高速车辆上，有必要在移动计算环境下开发数据采集与信息融合技术，使车载传感设备与各种交叉路口信号设备无缝连接。通过车对车、车对路、车对数据中心网络系统建立车内数据库，实现车内、车外数据的传输和共享，最终实现交叉路口信号智能控制。

（8）智能互联技术　当两辆车相距较远或被障碍物阻挡，无法完成直接通信时，两车之间的通信可以通过路侧单元传输，形成一个没有中心、没有完整组织的自组织网络。车载自组织网络依靠短程通信技术实现V2V、V2I的通信，它在车辆通信范围内，可以交换自身的速度、位置等信息。典型应用包括交通安全预警、交叉路口辅助驾驶、交通信息发布和基于通信的纵向车辆控制。

（9）中央信息处理技术　车联网中央信息处理技术架构如图5-7所示，包括五个方面。

1）不断提供车辆、路侧固定基础设施和数据控制中心之间的连续数据交换，从而引入移动接入和多源多通道数据和服务的管理。

2）进行交通信息分析和交通状况预测。对各采集端获取的交通信息进行汇总分析，得出某路段或区域的交通状况，并结合过去的历史数据和现有的实时数据预测未来的交通状况。

3）完成多节点交通信息宏观控制技术的研究，包括如何高效地完成高速指挥调度。

4）利用云计算提高适合大容量节点流量调节信息分布计算的计算速度。

5）研究大容量、超大容量流量数据存储技术。目前信息发布技术的研究方向主要集中在实时性、准确性和可服务性方面。

（10）网络自动控制技术　车联网网络自动控制系统如图5-8所示，车联网的所有功能都是在整体网络架构下实现的，因此网络架构不仅要满足当前车联网功能的需求，还要为未来的功能扩展预留空间。此外，车联网网络自动控制的难度也体现在网络突发事件和网络安全方面。目前，汽车上广泛使用的网络包括CAN、LIN和MOST总线，它们具有传输速率

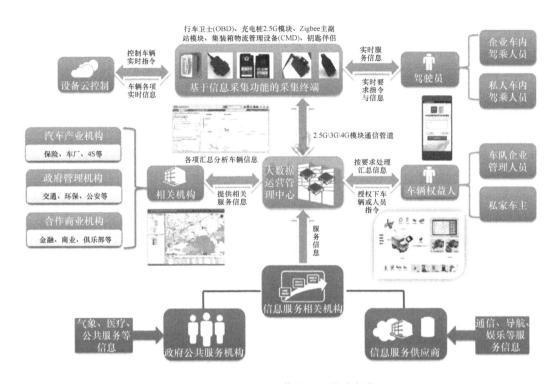

图 5-7　车联网中央信息处理技术架构

小、带宽窄的特点。随着越来越多的高清视频应用进入汽车，如 ADAS、360°全景泊车系统、蓝光 DVD 播放系统等，原有的传输速率和带宽都已经不够。以太网采用 shape 连接架构，每台设备或每条链路可享受 100M 带宽，传输速率可以达到万兆。

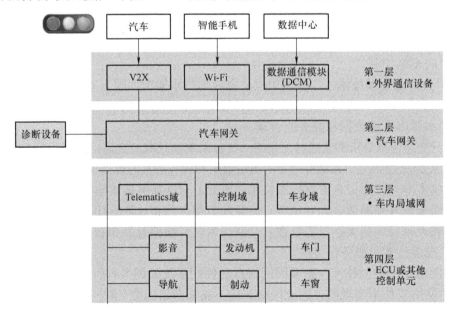

图 5-8　车联网网络自动控制系统

142

(11) 语音技术　计算机领域的关键技术包括自动语音识别技术 (ASR) 和语音合成技术 (TTS), 这是未来人机交互的发展方向。同样, 语音技术也将成为车联网的重要组成部分。WCDMA⊖/LTE 移动通信技术、车内 Wi-Fi 和 3G/4G 安全高速移动通信技术为汽车快速接入互联网提供了可能, 也给移动运营商带来了巨大的利益。车载 Wi-Fi 是现代汽车专用的互联网接入设备, 它将移动车辆转化为移动网络, 运营商在地理信息系统平台的支持下, 通过基于位置服务 (LBS) 获取移动终端用户的位置信息, 为用户提供相应的服务, 让驾驶人或乘客享受无处不在的信息服务。因此, 车载 Wi-Fi 技术和 WCDMA/LTE 移动通信技术将成为智能网联汽车的关键部分。

(12) 信息融合技术　信息融合技术是指利用计算机技术对多源信息进行采集、传输、分析和综合处理, 按照一定的标准将不同数据源在时间和空间上的冗余或互补信息进行组合, 产生完整、准确、及时、有效的通用信息。智能车联网采集和传输的信息种类繁多、规模庞大, 为了保证实时性和准确性, 必须采用信息融合技术。

(13) 信息安全与隐私保护技术　在应用程序中, 每辆车及其所有人的信息将在任何时间和地点被传送到网络中进行感测, 这种暴露在网络中的信息极易被窃取、干扰甚至篡改, 将直接影响智能网联汽车系统的安全性。因此在智能网联汽车中, 必须重视信息安全与隐私保护。

(14) 先进驾驶辅助技术　先进驾驶辅助技术使用安装在汽车上的各种传感器, 在第一时间收集汽车内外的环境数据, 用于静态和动态物体的识别和检测。汽车高级驾驶辅助系统通常包括导航和实时交通系统、电子警察系统、自适应巡航系统、车道偏离警告系统、车道保持系统、防撞或预碰撞系统、夜视系统、自适应灯光控制系统、行人保护系统、自动停车系统、交通标志识别系统、盲点检测系统、驾驶人疲劳检测系统、下坡控制系统和电动汽车报警系统等。

(15) 人机界面技术　语音控制、手势识别和触摸屏技术将在未来的汽车上得到广泛应用。现代汽车人机交互系统越来越重视行车安全, 因此人机界面的设计必须在良好的用户体验和安全之间取得平衡, 而安全永远是第一位的。智能车联网的人机界面应集成车辆控制、功能设置、信息娱乐、导航系统、车载电话等多种功能, 使驾驶人能够快速查询、设置、切换车辆系统的各种信息, 从而使车辆达到理想的运行和操作条件, 未来车内信息显示系统与智能手机将实现无缝连接。宝马智能驾驶控制系统 (iDrive) 人机界面如图 5-9 所示。

图 5-9　宝马 iDrive 人机界面

⊖　WCDMA 指宽带码分多址, 是一种第三代无线通信技术。

(16) OBD OBD 的实际性能是通过监测车辆的动力和排放控制系统来监测车辆的排放。当车辆动力或排放控制系统发生故障,污染量超过设定标准时,故障灯就会亮起。如今,车载诊断系统已集成到检查、维护和管理中,还将进入发动机、变速器等系统的 ECU 读取故障码和其他相关数据。目前,一些车载诊断系统已经集成了 GPS 芯片、加速度传感器等,可以获取驾驶数据。结合手机应用,OBD 可以起到一定的安全作用,并实时监控车辆状况。

(17) 边缘云计算 移动多址边缘云计算是一个开放平台,它将网络、计算、存储和应用的核心功能集成在靠近网络边缘的人、物或数据源的地方。智能边缘服务在敏捷连接、实时业务、数据优化、应用智能、安全和隐私保护等方面满足了行业数字化的关键需求。一般来说,对于车联网场景,多接入边缘计算(MEC)系统有两种构建方法。一种是利用基站侧的多台通用服务器构建的边缘云系统,完成本地流量卸载,并将相关应用植入车联网。二是在基站内部提供一定的计算能力。边缘云提供本地化的云服务,并可以连接到其他网络中的公共云或私有云以实现混合云服务。

边缘云计算可以在基站端下沉本地云平台,为移动终端提供低延迟服务。通过对 LTE 蜂窝网和 MEC 车联网平台的本地计算,可以在紧急情况下向车载 OBU 发出警告等业务驾驶信息。与现有的网络延迟相比,车辆到车辆的延迟可以减少到小于 20ms,大大减少了响应时间。此外,边缘云计算车联网平台还可以实现路径优化分析、行车和停车引导、安全辅助信息推送、区域交通服务指引等功能。

5.1.1.4 基于车联网的智能座舱

在具有车联网系统的车辆中,智能座舱是由不同的座舱电子设备组成的完整系统。智能驾驶舱主要分为五个部分:车载信息娱乐系统、流媒体中央后视镜、抬头显示器(HUD)、全液晶仪表、车联网模块。智能座舱通过多屏融合实现人机交互,以液晶仪表、抬头显示器、中控屏及中控车载信息终端、后座人机界面娱乐屏、车内外后视镜为载体,实现语音控制和手势操作等更智能的交互。未来,有可能将人工智能、AR、ADAS、VR 等技术融入其中。

智能驾驶舱硬件包括传统的中央控制系统和仪表板,以及新加入的人机界面多屏幕,如抬头显示器和后座显示器;软件则由于加入了手势语言在内的交互技术,因此它包含了底层的嵌入式操作系统、软件服务、ADAS 系统和其他应用程序。

智能驾驶舱技术架构如图 5-10 所示,以中央控制平台为基础的智能驾驶舱产业链逐步延伸到液晶仪表、抬头显示、后座娱乐等领域,实现多层次的信息处理操作和独特的人机交互。车载信息娱乐系统(IVI)是智能驾驶舱信息交互的重要载体,它以车身总线系统和互联网服务为基础,形成了一个能够提供导航定位、车身控制、无线通信及车内娱乐等一系列服务的车内综合信息处理系统,具有广阔的应用前景。

随着汽车电气化、智能化、网联化的发展,以及人工智能和自动驾驶技术的突破,车载信息娱乐系统的功能将越来越全面,人机交互也将越来越智能化。

5.1.2 车网联技术应用

5.1.2.1 基于无人驾驶的道路环境感知技术

在车联网体系结构中,车联网感知层是车联网的神经末梢,与网络层和应用层相比,感

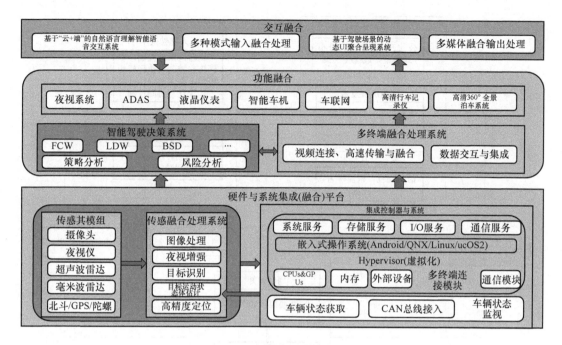

图 5-10　智能驾驶舱技术架构

知层是从技术架构的角度实现汽车联网的基础。在车联网的感知层中，传感器技术和 CAN 总线技术是实现车联网数据采集的关键技术。

1）传感器技术。汽车的大部分部件都是电子控制的，车内传感器是车辆电子控制系统的数据采集装置，可以将车速、发动机转速、各种介质的温度等工作条件转换成电信号去控制系统。通过利用汽车传感器技术精确测量车辆运行过程中的各种工况，使车辆核心部件处于最佳工作状态。随着汽车技术的发展，传感器过去仅用于汽车核心发动机控制系统，现在已扩展到底盘控制系统、车身控制系统和照明电气控制系统等。

2）CAN 总线技术。为了克服更高的信息共享交互和汽车综合布线的瓶颈问题，需要汽车传感器技术和 CAN 总线技术对汽车运行参数和道路交通基础设施进行实时在线采集，并快速感知道路交通基础设施与路况信息，为汽车联网应用层提供数据，以提高车辆行驶的安全性、舒适性，减少汽车工况与运行能耗。因此，汽车传感器技术和 CAN 总线技术被确定为汽车连接层的关键技术。

如图 5-11 所示，智能网联汽车由环境感知层、智能决策层和控制执行层组成。其关键技术主要包括：先进的传感技术，例如利用机器视觉技术（如激光测距系统、红外摄像技术）和雷达（激光、厘米波、毫米波、超声波）探测前方车辆；通信技术（GPS、DSRC、3G/4G/5G），包括多辆智能网联汽车协同驾驶所需的技术、车路协同通信技术，以实现汽车的横向控制与纵向控制。

在车联网技术中，传感器技术是一项非常基础的支撑技术。传感器涉及汽车的各个方面，如车速监测、温湿度、制动、燃油监测等。未来，随着智能化程度的提高，汽车上使用的传感器数量和种类也会增加。在连接的车辆中，涉及的主要传感器如下：

1）车辆运行监测传感器。在目前的车辆中，已经有多种传感器来监测车辆的整体运行

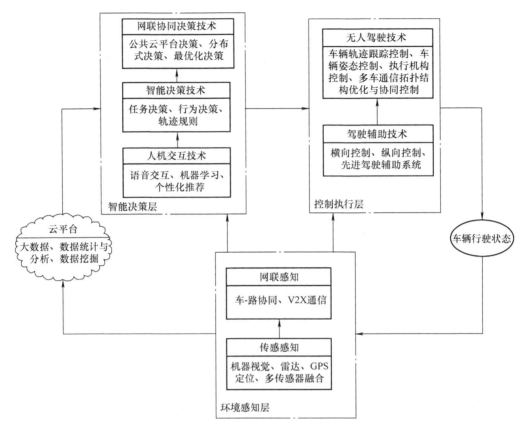

图 5-11 智能网联汽车体系结构

状态，包括空调系统传感器、空气流量传感器（MAF）、进气歧管压力传感器（MAP）、曲轴位置传感器（CKP）、凸轮轴位置传感器（CMP）、发动机冷却液温度传感器（ECT）、进气温度传感器（IAT）、排气温度传感器、节气门开度传感器、爆燃传感器、机油压力传感器、车速传感器、液压油温度传感器等。

2）安全系统传感器。安全传感器主要有碰撞传感器、中央安全气囊传感器、安全带传感器和乘员识别传感器。其中，碰撞传感器分为正面碰撞传感器和侧面碰撞传感器，主要作用是确定汽车发生碰撞时的碰撞强度和方向，然后确定安全气囊是否引爆。

3）超声波传感器。超声波传感器通过模拟蝙蝠的导航模式，利用超声波发射和接收之间的时差来确定障碍物的位置。在未来的全自动和半自动驾驶车辆中，障碍物和车辆之间的距离可以通过超声波传感器来识别。

4）车内图像传感器。图像传感器模拟人的视野，使用多个摄像头合成汽车周围的图像并可以生成三维图像。在车联网应用中，图像传感器除了可以识别距离外，还可以识别红绿灯及标志的颜色和字体等。当其他传感器发生故障时，它也可以作为备用系统来提高安全性。

5）毫米波雷达传感器。毫米波雷达传感器的基本原理是在车辆遇到障碍物时，通过电磁波的反射信号实时反映车辆到障碍物的距离和接近速度。距离雷达可以实时跟踪其他车辆的速度，通过增加自动驾驶的冗余度来提高安全性。

6)激光雷达传感器。激光雷达传感器可以发射不可见的激光,扫描周围环境、探测障碍物、测量距离并生成三维图像。智能网联汽车通过环境感知获取车辆位置、行驶速度、行驶方向等车辆状态信息,利用摄像头、雷达传感器、激光测距仪等采集交通信号、路况、交通状况、行人等数据信息,与LTE-V2X或专用短程通信技术(DSRC)等短程通信技术相结合进行数据传输。

机器视觉和激光雷达技术是实现车辆环境信息采集功能的关键技术,是智能网络连接汽车感知层运行过程中不可缺少的重要组成部分。两者相辅相成,共同构成了车辆的视觉传感系统。机器视觉具有视场宽、横向精度高、成本低等优点,并且不受其他传感器的影响,可以提供更丰富的平面信息,如亮度和深度;但机器视觉易受气候因素(如光线的照射)影响。这项技术一般包括多功能检测驾驶人面部或交通道路标线、立体摄像机检测危险的道路状况、红外摄像机提供夜视辅助。车道检测的目的是检测车辆可以行驶的道路,为智能驾驶决策提供支持。现有的车道检测大多集中在利用卷积神经网络的直接语义分割上,在使用该方法时,应考虑车道的固有几何信息。使用卷积神经网络直接进行语义分割的车道模型训练方法如图5-12所示。

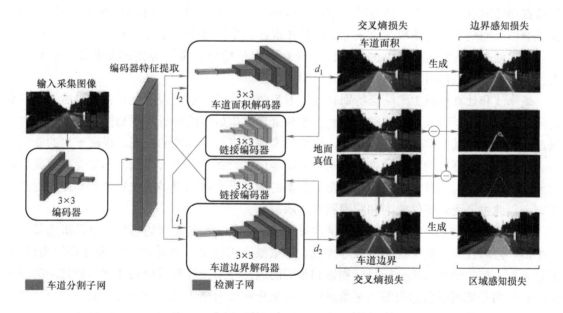

图5-12 使用卷积神经网络直接进行语义分割的车道模型训练方法(见彩插)

该卷积神经网络训练方法首先使用传统的多任务网络结构,同时执行车道分割和车道边界检测。在获得初步的检测结果后,网络将对一个任务的输出结果进行重新转换,形成补充信息,并修改另一个任务的结果。由于这两个任务之间存在着一定的内在联系,校正可以显著提高网络的性能,使网络能够同时关注输入图像中的关键特征和互补特征。同时,根据两个任务之间的几何先验知识,网络引入了不同的损失函数。一方面,车道分割训练受到车道外边界一致性的约束;另一方面,车道边界检测受到车道内区域一致性的约束。提升后的车道精度如图5-13所示。

在整个过程中,车辆必须提前做出交通判断。狭窄的视野不足以使车辆安全地进行平行

图 5-13 提升后的车道精度（见彩插）

运动，因此旋转激光雷达传感器是这些应用的最佳选择，因为它们可以捕捉360°全景。如果自动驾驶车辆使用水平视野有限的传感器，则需要更多的传感器，然后通过车辆的计算机系统将这些传感器收集的数据缝合在一起。

在传统的汽车领域，毫米波雷达负责测量周围目标的方位、距离和速度，实现碰撞报警、自动紧急制动、盲点检测、车道变换辅助等多种辅助驾驶功能。未来的智能网联汽车必须依靠的传感器包括视觉、超声波、毫米波、激光等传感技术。因为不同的传感器具有不同的特点和优缺点，最好的方法是融合它们的信息，从而实现对周围环境更准确可靠的检测。传感器信息的融合不仅体现在汽车上，而且体现在汽车网络中。随着智能网联技术的不断发展，信息融合的内容也变得更加丰富，包括GPS定位信息、雷达等传感器的检测信息、行人位置信息，甚至包括驾驶目的地和路线规划信息。

毫米波和计算机视觉的结合特别有效，因为两者可以在很大程度上互补。当然，更可靠的环境感知取决于引入更多的感官信息。车载毫米波雷达检测车身周围物体的结果信息可以通过通信网络与其他车辆或行人共享，这将极大地促进智能驾驶的实现，提高车辆的安全性能。车载毫米波雷达的缺点是难以识别车道线等信息，且角度分辨率低，容易受到道路目标的干扰。需要指出的是，毫米波技术角分辨率的提高需要增加更多的收发单元和使用更高的带宽，因此主要受到硬件成本和频率资源的限制。

激光雷达是激光、GPS和惯性测量设备的技术组合。与普通雷达相比，激光雷达具有分辨率高、隐蔽性好、抗干扰能力强等优点。车载激光雷达是一种移动式三维激光扫描系统，通过发射和接收激光束来分析目标物体和车辆的返回时间，计算目标物体和车辆之间的相对距离；利用采集到的目标表面、密集点的三维坐标和反射率，快速重建目标的三维模型和各种地图数据，建立三维点云图（图5-14），绘制环境地图，达到环境感知的目的。

激光雷达具有方向性好、测角精度高、不受地杂波影响等优点，可以在低仰角工作。缺点是受恶劣天气、扫描角度和分辨率的影响较大。激光雷达可以快速获取扫描平面上的距离信息以及障碍物的外轮廓，对道路场景中的其他车辆、行人或障碍物、道路边界等信息具有良好的识别和检测效果。

在智能网联汽车中，车辆行驶时需要依靠雷达、视觉、定位等传感器的共同融合，将采集到的环境数据以图像、点云等形式输入并提取出来，并对算法进行处理与融合，从而形成完整的车辆周围驾驶情况图，为驾驶行为决策提供有效依据。

5.1.2.2 基于智能交通与驾驶协同的关键技术

人工智能技术是指运用深度学习、模糊逻辑等方法，通过在大数据环境下的自主学习，

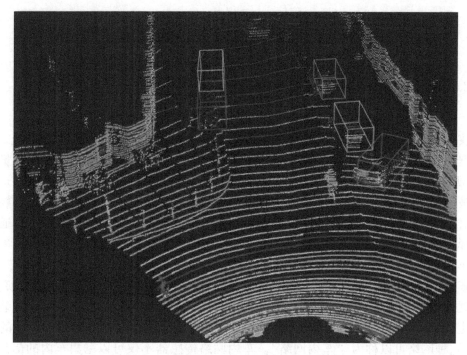

图 5-14 激光雷达的三维点云图（见彩插）

使机器具有一定的智能性，能够理解外部事物并做出预测和决策，从而改善工作效率和个性化服务水平。面对极其复杂多变的不确定道路驾驶环境，具有无人驾驶功能的智能网联汽车需要及时、准确地应对各种情况，并具备自主学习和自主决策的能力，人工智能技术无疑是最好的选择。目前，车联网采用了一种新型的信息采集方式，这种信息采集方式可以利用汽车作为移动传感器来采集交通数据，因此又称浮动车信息采集。

环境感知包括车辆状态感知、道路感知、行人感知、交通信号感知、交通标志感知、交通状况感知和周围车辆感知。其中，车辆状态感知包括车速、行驶方向、行驶状态和车辆位置；道路感知包括道路类型检测、道路标线识别、路况判断、偏离行驶轨迹等；行人感知主要判断车辆前方是否有行人，包括白天行人识别、夜间行人识别，被障碍物遮挡的行人识别等；交通信号感知的主要目的是自动识别交叉路口的信号灯以及决策如何有效地通过交叉路口；交通标志感知主要是识别道路两侧的各种交通标志，如限速、弯道等，以引起驾驶人的注意；交通状况感知主要是检测道路是否发生交通拥堵、交通事故等；为了让车辆选择畅通无阻的路线，对周围车辆的感知主要是检测车辆的前、后、左、右侧，避免碰撞，它还包括检测在十字路口被障碍物阻挡的车辆。

单个传感器不能完成所有的环境感知，为了使车联网提供的道路和环境信息更加智能、可靠，需要集成各种传感器，采用传感器融合技术便可以实现这一目标。

浮动车信息采集技术包括两项关键技术：一是在车身周围分布各种传感器，采用先进的多传感器集成与数据融合技术，将采集到的原始数据转换成实际数据进行传输。二是在不影响车辆安全性能的前提下，加强车身网络、电子集成的建设与改进，以提升一体化的技术性能与智能化的程度。

5.2 车联网前装与后装技术

5.2.1 车联网前装车载设备终端

5.2.1.1 前装车联网设备终端

前装车载终端一般包括车辆的各种低级传感器、智能网联汽车和智能交通系统，它们是所有数据源和分析的基础。在车辆运行过程中，用户在运行过程中经常会涉及大量的信号（无论是开关信号还是模拟信号），并通过 CAN 信号等汽车总线传输大量的数据。这些车辆数据将被连续存储在后端数据库中形成海量数据库，然后由云计算平台对海量数据进行"过滤清洗"，对海量数据进行提取和管理，方便数据分类的形成。数据分析平台通过智能优化选择对数据进行报表类型处理，提取出易于表达和接受的直观情况，并提供给智能管理系统和车辆用户进行优化决策。

汽车包括许多部件，如空调、音响、摄像机、发动机、轮胎等，通过在车辆内部安装传感器，就可以生成关于每个部件工作状态的数据，如图 5-15 所示。例如，可以安装胎压传感器来生成胎压数据并监视轮胎的状态。车内各部件的数据通过网络传输到该车的"神经中枢"，这种网络可以称为"车内网络"。车内网络传感器不仅可以采集车内的信息，还可以采集来自车外的传感器数据，如防撞传感器、感知外部环境变化的传感器、监测路况的传感器等，这些传感器的数据都会关系到车辆的舒适性与安全性。

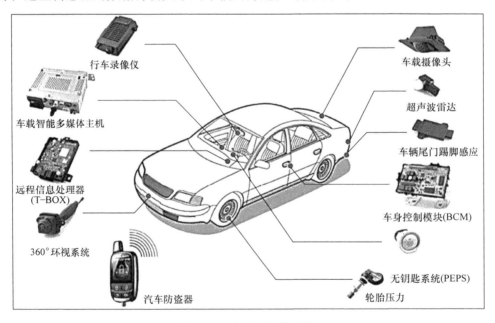

图 5-15　车内网络传感器

当汽车制造商生产汽车时，会在新车上组装车联网设备，通常称为"前装车联网"。例如，福特的 SYNC、通用的 OnStar、上汽集团的 inkaNet、吉利的 iNTEC 以及长安的 Incall 等。车载 T-BOX 主要用于与后台系统/手机应用程序通信，实现手机应用程序的车辆信息显示和控制。用户通过手机应用发送控制命令后，汽车远程服务提供商（TSP）后台会向车辆 T-BOX 盒发送监控请求指令。车辆接收到控制命令后，通过 CAN 总线发送控制信息，实现对车辆的控制。最后，操作结果反馈到用户的移动应用程序中帮助用户远程起动车辆、打开空调、将座椅调整到合适的位置等。

车载 T-BOX 可以接入互联网，使车载设备、车载网络平台、用户的移动应用程序能够与对方的数据进行交互。电动汽车的车联网终端与车内设备的连接如图 5-16 所示。

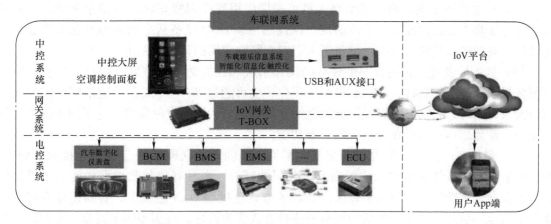

图 5-16 车联网终端与车内设备的连接（电动汽车）

5.2.1.2 后装车联网设备终端

如图 5-17 所示，后装车联网是一种车辆出厂后添加的设备终端，通过车辆的车载诊断接口获取车辆实时数据，并提供车辆信息、驾驶行为分析以及一键导航、紧急救援、车辆安全等物联网售后产品功能。

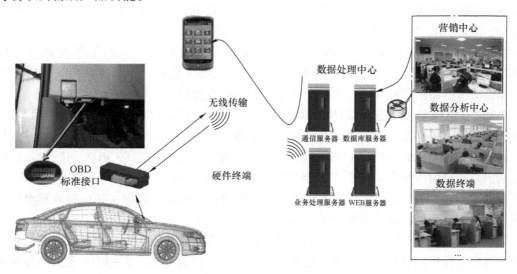

图 5-17 后装车联网

如果后置车辆网络要成功地互连车辆数据，它需要车载网关的支持。基于车联网的汽车售后市场上常见的设备有云电子狗、GPS 定位导航、北斗定位导航、车载诊断系统、智能后视镜、多功能一体机等。

（1）云电子狗　云电子狗又称行车安全警示装置，由硬件系统、通信模块和软件系统所组成，包括雷达、GPS 定位、中央处理器和智能速度预警系统等。

（2）GPS、北斗定位导航　车辆定位是车辆行业互联网的典型应用，也是运营车辆的硬性要求。GPS 和北斗定位设备通过联网卡将定位信息和车辆行驶参数返回指定平台，有点类似手机的通信定位。

（3）车载诊断系统　用户或维修人员可根据应用程序观察车辆运行记录和状态，故障提示可为维修人员提供准确的故障信息。现代的后装 OBD 设备从最初的标准化车辆诊断系统已经扩展到各种功能的应用，满足了人们对车联网应用的多样化需求。

（4）智能后视镜　它拥有一个独立的操作系统和独立的运行空间，用户可以安装第三方服务提供商提供的软件、游戏、导航等程序，也可通过 Wi-Fi 或移动通信网络实现无线网络接入；同时，它也可以提供智能网联汽车驾驶记录、GPS 定位导航、电子测速提醒、倒车视图、蓝牙通话、实时在线影音娱乐等功能。

（5）多功能一体机　作为人机交互的车辆，车辆需要获取车辆信息并连接到 CAN 总线。后装多功能一体机通常无法得到汽车公司的授权，也没有前装载机那样的相关通信协议，因此后装多功能一体机大多以反向破解的方式连接到 CAN 总线上，容易造成系统不稳定和不安全。后装多功能一体机与手机的连接方式多为蓝牙，可实现调节音量、空调温度等简单功能。

5.2.2　T-BOX 车载终端

5.2.2.1　T-BOX 车载终端结构认识

基于 T-BOX 车载终端的车联网系统包含主机、车载 T-BOX、手机 App 及后台系统四个部分。主机主要用于车内的影音娱乐以及车辆信息显示；车载 T-BOX 主要用于与后台系统/手机 App 通信，实现手机 App 的车辆信息显示与控制。

如图 5-18 所示，车载 T-BOX 主要由双路 DC/DC 变换器、双路低压差线性稳压器（LDO）、双核 OBD 模组、主控制器、芯片处理器等元器件组成，外围为 GPRS、GPS、惯性导航和振动传感器供主控调用，预留一路通用异步收发传输器。

车载 T-BOX 与主机通过 CAN 总线通信，实现指令与信息的传递，包括车辆状态信息、按键状态信息、控制指令等；通过音频连接，实现双方共用送话器与受话器输出。T-BOX 与手机 App 是通过后台系统以数据链路的形式进行双向间接通信。T-BOX 与后台系统的通信包括语音和短信两种形式，后者主要实现一键导航及远程控制功能。ACC 熄火后，为了保证车载 T-BOX 工作电流更低，通信模块将会断开数据链路，仅保留短信接收和电话打入功能，只有在远程控制时才需要发送短信。

车辆与车联网平台可以通过安装的移动通信网卡将车载 T-BOX 盒接入互联网，并将车辆的实时状态数据以消息的形式报告给车联网平台，平台会主动向 T-BOX 盒发出控制车辆的指令。

车辆向连接的车辆平台报告的上行数据包括车辆状态（运行模式、速度、里程、档位、加速踏板行程值、制动踏板状态）、定位数据（经度、纬度、速度等）、车身控制模块状态（中控锁、行李舱、车窗、车灯、喇叭、车门和其他车身部件状态）、空调状态（AC 状态、

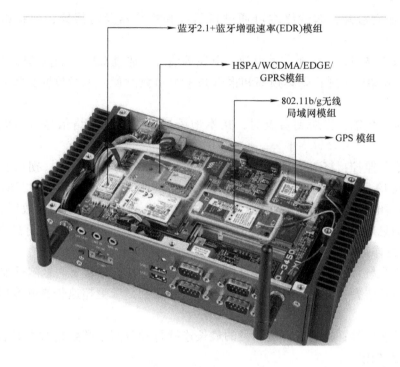

图 5-18 车载 T – BOX

PTC、循环、风向、风量等)。上报数据的主要方法如下：

1) 定期上报：每隔一段时间 T – BOX 主动上报车辆的状态数据。

2) 触发上报：当车辆的某些状态数据发生变化时，T – BOX 上报车辆数据，例如车辆起动时。

3) 即时召读：车联网平台主动查询数据，下发数据采集指令，T – BOX 即时反馈车辆状态数据。

4) 反馈上报：通过车联网平台发布控制指令后，反馈指令执行结果。

车联网平台向车辆发出的下行指令主要包括车辆控制（门、窗、空调、中控、灯、行李舱、电机等开关控制）、空调控制（开关、风速、冷热、风向、风量等），分为以下三个步骤：

1) 车联网平台向 T – BOX 下发指令。

2) T – BOX 向车辆系统下发指令。

3) 执行结果反馈至连接的车联网平台。

T – BOX 一般分为两种：一种是汽车级，另一种是工业级，二者的主要区别在于工作温度范围。T – BOX 工业级工作温度一般为 – 30 ~ 70℃；汽车级工作温度一般为 – 40 ~ 85℃，每个汽车公司的定义不同。

T – BOX 的控制主板主要由 4G/5G 模组、主芯片、全球导航卫星系统（GNSS）模块、eMMC 存储模块、蓄电池模块、Wi – Fi + BT 模块、安全模块、重力传感器（G – sensor）、OTA 升级、远程诊断等元件组成，可以实现的功能如下：

1) 上电自检：包括电源状态、通信模块工作状态、定位模块工作状态、车辆信号接口状态等自检；如有故障，车辆终端可通过指示灯和蜂鸣器及时报警，并将检测结果报告后台。

2）数据采集与报告：电机、蓄电池、电控等信息可通过 CAN 总线采集，其他信息可通过 AD 或 IO 输入端口扩展；采集频率和报告频率由参数设置，一般数据和故障数据的频率分别管理和使用。

3）盲区补充传输：当遇到盲点时，在本地缓冲数据；当网络信号复位时，补充缓冲数据。

4）实时定位监控：将时间、位置、速度、里程、状态等信息定时、拐点上报。

5）蓄电池信息监测与报警：实时监测蓄电池荷电状态（SOC），蓄电池健康度（SOH）、单体蓄电池基本信息、蓄电池温度及故障信息，并计算电量消耗数据。

6）载重信息监测与报警（需前装称重传感器）：实时监测物流车载荷状态并上报；对于超载情况进行详细记录与告警，并上报监控中心。

7）行驶里程统计：统计单次行驶里程、单次充电行驶里程和车辆总体行驶里程。

8）终端超速告警：达到或超过预设的最高速度限制，产生超速告警并及时将告警信息上报监控中心。

9）疲劳驾驶告警：达到或超过预设的最长连续行驶时间，产生超时驾驶告警并及时将告警信息上报监控中心。

10）偏离线路告警：车辆偏离预设的线路，会产生偏离线路告警并及时将告警信息上报监控中心。

11）电子围栏告警：当车辆驶入或驶出预设的禁行区域时，会产生驶入、驶出报警并及时将告警信息上报监控中心。

12）休眠与唤醒：当车辆熄火后，T-BOX 进入休眠状态。车载充电等 CAN 总线操作会唤醒 T-BOX 对车辆状态进行监测；监控中心也可以通过短信方式唤醒 T-BOX。

13）USB 诊断：可外接 T-BOX 专用诊断仪，实现类似 OBD 的车辆诊断功能，并可以通过 USB 接口与车机通信（比如导航信息、天气信息等），保证车机联网。

14）远程控车：监控中心可以对车辆进行远程停车控制。

15）智能电源控制：可设置设备在特定条件下休眠，进入省电模式。

16）丰富外围接口：预留 2 路串口，其中 1 路 RS-232，1 路 UART。可外接串口显示屏、红外读写头、温度传感器等多种外设。

17）控制信号输出：1 个控制信号输出接口，可控制蜂鸣器。

18）行驶记录仪功能：对车辆行驶状态数据进行保存与上报。

19）TF 卡[⊖]数据采集：支持 TF 卡采集详尽的行驶记录数据。

20）CAN 总线接口：支持 2 路 CAN，可透明传送与采集汽车 CAN 总线数据。

21）软件远程在线升级：监控中心可以对在线的设备进行远程升级。

22）本地存储：存储频率满足 10Hz（故障时为 100Hz），支持实时存储 360h 的数据。当存储空间不足时，新的存储数据能够对旧的数据完成自动覆盖；当车辆发生严重故障时，可以存储故障发生前后约 30s 的原始 CAN 报文。

⊖ TF 卡指 Trans-Flash Card，又称 Micro SD 卡，是一种极细小的快闪存储器卡。

23）备用蓄电池：当终端主电源异常断路时，可通过备用蓄电池续驶至少30min。

24）bCALL（道路救援）和eCALL（医疗救援）：当车辆发生故障时，通过一键呼叫，连接呼叫中心，请求救援服务。

T-BOX向外发送CAN数据有两种情况：接收到远程遥控指令、与主机交互。如图5-19所示，车载T-BOX可以深度读取CAN总线数据和私有协议。T-BOX终端具有双核处理OBD模块和双核处理CPU架构，分别对相关总线数据和私有协议进行反向控制，并通过GPRS网络将数据传输到云服务器，提供车况报告、驾驶报告、油耗统计、故障提醒、违章查询、位置轨迹、驾驶行为、安全防盗、预约服务、远程找车等服务，还可以利用手机控制车门、车窗、车灯、门锁、喇叭、双闪、后视镜折叠、天窗、监控中控警告和安全气囊等状态。

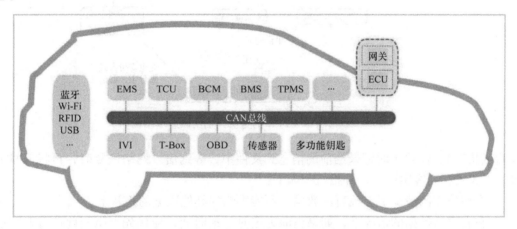

图5-19 车载T-BOX与CAN总线私有协议

CAN总线用于将汽车的T-BOX盒与各种ECU连接起来，可以实现对车辆的远程控制、远程查询和安全服务，但是也给汽车带来了更多的信息安全隐患。传统的CAN总线只在车内进行数据交换和信息传输，与外部网络没有联系，安全指数高。随着智能车联网时代的到来，T-BOX作为智能网联汽车的联网设备，拥有更多的外部接入点，其数据传输和信息验证过程极易受到黑客攻击。因此，CAN总线的安全性已成为汽车行业亟待解决的主要问题之一。网络黑客可以利用系统漏洞远程控制汽车的多媒体系统，然后攻击控制器，获得向CAN总线远程发送命令的权限，达到远程控制动力系统和制动系统的目的，严重威胁驾驶人的人身安全。例如在用户不知情的情况下降低汽车的行驶速度、关闭汽车发动机、突然制动或使制动器失灵。

5.2.2.2　T-BOX与车辆、手机的通信方式

T-BOX车载终端可以提供远程控制、流媒体服务、在线升级等功能。远程控制功能指车主通过点击手机App中相应的远程控制功能指令进行远程操作，操作整体流程是车主在手机端点击远程控制功能按键，指令通过无线传输网络发送给云平台，云平台通过无线网络传送给车载T-BOX，车载T-BOX完成CAN网络相关节点动作后，将操作结果上传回云平台，云平台再将消息发送回手机App提示车主。例如，基于T-BOX的身份识别网联终端结构如图5-20所示。

T-BOX终端设备根据上报间隔时间判断是否需要上传当前的状态信息。当无信号网络

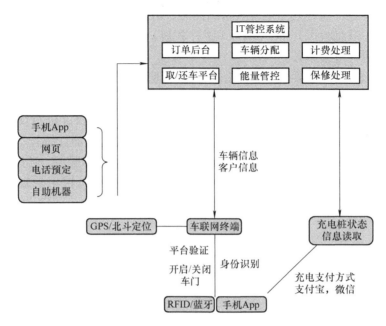

图 5-20 基于 T-BOX 的身份识别网联终端结构

时（盲区状态），需要定时记录当前的信息到文件中，等到信号网络恢复时，再将信息通过补报的方式发送到客服中心，补报机制如下：

1）在通信空闲情况下上报盲区数据，不能影响到其他数据的正常上传。

2）在有盲区数据的情况下，如果当前为定时上报时间，应优先上报当前位置及状态信息，盲区数据在空闲状态下上报。

3）ACC 熄火时不上报当前位置信息，有盲区数据的时候才上报盲区数据。

4）设置参数需保存到对应参数文件中，车载终端内部存储介质应满足至少 7 天的内部数据存储容量。当车载终端内部存储介质存储满时，应具备内部存储数据的自动覆盖功能。当车载终端断电停止工作时，数据不丢失。

5）盲区数据保存后掉电不丢失，车载终端重新上电后能继续补报数据。

6）定时上报数据（包括盲区数据）为产生数据时的车辆实时位置及状态信息。

7）定时上报设置时间默认为 1min，设置时间范围为 0~3600s，当设置为 0 时表示关闭该功能。

8）上报定位数据包，上报数据不需要中心回复。

除了车载 T-BOX，车联网系统还有两大组成部分，分别是云平台和手机 App。

云平台的功能主要是打通车与云端、车与移动端、云端与移动端之间的信息互联互通，实现对车的实时监控和远程操控功能。云平台采用的是浏览器/服务器（B/S）架构，B/S 架构的客户端可以被看作成一个 Web 浏览器，主要进行事件的逻辑和数据处理。云平台通过下位机发送一些车辆数据到上位机，上位机结合 GIS 技术，实现对车辆行驶记录的监控、查询统计和数据分析。

手机 App 远程控制终端如图 5-21 所示，用户可以通过手机查看车辆的实时情况，以及远程操控车辆如开启/关闭空调、打开/关闭四门锁、远程降窗、远程诊断、开启/关闭刮水器等,为出行提前营造好舒适驾驶环境。

图 5-21 手机 App 远程控制终端

5.2.3 GPS 车载终端

GPS 车载终端是依靠卫星定位、地理信息、无线通信等技术手段,实时掌握车辆位置和状态,提供调度管理信息的综合软硬件系统。该系统主要由车载 GPS 监控终端、通信网络、调度监控中心三部分组成,其中车载 GPS 监控终端主要负责接收和发送 GPS 定位信息、状态信息和控制信息;通信网络是实现车辆及调度监控中心信息交换的载体,一般是指 GSM/GPRS/CDMA 基站和因特网;调度监控中心是整个信息系统的通信核心,负责与车载 GPS 监控终端的信息交换与各类内容和控制信息的分类、记录、转发。

基于北斗/GPS 双模定位的车载智能终端硬件框图如图 5-22 所示。其中,主控单元包括 MCU、外部 Flash、同步动态随机存储器(SDRAM)和外围时钟电路。车辆数据采集单元包括高速 CAN 总线、低速 CAN 总线、开关和模拟采集接口,对于大多数车辆,这些量可以完全覆盖车辆状态的变量;车辆数据采集单元还具有加速度传感器和振动传感器,能独立测量车辆加速度并感知车辆状态。通信板集成了北斗/GPS 双模卫星定位模块和 GSM/GPRS 无线通信模块,通过串行接口接收主控单元的控制和数据通信。

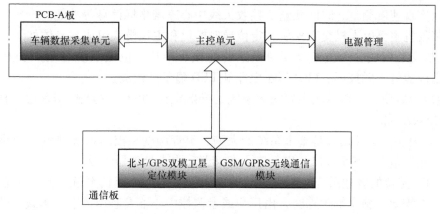

图 5-22 基于北斗/GPS 双模定位的车载智能终端硬件框图

车载 GPS 智能终端的功能主要有车辆定位、与 ITS 控制中心通信、报警、车内监听、控制车辆熄火、显示调度信息等。此外，车载 GPS 智能终端还可以根据用户需求实现其他功能，如拨打车载电话、限制车辆行驶里程和行驶时间、监控车辆行驶轨迹等。

现有车载 GPS 短消息系统的通信主要采用 GSM 短消息方式实现。车载 GPS 信息机通过 GPS 设备实时采集和计算车辆的位置信息，处理后的信息通过短信定期发送到相应的业务提供商（SP）或监控中心指定号码，监控中心通过 SP 或指定号码接收相应的车辆 GPS 信息。

车载设备接收 GPS 卫星发送的信息，经过数据处理后，通过无线通信将数据传送到调度中心，并在电子地图上显示相应位置。这样，调度中心可以随时跟踪车辆的当前位置、速度和方向，实时完成车辆信息的采集和车辆的调度指挥。

GPS 车辆定位导航系统由 GPS 定位系统、电子地图和嵌入式系统组成。车载导航系统接收 GPS 发送的卫星信号，获取车辆的实时位置，然后通过 GPS 信号处理系统发送给主机，并与嵌入式系统上的地理数据库配合，在显示屏上显示车辆的行驶轨迹。利用 GPS 信号处理系统设备驱动程序和地理信息系统数据库这两种技术，可以实现 GPS 汽车导航定位，其中地理信息系统数据库用于存储地理信息、显示电子地图、导航定位和查询地理信息。

车辆定位导航系统的软件部分主要分为以下三个部分：

1）GPS 数据接收与处理。GPS 接收机采集定位所需的经纬度信息、速度、时间等信息，并通过串行接口将采集到的信息传送给车载计算机。车载定位导航系统对采集到的数据进行分析后，可以准确地得到用户的实时位置。

2）GPS 与 GIS 数据通信与集成。利用数据交换实现 GPS 与 GIS 数据通信，并将数据集成到这两个不同的系统中，然后在电子地图的背景下，最终实时显示导航定位信息。

3）GPS 信号与电子地图匹配。正常情况下，车辆在行驶过程中不会离开道路。因此，将现场库中存储的道路数据与 GPS 定位结果相结合，根据一定的算法将车辆定位结果强制附着在道路上，实现 GPS 信号与电子地图的匹配。

硬件部分主要是 GPS 接收机，它可以解码、分离导航信息、进行相位和伪距测量。GPS 接收机包含了定位所需的大量关键信息，如接收天线到卫星的伪距和距离的变化，然后计算出卫星的轨道数据等信息。在此基础上，接收器中的微处理单元可以通过特定的方法获得纬度、经度、速度、高度和时间等信息。在世界任何一个地方，在至少四颗卫星的信号覆盖下，都可以实现速度测量、时间测量、接收天线中心三维坐标计算等功能。

GPS 接收机主要由人机交互模块、定位导航模块和主控模块组成，具体如下：

1）人机交互模块。人机交互模块是系统的核心模块，也是系统与用户交互的直接模块，主要由键盘灯、触摸屏、LED 指示电路和 LED 显示屏组成。

2）定位导航模块。该模块主要完成系统的导航定位功能，主要由 GPS 定位模块和 GPSOne 定位模块组成。

3）主控模块。主控模块是整个系统的大脑，负责调度和控制系统的各个功能模块，主要由复位电路、电源、SPI 接口、串行口、存储器和中央处理器组成。

车载 GPS 定位的管理系统一般由车载终端、GSM/GPRS 通信系统、监控中心以及直接用户构成。在需要实施车辆跟踪时，由用户或者监控中心下发监控请求，车载终端将按照要求回复指定的信息，或者通过 GPRS 模块建立 TCP/IP 通道来实时监控车辆。车辆报告的信息包括车辆的位置、速度、附近的基站代码以及车辆状态信息。

目前车载监控终端使用的是技术成熟、应用广泛的 GSM/GPRS 网络与以太网络来实现无线网络的远程监控。根据数据传输方式的不同，车载终端可以采取短信息（SMS）、打电话以及 GPRS 控制的方式实现监控。图 5-23 所示为基于以太网的 GPS 接收机结构原理。

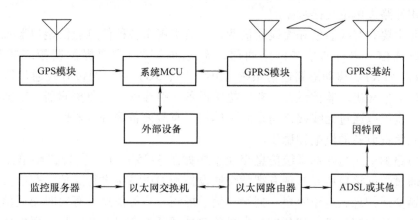

图 5-23　基于以太网的 GPS 接收机结构原理

为保证车载无线防盗产品的运行，监控网络的各个环节必须能够可靠地传输数据。基于 GPRS 网络，车载终端机就可以与全球最大的网络——因特网建立连接，因此监控服务器可以位于世界的任何角落，只要它与因特网连接即可，使车载终端的信息汇报脱离了地区性的限制。为了使监控服务器能够安全、可靠的工作，需要使用一个以太网路由器以软件的方式隔离监控服务器与因特网，避免服务器直接面向因特网，进而有效防止网络黑客的攻击。

5.2.4　RSU 终端

5.2.4.1　RSU 的组成

如图 5-24 所示，智慧交通路侧单元（RSU）由智慧控制主机单元（IHU）、数据接口单元（DU）、通信单元（CU）和供电单元（PU）组成。智慧控制主机单元负责处理各种类型的感知交通信息，包括交通事件、交通天气、交通流量等，经过前端计算处理后，通过通信单元向路侧设备、车辆等指定对象发送道路通行通知、安全警示等信息，优化交叉口信号配时，为行人提供合理的出行指导信息。

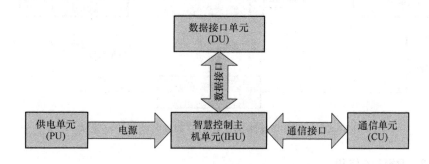

图 5-24　智慧交通路侧单元组成

数据接口单元负责接收各种智能前端设备上传的数据,如卡口、电子警察上传的交通数据、非法数据,以及信号机上传的执行计划、倒计时等信息;负责接收各级中心发布的道路阻塞等交通信息,将其转换为标准数据格式并提供给智能控制主机单元进行后续处理;还负责与中央和相邻路边单位交换数据。

通信单元主要有有线通信和无线通信两种,负责提供各种信息通信接口形式。有线通信接口提供光纤通信、串行通信和网络通信;无线通信接口主要提供调频广播和短程通信(DSRC、LTE-V2X)。移动链路通信系统(3G、4G、5G)可以通过有线通信接口与路侧设备通信,例如与信号机、监控设备、非法抢拍设备、引导屏、气象探测器、变速限位卡等进行数据通信,也可以通过无线接口与车载一体机、车载设备等进行通信。

供电单元负责设备的供电和稳压。

智慧交通路侧单元与外部系统信息交换架构如图5-25所示。实现路侧单元相关功能的技术原理是通过数据接口单元与现有智慧交通设备和中央系统进行通信,获取实时路况、交通事件、车辆交通信息、道路阻塞、拥堵、信号控制方案等信息,等实时交通信息转换成标准数据提供给智慧控制主机。智慧控制主机负责处理这些实时交通信息,根据信息的重要性和紧迫性匹配各种交通方案,并向其他智慧交通路侧单元提供预警信息和结果信息。各级管理中心通过通信单元向车载单元发布出行信息、安全警示等信息,向路边智慧交通设备提供控制信息,向红绿灯发布信号控制指令,向诱导屏幕发布导航信息等。

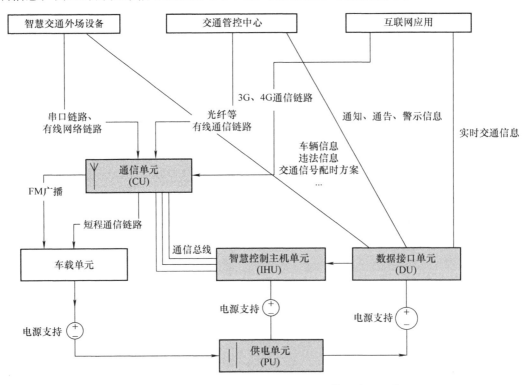

图5-25 智慧交通路侧单元与外部系统信息交换架构

5.2.4.2 RSU的作用

1)监测道路异常状况并发布信息。RSU可以连接道路上现有的电子设备,例如信号灯和摄像机，以获得相应的数据，并将其上传到云端或发布到车辆，从而实现车路交通的智能化。公路上的 RSU 集成了一个传感单元，与高清摄像头和微波雷达相连，可以检测和识别路面上的异常情况，如行人或动物入侵、紧急车道停车、车辆逆行、车辆故障、交通事故或大雾、落石、结冰等，这些信息可以实时上传到云端，并发布到装有车载终端的车辆上，避免车辆前往异常道路。

2）为过往车辆提供差异定位。不管是 GPS 还是北斗，卫星和定位终端都不能用于精确定位，还需要地面的一个固定点，即差分基站。这三点可以形成相对准确的位置信息。而 RSU 是固定的，也可以参与车辆定位。这就相当于在原有三点定位的基础上，又增加了一个固定点，自然可以实现更精确的定位。因此，RSU 可以作为差分定位基站，对过往车辆进行高精度定位。

3）制造数据冗余。如果没有 RUS，实际也可以定位车辆位置。因为增加了 RSU，所以增加了一部分数据，而额外的数据使定位更加准确可靠，这就是数据冗余产生的作用。

5.2.4.3 RSU 的接口

智慧交通路侧单元接口主要分为数据接口与通信接口。

（1）数据接口

1）交通流量接口：从各类检测器（视频检测器、地磁检测器、雷达检测器、卡口电警设备等）接收上报流量数据，主机单元进行汇总融合后，提供给信号机实现控制策略。

2）交通事件接口：接收从视频事件检测器、交通信息中心发布的交通事件信息。

3）信号配时方案接口：从信号机接口接收信号配时方案，根据流量变化情况，优化信号配时方案，向信号机发送优化后的配时方案。

4）交通广播信息接口：通过 FM 广播等方式，向路侧车端发送调频信号，发布交通广播信息。

5）特殊车辆通过信息接口：在路口电子标识识读器、视频检测器等设置特殊车辆信息判断规则，从而接收特殊车辆通过检测点位信息。

6）交通违法信息接口：接收从路口、路段交通违法检测器、区间测速卡口等检测到的车辆交通违法信息。

（2）通信接口

1）FM 广播：通过定向广播方式，向过往车辆发布出行提示、警示信息。

2）短程通信：通过 LTE – V、DSRC 等短程通信方式，建立车路通信连接，根据路况情况实时提供优化的驾驶路线，缓解交通压力。

3）移动网络通信：通过 3G、4G 无线通信模块与互联网应用（高德、百度等）进行通信，相互交换数据。

4）光纤通信：通过路口光纤与其他相邻路口相连，实现路口与路口之间的路侧单元通信。

5）以太网通信：通过网线接口，与路口机柜其他设备实现数据通信。

6）串口通信：通过串口接口，与路口信号机、诱导屏进行通信。

5.2.4.4 RSU 与 OBU 的通信

路侧单元（RSU），利用 DSRC 技术与车载单元（OBU）进行通信，实现车辆识别和信息交互。在高速公路和停车场的管理中，通过在路边安装 RSU，建立起无人值守、快速专用车道。RSU 由一个高增益定向波束控制读写天线和一个射频控制器组成，高增益定向波束控制读写天线是一个微波收发模块，负责信号与数据的发送/接收、调制/解调、编码/解码和加密/解密；射频控制器用于控制数据的发送和接收，由上位机模块对信息的发送和接收进行处理。高增益定向波束控制读写天线大多采用相控阵智能定位天线系统，采用单元化、模块化设计，整个系统分为 DSRC 微波读写天线和 DSRC 微波读写天线控制器。

在车载网络中，RSU 和 OBU 既是网络中的数据转发节点，也是源数据包的发送者和接收者。二者之间的通信完成了车辆网络数据的传输过程。由于 RSU 在交通环境中对道路网络的整体通信效果，各 RSU 在工作中形成了一个相对稳定的无线信号收发区，并为该区域的车载 OBU 提供网络服务。过于稀疏的 RSU 节点会导致 V2X 系统无法满足网络数据的实时性目标，而过于密集的 RSU 节点不仅增加了 V2X 系统建设和维护的开销，而且会造成车辆网络信号的混乱。在真实的城市交通环境中，车辆节点有时会聚集、有时会分散，这是因为影响无线信号的因素有很多，如道路周围的建筑物、绿化带等。

OBU 也是一种微波设备，使用 DSRC 技术与 RSU 通信，其硬件架构如图 5-26 所示。在 ETC 系统中，OBU 被放置在汽车上，在路边设置一个 RSU，二者通过微波相互通信。当车辆高速通过 RSU 时，OBU 与 RSU 之间进行微波通信，识别车牌真假，获取车辆模型，计算费率，扣除通行费。

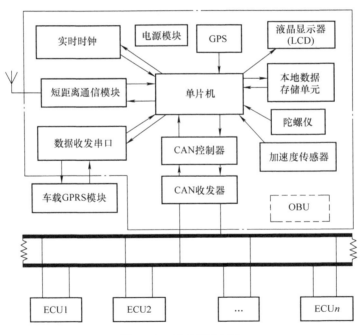

图 5-26 OBU 硬件架构

车载单元硬件包括车载 GPRS 模块和车载信息采集模块，车辆电子控制单元的每个子系统都是车辆固有的，它们都安装在 CAN 总线上，每个 ECU 可以主动向 CAN 总线发送数据，也可以请求其他 ECU 发送数据。车辆信息采集模块作为外部设备安装在 CAN 总线上，可以接收其他 ECU 发送到 CAN 总线的任何数据。该模块由实时时钟、电源模块、数据收发器串行口、微控制器、本地数据存储单元、CAN 控制器和 CAN 收发器组成。

路侧单元（RSU）是实现道路车辆智能协作的关键设备，如图 5-27 所示，RSU 安装在路边，与附近过往车辆进行双向通信和数据交换。路侧单元集合是车联网内车辆节点与外部网络的信息传输枢纽，若车辆节点在路侧单元的无线通信覆盖范围内，则它可以直接从路侧单元获取信息。因此，路侧单元的部署策略就成了增加网络容量的关键因素。

在车联网部署初期阶段，受多方面因素的制约，目标路网范围内的路侧单元的部署数量通常是有限的。相对来说，车辆节点远多于路侧节点，且车辆节点的信息需求增长迅速，这使得路侧单元成为车联网与外部网络信息传输的容量瓶颈。因此，在路侧单元数量限制下，应优化路侧单元

图 5-27　路侧单元

的部署位置，以尽可能多地满足车辆节点的通信需求，从而最大化路侧单元的部署效益。每个部署方案由各个路侧单元的某一特定可行部署位置构成集合。

许多数据系统都采用这一原则：最好是复制数据并尽可能多地保存数据，这样系统才能更可靠地运行。RSU 数据冗余不仅体现在差分定位上，而且体现在许多应用场景中。例如，RSU 可以检测某一点的流量，也许不远处的摄像头也能检测流量，同时云端通过车辆位置信息也能得到车流量，车主可以检查和更正不同通道的数据，以获得更准确的数据。再比如，两辆在路上来回行驶的汽车可以通过 V2V 相互通信，如果距离太近，可以发出警告；道路上的 RSU 也可以同时获取两辆车的位置和速度数据，可以与 V2V 数据进行核对，确保万无一失，这也是数据冗余的一种形式。

无论是通过 V2I 采集车辆信息，还是通过联网的路面监测设备采集道路信息，RSU 在采集数据后还需要进行一定的智能识别和计算，从数据中提取一些有用的信息并发布。因此，RSU 要具备一定的数据处理和计算功能。RSU 与车辆之间的数据交互如图 5-28 所示。

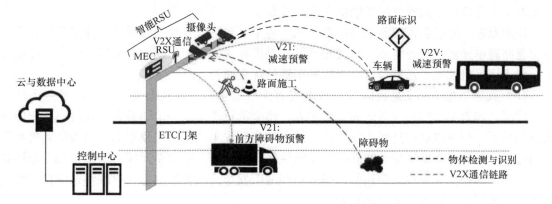

图 5-28　RSU 与车辆之间的数据交互

未来车联网发展的一个非常重要的部分是边缘计算，因为每辆车每时每刻都会产生大量的数据，每辆 L4 级和 L5 级的自动驾驶车辆每秒都会产生 1GB 的数据。如此之大的数据量，

期望上传到中央云计算是不现实的。为了实现多址边缘计算,需要构造大量的边缘云。根据不同的计算任务,在附近逐层计算大量的边缘云,并逐层进行总结,从而提高计算效率和实时性。

5.2.4.5 RSU 场景应用案例

(1) 交叉路口速度引导　光控交叉路口绿波速度引导是采用网络互联信息交互技术,在城市灯光控制的交叉路口为智能连接车辆提供实时信号状态提示和绿波速度区提示,使车辆在绿灯时尽可能多地通过交叉路口,从而大大减少了车辆的停车等待时间,提高了出行效率和舒适度,减少了排放,优化了整个交通系统的效率。

(2) 紧急安全提示　紧急安全提示是指当道路前方发生紧急交通事故时,利用车辆的实时通信技术,及时了解道路交通状况,提前采取安全措施,预防交通事故的发生。紧急安全提示主要利用 RSU 向专用车端发出紧急信息提醒和道路通信旁路提醒。

技术实现原理:路侧数据接口单元感知到紧急情况后,在数据接口单元中提供数据融合,并提供给智能控制主机单元。智能控制主机根据事件的紧急程度检索信息发布计划,并将通信单元发布的信息传递给车载端。发布方法可以是调频广播定向发布,也可以通过 DSRC、LTE-V 等向车载设备发布信息。

(3) 信号配时优化　为了实现多交叉路口信号协调优化控制,需要对每个控制交叉路口进行优化,了解上下游相邻交叉路口的情况,优化和协调信号配时,以提高交通效率。

技术原理:将中心优化控制调整为交叉路口优化控制策略,在交叉路口,智能路侧单元根据上下游相邻单元的数据进行协同优化控制。

(4) 在十字路口避开行人　在一些城市交叉路口,车辆在通过交叉路口时往往会经过人行横道。由于能见度不足,此时可能会发生交通堵塞或交通冲突,如车辆或行人无法及时躲避,很可能在交叉路口造成交通事故。因此,在路侧单元的工作中,可以在车载终端上通过语音或紧急提醒的方式通知驾驶人,避免交叉路口的交通事故发生。

(5) 特种车辆信号优先控制　当城市发生灾害或紧急情况时,应急车辆在运输物资、挽救人民生命、减少财产损失等方面发挥着至关重要的作用。然而,在应急响应过程中,往往由于交叉路口的信号灯导致延误增加,安全性降低。为了提高救援车辆的通行效率,迫切需要对交叉路口信号实施专用车辆信号优先控制。

技术原理:通过引入智能交通路侧单元,将车辆到达信号发送到智能交通路侧单元,智能交通路侧单元确定是否需要信号优先级。如果需要优先控制,则向交通信号以发送控制指令,交通信号机控制交通信号以实现特种车辆的优先通行。

(6) 灾害气象道路交通提醒　当极端灾害天气发生时,往往会遇到恶劣的道路条件和紧急情况。如果不及时通过系统通知驾驶人,则会给行车带来一定的隐患。通过引入智能交通路侧单元,就可以获取这些关键路段上气象探测器收集的交通气象数据。当检测到气象数据超过一定阈值时,路侧单元智能控制主机执行释放计划,通信单元建立路侧单元与车辆侧单元之间的通信。它通过定向调频广播或短程通信发布天气警报信息,提醒车辆谨慎驾驶或避免恶劣天气对道路安全造成的危险。

5.2.5　OBD 接口

车载诊断系统(OBD)随时监测汽车的运行状态,例如发动机和排气后处理系统的工作状态,如果发现可能导致排放过量,将立即发出警告。当系统发生故障时,故障灯(MIL)同时亮起,车载诊断系统将故障信息存储在存储器中,并通过标准诊断仪和诊断接口以故障码的形式读取相关信息。根据故障码,维修人员可以快速准确地确定故障的性质和位置。

车载诊断系统的组成如图5-29所示。车载终端从汽车上采集动态数据,如汽车的实时车速、电路电压、发动机转速和踏板位置。当车辆发生故障时,OBD能够实时检测出故障码。数据经过存储和编码处理后,通过移动通信网络传输到后台服务器。后台服务器主要负责数据的存储、分析和处理,为数据显示平台提供接口。通过后台服务器,用户可以方便地获取与汽车相关的数据,并能实时进行分析。

图5-29 车载诊断系统的组成

车载诊断系统的功能分层由终端感知和服务器数据处理两大部分组成,终端感知层主要负责数据采集,该系统采用CAN和K-line两种采集方式,嵌入OBDII,通过协议标准采集车内相关数据。服务器数据处理层负责接收、存储和处理数据,其提供的数据库解决了车载终端存储空间不足的问题。服务器具有强大的计算能力,为实时数据的预处理和分析以及用户信息管理、故障查询、油耗通知等内部功能逻辑的实现提供了高效的数据计算环境。个人电脑和手机可以通过网络查询信息,并可以结合硬件和汽车CAN通信协议从OBD终端读取汽车数据。

通过对CAN总线和K线的应用处理,实现了故障信息的数据处理,并建立了故障信息的数据处理单元。故障信息的数据处理单元包括三个模块:CPU处理模块、通信模块、USB存储模块,系统终端每10min检测一次车辆的故障情况。故障诊断原理如图5-30所示,如果车辆发生故障,终端接收车辆返回的故障码,并标记故障报警,将故障报警和采集到的故障码上传到终端服务器。终端服务器将故障码存储在数据库中,并向网页显示故障警报。云端服务器将故障码解析为相应的故障分析报告,终端服务器接收到故障后,将故障信息推到页面上,维护人员看到报警后查看故障分析报告。

5.2.6 车联网电气控制系统常见故障及排查方法

5.2.6.1 常规检查

作为整个车辆的动力传输系统和信号传输系统,线束具有非常重要的作用。它相当于人

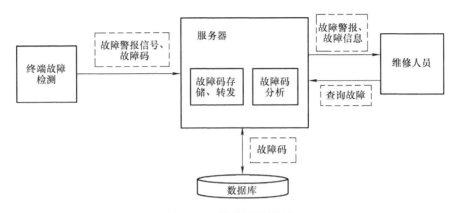

图 5-30 故障诊断原理

体的血管和神经，不能随意取消或更换。线束中存在的故障主要有开路、短路、电路错误、虚拟连接、未连接。

插件故障主要包括错针、倒针、虚接、短接、拔针、故障、未插、损坏。

为了快速解决整车电气设备工作不正常的问题，必须掌握车辆的电气原理、车辆的线束图以及车内电气设备的控制策略等信息。使用的必备工具有万用表、插电弹射器、插销、PVC 绝缘带、尖嘴钳、剥线钳等。常见问题的排除方法如下。

(1) 线束插件故障检查

1) 检查汽车电气插接器和线束插接器是否牢固就位。

2) 检查线束与插针连接是否牢固，插针是否有拔出、弯曲等异常现象。

3) 根据线束图的引脚定义，检查插件线束位置是否正确。

(2) 电源问题检查

1) 用万用表检查电源是否正常，特别注意电源值是否在用电设备的正常工作范围内。

2) 检查电器相应的熔丝是否熔断，若是则进行更换。

3) 检查线路上的保护线层有无泄漏。

(3) 接地问题检查

1) 检查电气线束搭铁点是否与车体接地牢固连接。

2) 检查线束接搭铁是否与车体接触良好。

3) 用万用表检查搭铁线束与车身连接是否良好。

(4) 启用电源问题检查

1) 有些电器不仅有电源，而且有使能电源（ACC 电源、IG 电源），要确保使能功率与档位对应。

2) 检查电气插件、线束插件是否插好以及是否到位。

3) 检查线束与插针连接是否牢固，插针是否有拔出、弯曲等异常现象。

4) 根据线束图的针脚定义，检查插入式线束位置是否正确。

5) 使用万用表对相关线路进行导通性测试。

5.2.6.2 控制器与 CAN 总线检查

(1) 控制器和电源故障排除

1）首先使用诊断仪读取故障码，确定故障点，并指示故障排除方向。

2）检查相应的熔丝是否烧坏，继电器是否闭合，可以直接短接继电器看是否有电。

3）用万用表比较接线图，确定插针位置是否正确、是否拔针等，并测量插入式电源和搭铁线是否通电。

4）检查线束是否正常通断、是否对搭铁短路、是否对车身短路。

（2）控制器信号线束故障排除

1）首先了解控制策略和故障模式，对故障点做出初步判断。

2）检查端子插头是否有错误的连接与退针现象。

3）用万用表检查线束两端的导通性，看是否对其他电路短路。

（3）CAN 总线故障检查　以电动汽车为例，CAN 总线的两个终端是 BMS 和 VBU，它们都有一个内置的 120Ω 终端电阻，其目的是防止在传输高频信号时，信号在传输线末端形成反射波，从而干扰原始信号。当蓄电池负极断开时，正常网络的电阻值应为 60Ω。如果发现异常则进行如下操作：

1）检查终端插件 CAN – H 和 CAN – L 是否有错针、退针等。

2）断开蓄电池负极。使用万用表检查任何一个 CAN 插件的 CAN 线的电阻。如果不是 60Ω，则应逐个拔下插头。

3）检查控制器局域网（CAN）对搭铁和电源是否短路。如果存在短路，可以判断 CAN 线对屏蔽层短路，拆下 CAN 屏蔽检查。

4）如果仍然找不到故障原因，可以通过更换电气设备来确定其本身是否有故障。

总之，线束系统检查首先要掌握电气原理、线束图、控制策略和故障模式，并不断积累工作经验，对故障模型进行分类和总结，查明原因并排除故障。

5.2.6.3　工作案例：T – BOX 常见故障排查

通常，前装 T – BOX 的故障等级分级值的有效值范围为 0 ~ 3。"0"表示无故障；"1"表示 1 级故障，指代不影响车辆正常行驶的故障；"2"表示 2 级故障，指影响车辆性能，需驾驶人限制行驶的故障；"3"表示 3 级故障，为最高级别故障，指驾驶人应立即停车处理或请求救援的故障，具体等级对应的故障内容由厂商自行定义。

T – BOX 客户端平台向服务端平台上报信息时，应根据实际情况对动力蓄电池电气数据、动力蓄电池包温度数据、汽车电机部分数据、整车数据、燃料电池部分数据、汽车发动机部分数据、车辆位置数据、极值数据和报警数据进行拼装后上报。平台交换数据和用户自定义数据存在时，还应完成平台交换数据和用户自定义数据的上报。

补发机制：当数据通信链路异常时，客户端平台应将实时上报数据进行本地存储。在数据通信链路恢复正常后，在发送实时上报数据的同时补发存储的上报数据。补发的上报数据应为当日通信链路异常期间存储的数据，数据格式与实时上报数据相同，并标识为补发信息上报。

以吉利帝豪 EV450 为例，该轿车配备了远程监控系统，主要由远程监控模块和双频天线组成，其工作电压为 9 ~ 16V，通信协议为 TCP/IP 协议。工作人员可以通过集成平台或企业平台数据方便地获取车辆最新周期的实时信息。数据内容包括蓄电池电压数据、动力蓄池组温度数据、车辆数据、卫星定位系统数据、极值数据和报警数据等。运营商对获得的数据进行分析后，可以快速分析数据并对车辆故障进行初步诊断，从而大大减少客户的维修时间和成本。系统支持本地和远程升级方法，在系统升级过程中，必须关闭 CAN 接口，从服务器下载到设备的升级数据需要通过 GSM 信道传输。

远程监控系统的主电源由车上的电池供电，远程监控模块配有备用电池。当车辆主电源出现异常故障时，可用备用电池供电，检查车身状态。在备用电池供电 30min 的情况下，可进行报警。

远程监控系统在装车后首次接入网络，综合平台或企业平台可以对远程监控系统进行管理，包括软件升级、参数升级、激活等内容。远程监控系统在首次使用时需要激活和注册，用户激活后才能正常使用。

如果系统成功激活，远程监控系统通信链路连接后，应自动将注册信息发送到后台进行识别；后台验证正确后，返回成功响应；远程监控系统在收到后台的响应命令后，应完成此注册传输。

当远程监控系统注册成功且状态发生变化时，远程监控系统应向后台报告状态信息。

远程监控系统注册成功后，应在一定时间内将 P – CAN 或 V – CAN 上接收到的实时信息上报后台，如图 5-31 所示。数据内容包括单体蓄电池电压数据、动力蓄电池组温度数据、车辆数据（充电）、卫星定位系统数据、极值数据和报警数据、停电后 3min 内的实时信息。

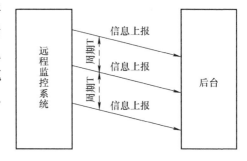

图 5-31 实时信息上报流程

CAN 总线的工作模式如下：

1）CAN 休眠模式：30s 未接收到 CAN 信号，远程监控系统进入休眠模式，保持低功耗水平。

2）CAN 唤醒模式：远程监控系统在 P – CAN 上接收到 CAN 信号或充电信号后返回正常工作模式。远程监控系统无法向 CAN 发送消息。

在 CAN 总线工作过程中，后台应根据情况断开与车辆终端的会话连接：

1）传输控制协议连接中断。

2）传输控制重发次数后未收到响应。

3）具有相同身份的车辆建立新连接并断开原始连接。

4）在一定时间内未接收到来自车辆终端的心跳信息。

后台可以向远程监控系统发送查询命令，远程监控系统对命令完成校验后发送参数信息。此外，后台还可以向远程监控系统发送设置命令，修改远程监控系统参数信息。服务器远程配置参数包括数据上报周期、上报服务器的 IP 地址和端口号等。

吉利帝豪 EV450 远程监控模块工作原理框图如图 5-32 所示，远程监控系统内部集成 GPS 模块，能够提供车辆当前所处的经度、纬度等定位信息。

GPS 定位功能应满足以下要求：

1）水平定位精度不应大于 15m。

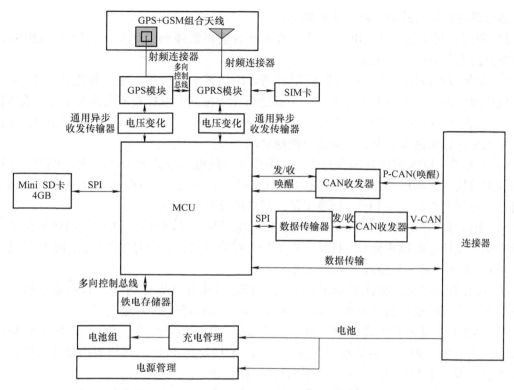

图 5-32 吉利帝豪 EV450 远程监控模块工作原理框图

2）高程定位精度不应大于 30m。

3）差分定位（可选）精度为 1~5m。

4）最小位置更新频率为 1Hz。

5）定位时间：冷起动时，从系统加电运行到实现捕获时间不应超过 120s；热起动时，实现捕获时间应小于 10s。

6）当 GPS 信号无效时，保存最后一次有效的 GPS 状态。

远程监控模块电气原理如图 5-33 所示。吉利帝豪 EV450 汽车配备远程监控系统常见的故障主要有 WAN 通信模块故障、Wi-Fi 模块异常、BT 模块异常、HU-USB 连接故障、受话器输入对搭铁短路/开路、蓄电池电压异常、蓄电池温度异常、备用蓄电池寿命不良以及系统与其他控制模块之间失去通信等。

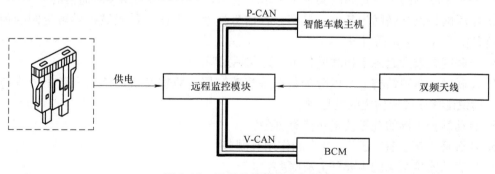

图 5-33 远程监控模块电气原理

如果是通信异常故障，检查流程如下：

1）使用诊断仪访问 T-BOX 模块，检查是否输出故障码（DTC），如果有故障码，则可以根据输出的 DTC 维修电路。

2）如果没有输出 DTC，则可以使用万用表测量蓄电池电压，电压标准值为 11~14V。如果电压测量值不在 11~14V 之间，就需要进行蓄电池充电或检查充电系统是否存在故障。

3）检查 T-BOX 模块熔丝是否有熔断故障，如果是熔丝故障，应更换额定电流的熔丝。如果是线路断路或短路，则应进行线路修理。

4）如果 T-BOX 模块故障没有排除，操作开关使电源模式至 OFF 状态，断开 T-BOX 模块线束插接器，再操作开关使电源模式至 ON 状态，测量 T-BOX 模块线束插接器端子对车身搭铁电压是否为 11~14V。如果不是，则修理或更换线束。

5）操作开关使电源模式至 OFF 状态，断开电子稳定控制系统（ESC）线束插接器，然后再启动开关使电源模式至 ON 状态，测量 ESC 线束插接器端子对车身搭铁的电压值是否为 11~14V。如果不是，则修理或更换线束。

6）操作开关使电源模式至 OFF 档，断开 ESC 线束插接器，测量 ESC 线束插接器端子与车身搭铁之间的电阻值是否小于 1Ω。如果不是，则修理或更换线束。

7）操作开关使电源模式至 OFF 状态，将蓄电池负极电缆断开，断开 T-BOX 模块线束插接器，从 ESC 上断开线束插接器。检查 T-BOX 模块与 ESC 之间线束插接器的数据通信线电阻值是否小于 1Ω。如果不是，则修理或更换线束。

8）如果故障还是没有被排除，更换 ESC，然后操作开关使电源模式至 ON 状态，确认功能是否正常。

9）更换 T-BOX 模块，操作开关使电源模式至 ON 状态，确认功能正常。

如果是 T-BOX 电源故障及硬件故障，常见的症状主要有电压过低/过高故障、内置 Flash 故障、SIM 卡未插入或异常、GNSS 天线对搭铁短路/开路故障、GPS 模块异常、LTE 主天线/副天线故障、WAN 通信模块故障、Wi-Fi 模块异常、BT 模块异常等现象。维修步骤请按照通信异常故障检查方法的 1）~4）及 9）的内容进行，这里不再赘述。

思 考 题

本章的学习目标你已经达成了吗？请通过思考以下问题的答案进行结果检验。

1. 基于车联网的车辆是如何实现车-车、车-人、车-路之间实时通信的？
2. 车联网是以互联网为基础，兼容多种信息技术，为社会各领域提供可定制的信息服务的信息化平台。这句话对吗？
3. 车联网的概念起源于物联网技术。这句话对吗？
4. 车联网从体系结构上可以分为数据采集感知层、数据交换网络层和数据处理应用层三层，请说说这三层架构之间的原理。
5. 自动驾驶车辆的关键技术主要有哪些？
6. 什么是"端、管、云"，各自的作用有哪些？
7. 车联网连接车辆的主要任务有哪些？
8. 简述搭载车联网技术汽车感知层的功能有哪些。

9. 简述搭载车联网技术汽车网络层的功能有哪些。
10. 简述搭载车联网技术汽车应用层的功能有哪些。
11. 简述车内图像传感器、毫米波雷达、激光雷达的作用有哪些。
12. 简述卷积神经网络的作用是什么。
13. 简述什么是 T-BOX，其功能主要有哪些。
14. 什么是路侧单元？简述其原理与作用。
15. OBD 接口在车联网设备接入的作用有哪些？

第6章 LTE V2X与车载计算平台

学习目标

1. 能够知道 V2X 无线通信技术原理。
2. 能够知道多方协同交互原理以及技术应用。
3. 能够知道汽车智能计算平台的技术原理与应用。

6.1 V2X

6.1.1 V2X 通信

车间网络和车云网络需要依托车联网通信技术,才能实现车与车、车与路、车与人、车与云的高效互联。在前面的课程中,我们已经知道连接的车辆系统通常由以下部分组成:车辆单元、后台服务器和路侧单元。基于三者的通信连接,实现了车与人、车与车、车与路侧设备、车与后台云服务器、路侧设备与路侧设备、路侧设备与服务器之间的后台信息交换。车辆无线通信技术(V2X)是新一代的信息通信技术,它将车辆与一切事物连接起来,其中 V 代表车辆,X 代表与车辆交互的任何对象。目前,X 主要包括人、车、路侧交通基础设施和网络。

6.1.1.1 V2X 通信架构与原理

车路协同的先决条件为 V2X 通信,V2X 的底层通信技术主要有 DSRC 和 C – V2X 两种。它们都采用正交频分复用(OFDM)调制技术,但是它们的子载波传输和数据聚合技术设计是不同的。其中,C – V2X 又包括 LTE – V2X 和 5G – V2X,可以同时实现蜂窝移动通信和 V2X 协同通信。

V2X 是基于无线信息交互技术的智能交通新概念,它是一种外部信息交互的载体和一系列车载通信技术的总称,智能交通系统 V2X 通信实施方案如图 6-1 所示。在 V2X 应用场景中,每辆车都是整个通信网络的实体,可以通过通信技术将车辆、驾驶人、自主驾驶系统、行人、交通基础设施、路侧传感器、交通管理部件和其他类型的运输实体集成在一起,以实现无线通信、信息交互和数据共享。实现智能交通管理控制、车辆智能控制、智能动态信息服务的集成网络,具有复杂环境感知、智能决策、协同控制等功能,可以实现车辆的安全、高效、舒适、节能驾驶。未来,智能交通 V2X 的应用场景将更加丰富,智能交通、智能驾驶、智能检测、智能服务的应用空间巨大。

V2X 车联网主要是基于本体车辆、其他设备和车辆之间通过无线或有线通信连接,形成一个自组织的车辆网络。车辆与车辆的互联是通过车辆、车辆与路边行人、车辆与基础设

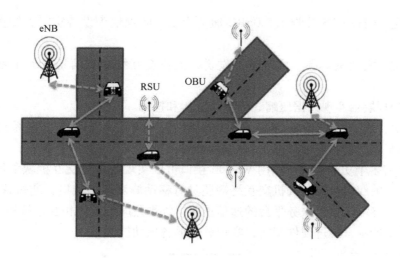

图 6-1　智能交通系统 V2X 通信实施方案

施之间的通信系统实现的，这种关系是面向应用的物联网实现和 D2D 技术架构。

车载 V2X 终端安装在每辆车上，是一个前置装置。它由通信模块（DSRC 模块、3G 模块）、感知模块（GPS 接收机、陀螺仪、重力传感器）和信息处理模块组成。

在 V2X 车载终端中，GPS 模块用于接收卫星定位数据，DSRC 模块用于实现车辆之间、车辆与路边的通信，3G/4G/5G 模块用于通过移动基站接入互联网。

人机交互终端是连接 V2X 车载终端和信息服务平台的系统外围设备，它通过 Wi-Fi 与 V2X 车载终端通信，通过移动蜂窝数据与信息服务平台连接。人机交互终端实时显示车辆终端和信息服务平台的状态信息。同时，人机交互终端将用户信息连续输入终端和后台，使系统正常运行。车载 V2X 系统网络拓扑如图 6-2 所示。

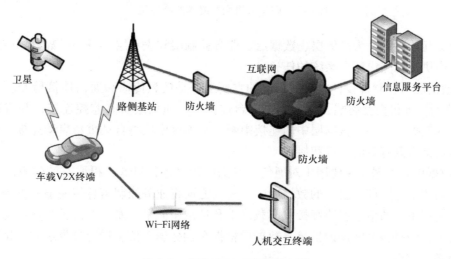

图 6-2　车载 V2X 系统网络拓扑

信息服务平台是信息存储和转发的数据中心，主要负责采集路侧设备和人机交互设备的实时状态信息，监控各类车辆的状态，控制道路交通，并根据具体道路情况提供市政信息。

根据系统的网络拓扑结构，整个系统分为四个层次：

1）感知层：通过 GPS 接收机、DSRC 通信模块、陀螺仪等设备实时感知车体及其周围环境的状态。

2）通信层：实现感知层生成数据的发送，人机交互终端与信息服务平台之间的消息接收。

3）业务处理层：实现数据压缩、加密、分析和挖掘。

4）应用层：通过移动终端、车载终端等实时显示车身状态信息，向系统输入车主信息，并传输到车载终端和平台。

V2X 终端有多个功能接口。利用 Wi-Fi 接口可以实现与人机交互模块的网络连接，从而实现业务信息的双向传输。人机交互终端还具有移动蜂窝通信接口，通过移动蜂窝通信，实现了人机交互终端与信息服务平台的通信连接。终端之间的模块相互连接构成终端的硬件部件，如图 6-3 所示，通过硬件架构，实现软件的各项功能服务。

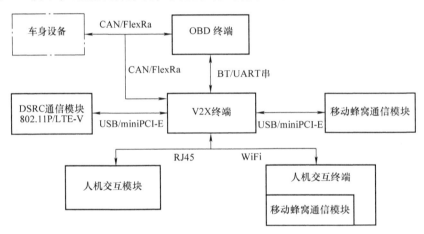

图 6-3 V2X 人机交互终端的硬件架构

人机交互软件可分为通信层、数据层、业务控制层和表示层。每一层都有相应的功能模块，每个模块协调完成整个系统的任务。

1）通信层。在软件设计中，通信层的主要工作是信息传输和通信连接检测。人机终端与 V2X 终端、人机交互终端、信息服务平台连接后，通信层实时监控连接，并将接收到的数据传送到数据层。一旦数据层中的连接中断，长连接模块将自动重新启动连接，以确保数据层中的数据得到有效的发送和接收。

2）数据层。数据层主要用于对通信层发送的信息进行过滤，提取有效信息。它一方面将一些有用的信息存储在自己的数据库中，另一方面将业务控制信息传递给业务控制层。在软件运行过程中，通信层将连续接收车载终端和信息服务平台发送的信息。在消息方面，数据量非常大，包括很多无用的信息。数据层根据车辆标识对信息进行分类过滤，排除无用信息，保留必要数据。

3）业务控制层。消息在数据层过滤提取后，传递给业务控制层。业务控制层的主要任务是对业务控制消息进行分类和处理，并将其发送到表示层。业务控制层消息是一些业务标志位，每个业务标志控制业务的显示。业务控制层根据不同的业务标记，实时地将控制信息传递给表示层。

4)表示层。表示层的主要任务分为两个方面:一方面,表示层接收业务控制层的业务标志并显示功能界面;另一方面,在人机交互中,它根据文本和语音的触发将触发的信息发送到通信系统中。表示层包含全机交互终端的业务功能接口,一旦程序启动,它们就准备好了,等待业务标志的触发,然后显示相应的业务界面。

在人机交互终端软件中,软件需要与V2X通信模块进行通信,实现防撞报警、车间聊天、车辆位置显示、红绿灯显示、疲劳检测等服务。同时还需要与信息服务平台进行通信,实现紧急消息收发业务。HMI终端与V2X通信模块之间的通信基于Wi-Fi网络环境,与信息服务平台之间的通信基于移动蜂窝数据。人机交互终端作为服务器实现与车载通信模块的TCP连接,同时作为客户端实现与信息服务平台的TCP连接,以及通信实现后的各种业务显示。

IP协议是因特网的关键协议,又称因特网协议,负责将消息从一个主机传输到另一个主机。在传输过程中,消息被分成小数据包。IP协议保证了计算机之间可以相互发送和接收数据,但它确实能够实现可靠和准确的消息传递。

TCP协议是一种"端到端"协议。当一个主机需要连接到另一个主机时,TCP协议在主机之间创建一个虚拟链接,用于发送和接收消息。在通信过程中,TCP协议收集消息包,按适当的顺序排列要发送的消息,将消息发送到另一台主机,并在接收到消息后正确地恢复,从而保证消息的准确传输。

在人机交互应用中,各种终端服务的实现需要一个稳定的通信环境,其硬件连接方法和软件连接方法分别为点对点连接方法和实时监控方法。

如图6-4所示,点对点连接方法是从硬件的角度解决通信连接问题。人机交互终端作为热点服务器(终端需要有热点开放功能),V2X终端作为客户端连接热点,打开人机交互终端热点后,等待V2X终端连接。此时,V2X终端绑定到它需要连接的热点服务器,一旦找到相应的热点服务器,终端将自动匹配连接。至此,人机交互终端与V2X终端之间的通信连接网络建立成功。

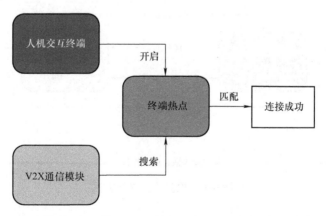

图6-4 点对点连接方法

如图6-5所示,实时监控方法是从软件的角度解决通信连接问题。在人机交互终端与V2X车载终端的连接网络基础上,软件采用TCP连接协议,连接服务器采用人机交互终端,客户端采用V2X通信模块。根据服务器指定的IP和端口,使用TCP软件连接语句在服务器

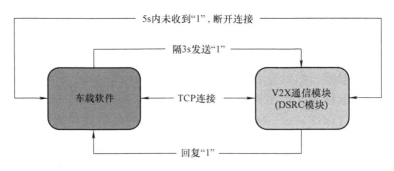

图 6-5　实时监控方法

和客户端之间建立双向连接通道。连接成功后,接下来的任务是实时检测连接的可靠性和实时性。具体实现形式是 V2X 通信模块的客户端将字符"1"发送到人机交互终端服务器,服务器接收到字符"1"后响应,然后来回循环,实时监控连接的接收和应答状态。一旦在设定的最大接受时间内未接收到应答字符"1",服务器或客户端将默认为连接中断,相互中断连接通道,并启动连接过程。

在人机交互应用中,人机交互终端不仅需要与 V2X 终端进行通信,还需要实现业务信息与信息服务平台的双向通道连接。应急信息服务的实现是基于人机交互终端与信息服务平台之间的通信,基于信息服务平台主机 IP 和端口的稳定性,采用服务平台作为通信服务器,人机交互终端作为通信客户端。服务器连接到客户端后,如果服务器软件逻辑没有错误,则在通信期间不会断开服务器。但是,如果遇到未知条件,如信号差、没有网络环境,通信将受到限制。因此,如图 6-6 所示,检测重新连接的方法不仅需要软件来实现消息的"触发响应"检测连接方法,还需要服务器和客户端 IP 地址的拼接检测连接方法。

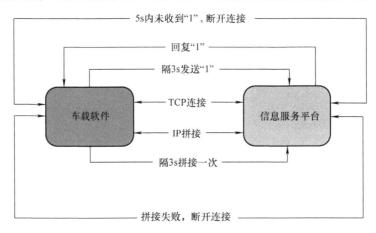

图 6-6　检测重新连接方法

人机交互终端与信息服务平台通过 TCP 连接(保证连接可靠稳定,即使连接中断也能检测到连接失败),连接后,终端将实时检测两种连接方式。另一种方法是通过软件实现的"触发响应"拼接。一旦两种拼接方法中的一种失败,连接就会失败,客户端将断开通道连接并重新启动连接线程,以确保连接的稳定性。

终端之间的通信和终端与信息服务平台之间的通信需要满足一定的通信协议,即网络中信息传输和管理的一些规范。就像人们需要相应的语言规范来相互交流一样，终端之间的相互通信也需要遵守一定的规则，这些规则称为通信协议。通信协议主要包括 TCP/IP 协议、NetBEUI 协议、IPX/SPX 协议等。

推送消息是指人机交互终端与车载通信模块之间、人机交互终端与信息服务平台之间的消息推送服务。基于系统的网络通信连接和消息推送，终端可以实现防撞报警服务、红绿灯服务、疲劳检测报警、车间短信、数据信息传输等服务。

推送消息的类型包括以下三种：

1) 业务消息。业务消息主要是每个业务功能的标志。人机交互终端一旦监测到相应的服务功能标志，就会立即通过服务控制器显示相应的服务接口。例如，防撞警示信息、红绿灯状态信息等。

2) 数据报文。数据报文主要是各种业务显示或终端工作所需的数据。例如，在车辆的显示屏上显示由车辆终端发送的纬度和经度信息。

3) 紧急信息。紧急信息主要是来自服务平台或周边车辆的市政新闻或紧急救援新闻。例如，紧急消息服务中紧急消息的内容。

消息推送的通信流程如图 6-7 所示，可分为终端间消息推送和终端与平台间消息推送。在终端之间的消息推送中，消息由车辆终端中的感知模块（生成业务消息的模块）生成，通过终端之间的通信模块无线传输并发送到人机交互终端；人机交互终端通过处理消息来控制业务，最后显示在终端界面上。终端和平台之间的通信是通过平台的控制中心来生成消息的，通过二者的通信模块，将信息发送到人机交互终端；人机交互终端通过处理消息来控制业务，最后在终端上显示业务界面。由于异构通信连接是可逆的，人机交互终端还可以通过人机交互界面生成数据信息，通过按键或编写界面编辑板的内容，并通过通信模块将消息发送到车载终端和信息服务平台。整个消息推送系统在程序运行后，不断地进行动态收发，实时地完成各种功能服务。

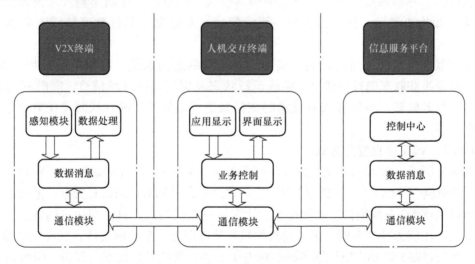

图 6-7 消息推送的通信流程

基于 DSRC 的车对车（V2V）通信可以解决 82% 的车祸，可能会挽救数千人的生命和数百亿元的损失。基于 DSRC 的碰撞避免描述如图 6-8 所示。每辆装备 DSRC 的车辆在几百米内每秒广播几次其基本状态信息,包括位置、速度和加速度。每辆车还从配备有 DSRC 的邻居处接收到这些安全信息。接收车辆使用这些消息计算每个邻居的轨迹,将它们与自己预测的路径进行比较,并确定是否有邻居构成碰撞威胁。除了 V2V 通信外,车辆还可以使用安全信息和其他类型的信息与 DSRC 路侧单元(RSU)通信。

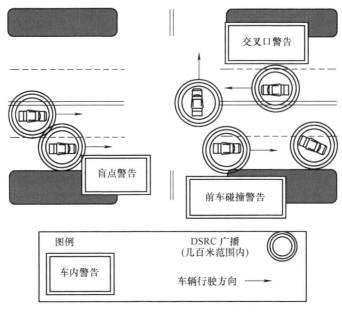

图 6-8 基于 DSRC 的碰撞避免描述

车辆可从 RSU 学习的信息示例包括:接近的交叉路口的几何结构、交叉路口信号灯的状态以及危险的存在(如紧急车辆、结冰、雾)。如果车辆确定存在潜在碰撞或其他危险(如违反红灯),车载系统可以采取行动警告驾驶人,甚至协助控制车辆。驾驶人反馈可以通过视觉(如抬头显示、仪表板屏幕、镜像信号)和触觉(如摇动座椅或方向盘)进行传达。

V2X 车联网是车辆之间或车辆与基础设施之间的通信系统,利用车载射频识别技术、传感器、摄像头获取车辆行驶状况、系统运行状态及周边道路环境信息,同时利用 GPS 定位获取车辆位置信息,并利用 D2D 技术将该信息进行端到端传输,从而实现整个车联网系统的信息共享。

6.1.1.2 V2X 信息交互方式

如图 6-9 所示,V2X 信息交互方式包括车对车(V2V)、车对基础设施(V2I)、车对人(V2P)、车对网(V2N)、车对路(V2R)、车对云平台(V2C)的信息交互。通过以上通信方式,可以实现 5G 车联网自动驾驶技术,让车辆自动找到人、自动到达目的地、自动停泊在指定地点,还能为共享车辆提供不间断的乘客接待服务。车联网支持智能高速公路的智能化交通,即通过路侧基础设施识别车辆射频电子标签,接收各种传感器设备、GPS/北斗卫星定位、高速移动无线通信、高精度地图、大数据处理以及智能决策等技术。V2X 可以看作是一种"合作与互补"的关系,将车辆、路侧基础设施和行人连接到车辆上,以收集和共享有关车辆的状态信息。通过对这些状态信息的进一步分析和处理,提供更多的智能服务。

第 6 章 LTE V2X 与车载计算平台

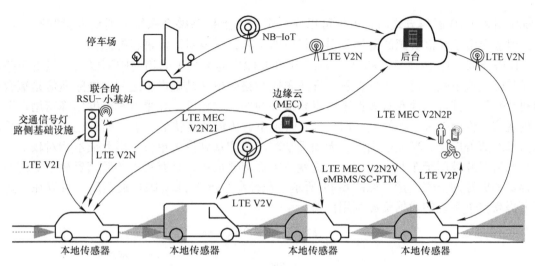

图 6-9 V2X 信息交互

1. V2V

V2V 通信对减少交通事故、提高安全驾驶性能具有重要作用。智能交通系统一般包括三部分：交通信息采集系统、信息处理分析系统和信息发布系统。车对车（V2V）短距离通信也是 ITS 的重要组成部分。如图 6-10 所示，V2V 通信系统使用汽车作为网络节点来接收、发送和转发信号，使汽车能够安全有效地传输数据信息（包括行驶速度、车辆位置、行驶方向、制动和路况）。V2V 通信系统能够为驾驶人提供足够的时间和距离进行预判断，以便根据实际情况调整行车路线。不仅如此，V2V 通信系统还可以根据驾驶人的驾驶习惯和实际路况，预测驾驶过程中的潜在危险，并提醒车辆驾驶人和周边车辆驾驶人避免交通事故，确保行车安全与人身安全。

图 6-10 V2V 通信

V2V 通信是指在相互靠近的运动车辆之间高效、安全地传输大量的数据信息，以及在小范围内高速运动目标之间的通信，其实现的关键在于专用短程通信技术（DSRC）。在 LTE

系统中引入 D2D 通信方式后，虽然可以在一定程度上提高整个系统的通信容量和频谱利用率，但也会由于频谱资源的复用要引入相应的干涉，需要对干涉进行抑制。

IEEE 802.11p 协议虽然满足了 VANET 在智能交通系统中的相关应用要求，但由于路侧单元基础设施不能广泛、渗透部署，导致车辆和路侧单元基础设施之间的链路通信是短暂的和间歇性的，其可靠性和有效性不能得到很好的保证。相反，如果汽车能够用蜂窝用户资源进行通信，将会带来一些好处。LTE 具有时延小、传输速度快的优点。而且，由于现有移动通信基站部署广泛，覆盖范围广，无须重新部署路侧基础设施单位，因此成本相对较低。当蜂窝网络资源被用于车对车通信时，这就要求蜂窝通信系统具有更多的频谱资源、更高的系统容量和更好的信道质量。如图 6-11 所示，在蜂窝系统中引入 D2D 通信后，可以在一定程度上提高整个系统的通信资源利用价值。

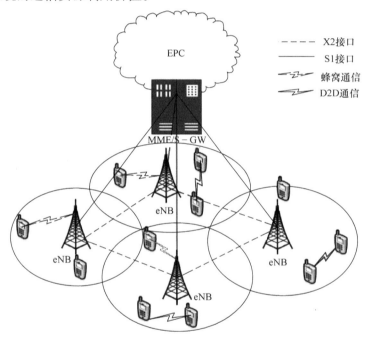

图 6-11　引入 D2D 通信后的蜂窝系统通信场景

在 V2V 通信场景中，当道路上出现某些情况时，当前车辆需要将此信息通知相邻车辆。此时，车辆需要请求在基站与其附近车辆建立 D2D 通信链路的服务，基站接收到该服务请求后，将相应地启动 D2D 通信建立的基本流程。如果通信链路建立成功，当前车辆可以将相关信息传递给相邻车辆，并尽可能多地传播当前路况信息，使道路上的其他车辆都能知道，从而提高道路的交通效率，避免一些交通事故的发生。

如图 6-12 所示，车辆与车辆之间的通信主要基于固定基础设施和动态基础设施的交通信息系统，是一种不限于固定基站的通信技术，可以为移动车辆提供直接的端到端无线通信。也就是说，通过 V2V 通信技术，车辆终端可以直接相互交换无线信息，而无须通过基站转发。V2V 技术允许车辆通过转发自身及前方的实时信息来预防事故的发生，从而缩短行驶时间，最终达到改善交通环境、减少交通拥堵的目的。此外，V2V 通信技术还可以监控在路上行驶的其他车辆的速度、位置等对其他驾驶人无法开放的"隐藏"数据，同时能够自动预测前方是否会发生碰撞。

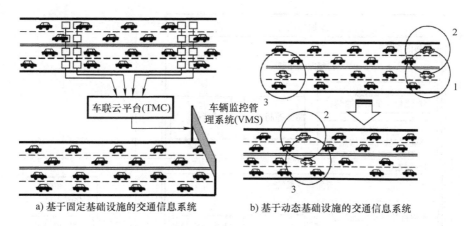

a) 基于固定基础设施的交通信息系统　　　b) 基于动态基础设施的交通信息系统

图 6-12　车辆与车辆之间的通信

车辆在道路上向基站请求 V2V 通信资源是一个动态的过程，松分布。此外，基站和每个用户都配备了全向天线，每个用户都配备了 GPS 设备。它们可以通过设备获得相应的地理位置信息，然后服务基站可以使用这些信息来获得用户之间的相关通信距离值。此外，基站还控制整个小区中通信资源的分配，基本通信资源分配单元是物理资源块。在道路上相邻的两辆车之间的通信链路称为 V2V 链路，它们多路复用并与蜂窝用户的资源通信。V2V 链路可以复用蜂窝用户的上行链路资源，它的下行链路资源可以多路复用。

2. V2I

V2I 中的 I 是车辆驾驶过程中遇到的所有基础设施，包括信号灯、汽车站、建筑物、天桥、隧道和所有其他建筑设施。V2I 通信功能将使用车载智能交通系统的 760MHz 频段，可以在不影响车载传感器的情况下实现基础设施与车辆的相互通信功能，从而获得必要的关键信息。

车辆与基础设施通信的原理如图 6-13 所示。V2I 通信允许车辆在行驶过程中与路侧基础设施（RSU、路侧单元）交换数据，它可以获取区域和整个城市的交通信息，并在信息驾驶引导和预警服务全面集成的基础上，为每个终端提供相应的信息。在支持业务类型上，V2I 比 V2V 通信具有优势。

V2I 技术的主要应用包括交叉路口安全管理、车辆限速控制、电子收费、交通安全管理、道路建设和高度限制警告。该技术将促进交通设施的智能化，包括交通信号灯、气象信息系统等，它可以演变为智能交通设施，通过多种算法识别高危情况，并自动采取预警措施。

3. V2P

V2P 技术可以在驾驶人视野有盲点时，及时发现行人或骑自行车的人，并分析和预测最近一段时间附近行人或骑自行车者的位置、速度、加速度和方向信息，描绘出行人或骑自行车者过去、现在和未来的旅行路线。当车辆与行人的路线可能会重合时，及时提醒驾驶人降低车速，从而避免可能发生的事故。

V2P 技术使行人和骑自行车者能够通过智能手机成为 V2X 通信环境中的一个节点。它可以发送或接收警告信号，例如，如果需要延长过马路时间，它可以提前通知联网灯，还可以提示附近车辆前面的十字路口有行人在过马路，或者它可以提醒自行车在相邻车道上行驶。汽车可以自己驾驶，但路上会有行人，这关系到人身安全、交通秩序和社会稳定，因此，V2P 是自主驾驶中最重要的环节之一。在车辆中实现行人意识的方法有很多，除了更直

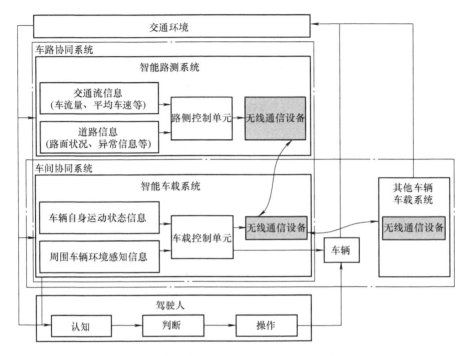

图 6-13 车辆与基础设施通信的原理

观的摄像头和各种传感器外,信息互联也是最有效的方法。例如,行人使用的终端,如手机、平板电脑和可穿戴设备,可以将人与汽车连接起来,如图 6-14 所示。

图 6-14 车辆与行人之间的通信

行人检测有两种常见的检测方法,它们信息的焦点分别是运动和形状。以运动为中心的检测方法是根据人体运动过程中的步行频率来检测行人;以形状为中心的检测方法是通过分析待测目标的灰度、轮廓和边缘信息来检测目标。第一种方法的缺点是只能在运动过程中检测到行人，检测结果需要较长的时间；第二种方法的缺点是检测结果容易产生大量的虚警。

各种车辆检测方法层出不穷，但这些方法都是先提取目标特征，然后将提取的特征输入分类器进行分类识别。比较常见的目标特征有方向梯度直方图（HOG）特征、Haar特征、尺度不变特征、变换（SIFT）特征等。常用的分类器有支持向量机（SVM）、迭代器（Ada-Boost）。由于目标特征和分类器的多样性，车辆检测方法也有很大的选择。随着硬件设备的发展，机器学习理论得到了迅速的发展，并衍生出了许多分支。深度学习将目标检测和分类提升到了一个新的水平。深卷积神经网络的出现在一定程度上缓解了光照、几何变换、变形等不可控因素对检测结果的影响，在样本数据的训练下具有较好的泛化能力。

4. V2R

基于V2R的车路协同系统（CVIS）采用无线通信、智能传感和大数据处理技术，利用双方规定的通信协议和数据交互标准，建立一定范围内的车对车、车对路侧设备之间快速稳定的无线通信连接，完成交通参与者在所有时间和空间的实时交互共享网络交通动态信息的采集、分析与融合，进而实现道路交通参与者动态信息的智能感知、协同控制和集成服务。

交通参与者在出行前，可以通过网络共享从交通管理者那里获取实时的交通路网信息。在确定旅行目的地之后，车载单元可以根据获得的路况信息制订合适的旅行计划，并选择合适的出行路线；同时，交通管理者还可以通过网络共享实时获取交通参与者上传的车辆状态信息，并通过融合处理来自不同车辆的数据，更方便地完成对整个交通流的管理。车路协同系统如图6-15所示，不同车辆进入相邻区域，通过一系列的快速认证和连接过程，建立安全可靠的车载无线通信，实现数据双向交互和共享，实时获取周边车辆的驾驶信息和状态信息，用廉价的数据交互代替昂贵的高性能传感器完成复杂的辅助驾驶任务，提高驾驶安全性。行驶中的车辆还可以通过与路侧设备建立有效的通信连接，从路侧设备获取信息，实时了解本路段或下一路段的交通状况，以及交通标志、监管信息、天气等提示。

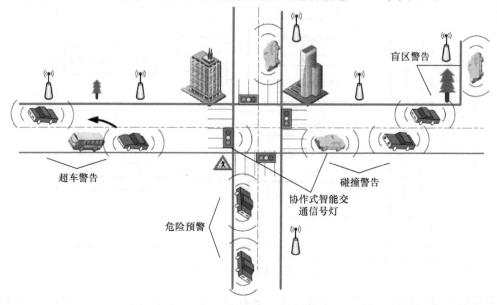

图6-15 车路协同系统

车路协同系统涉及多方面、多层次、多领域的技术应用,从系统应用的角度来看,车路协同系统的关键技术可分为三个部分:智能感知技术、智能信息处理技术和车路协同通信技术。

1)智能感知技术。智能感知技术在车路协同系统的开发和应用中主要体现在车辆对自身及其周围环境的感知,如对车辆自身运动状态的感知、对车辆定位信息的感知、对驾驶环境中障碍物的感知。对这些信息的感知通常通过两种方式实现:

① 通过车辆的 CAN 网络或车载以太网读取车内各种原始车载传感器的状态和数据信息。

② 加载特定传感器以获取车辆的运动和工作状态数据。

路侧传感技术是指对道路交通信息、路面状况信息、气象环境信息进行综合监测的技术。传统的路边感知技术是基于视频采集来实现的。在车路协同系统的开发和应用中,新的路侧传感技术可以通过路侧设备与车载单元之间的通信来实现车辆信息的采集,进而获得当前路段的实时交通信息,路况和天气信息则可以通过互联网直接从云端获取。

2)智能信息处理技术。智能信息处理技术用于融合、计算和分析大量感知信息,并根据处理结果做出智能决策。在车路协同中,车辆管理云平台负责对车载单元或路侧设备上传的海量数据进行进一步的筛选与融合,并采用云计算方法,结合采集与处理的交通数据,进一步完成大规模的车辆诱导策略。智能交通调度算法的分析与计算,可以为用户提供更丰富、更全面的交通服务。

3)车路协同通信技术。车路协同通信技术是整个系统正常运行的关键。从系统构成来看,车路协同系统可分为两大子系统:路侧设备(RSU)和车载单元(OBU),如图 6-16 所示。

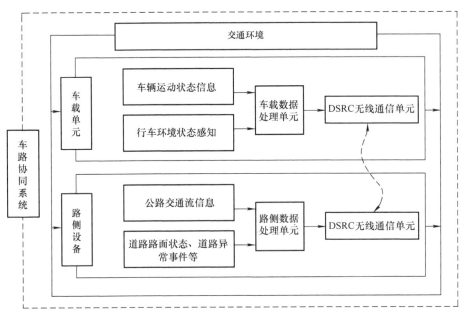

图 6-16 车路协同系统结构

车载单元由车载信息采集、车载定位、无线通信等子系统组成。它主要用于车辆状态信息和定位信息的采集与融合,建立车路协同系统其他成员之间的无线连接,利用采集到的车辆信息生成危险报警和车辆控制信息。简单地说，车载单元可以定义为连接车辆和整个车路协同系统的媒介。路侧设备的组成与车载设备相似，主要用于获取控制交通信号的交通信息，转发其他车辆发送的信息，向一定范围内的车辆发布交通状况或协调控制信息。

TD-LTE 是解决车路通信问题最有前途的通信技术之一。它可以为移动用户提供高数据传输速率和低延迟的服务体验。在基于 WAVE 通信协议的车路协同系统中，TD-LTE 可以访问车辆的 CAN 网络或连接车身上的其他传感器，获取车辆自身的参数和状态信息。它使用无线通信手段来广播车辆的当前驾驶状态，同时接收来自附近车辆或设施的有效信息广播。数据融合与处理为车辆驾驶人提供了有效的决策信息。同时，它还可以用特定的 OBU 或 RSU 传输数据，如网络下载。路侧单元通常安装在路侧基础设施上，设备本身相当于 OBU，但通常扮演服务提供商的角色。

未来 V2X 系统架构中，所有参与的车辆中都会安装车载单元（OSU），该单元会实时采集车辆的行驶状态，例如车速、方向、车辆型号、油量、车辆间距，可能也包括车辆牌照等信息。车载单元将这些信息封装成数据包，并按照信息重要度选择发送的时隙和信道（当前标准是将车辆间距与车速信息作为最高优先发送的数据）。

在 TD-LTE 系统中，用户设备请求 eNodeB 作为上行链路来获取资源，eNodeB 作为下行链路向用户设备（UE）发送数据。上行链路采用单载波频分多址（SC-FDMA）技术，下行链路采用 OFDMA 技术。SC-FDMA 的单载波特性要求同时分配给 UE 的所有资源块必须是连续的，但在下行链路中没有这样的要求。

基于 TD-LTE 的车路通信接入系统架构（图 6-17）采用 TD-LTE 作为各种多媒体业务信息流的主要无线承载实体，将整个车-路通信接入系统分为三层，自下而上为无线接入层、核心网络层、交通云接入层。车载终端、路侧节点和手持终端在其接入的车路通信接入

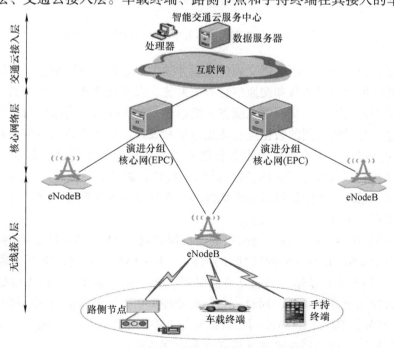

图 6-17 基于 TD-LTE 的车路通信接入系统架构

系统中通过无线接入层实现与智能交通云服务中心的交互；核心网络层管理接入节点，并需要与智能交通云进行通信。中心交换的数据被转发，以保证多媒体信息的无障碍传输和共享。交通云接入层采用云计算方法对大量数据进行分析和预测，确保行车安全，提高交通效率。采用 TD-LTE 技术构建的新型车载道路通信接入网，不仅可以顺利完成大规模多媒体信息的传输，而且有利于系统的扩展。

基于 TD-LTE 的车路通信接入系统的网络结构分为三个层次：第一层是智能交通云中心与 TD-LTE 核心网之间的通信网络；第二层是 eNodeB 基站与 TD-LTE 之间的通信网络核心网和 eNodeB 基站与 eNodeB 基站之间的通信网；第三层是路侧通信节点、车载终端、手持终端与 eNodeB 之间的通信网。

1）交通云接入层通信网。交通云接入层通信网络是指 TD-LTE 核心网与智能交通云服务中心之间的通信，二者通过互联网实现远程通信。智能交通云服务中心与 TD-LTE 核心网形成星型网络拓扑结构，如图 6-18 所示。智能交通云服务中心是该网络的核心，可以与任何 TD-LTE 核心网络服务器通信，但 TD-LTE 核心网络服务器不能直接通信。

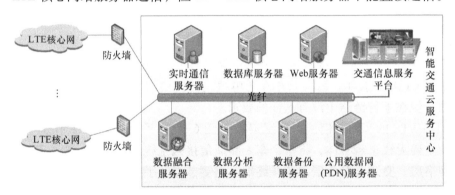

图 6-18 智能交通云服务中心星型网络拓扑结构

智能交通云服务中心是指提供交通信息服务的大数据存储处理平台、应用服务器和基础设施中心，具体可分为云平台和交通信息服务系统。云平台部署应用服务器集群，并使用分布式操作系统来协调工作。交通信息服务系统通过云计算技术收集车辆行驶状况，实时获取道路交通信息，并对收集到的数据进行优化分析和处理。智能交通云服务中心主要服务器包括公用数据网（PDN）服务器、数据备份服务器、数据分析服务器、数据融合服务器、实时通信服务器、Web 服务器等，服务器提供 SC 接口，通过光纤互连。交通信息服务平台通过车路通信接入系统，为路侧设备与车辆终端提供和发布各种服务信息。交通信息以各种形式显示，如图形、声音、文本和视频。

2）核心网络层通信网。核心网络层的通信网络包括 TD-LTE 核心网络与 eNodeB 基站之间的通信以及 eNodeB 与 eNodeB 之间的通信，TD-LTE 核心网负责整个通信网络的数据上传和传输，对 eNodeB 基站传输的复杂数据信息进行分类融合，并将需要处理的数据传输到智能交通云应用服务器集群；同时，它负责处理需要稍后发布的数据，这些数据被分发到每个 eNodeB 基站。TD-LTE 核心网的数据流分为控制平面和用户平面：控制平面管理用户移动性和呼叫控制，用户平面管理承载建立和数据传输。

TD-LTE 核心网主要包括移动管理实体（MME）网络单元、服务网关（SGW）网络单元和公共数据网关（PGW）网络单元。每个网络单元的功能是：通过 S1 – MME 接口将 eNodeB 控制平面连接到 MME 网络单元，实现终端注册和认证功能。MME 网络元件和 SGW 网络元件通过 S11 接口连接以实现默认承载消息的发送和接收。SGW 网络元件通过 S5 接口连接到 PGW 网络元件。SGW 网络元素解析域名系统中对应的 PGW，并将信息传输给 PGW 网络元素。eNodeB 用户平面通过 S1 – U 接口与 SGW 网元连接，PGW 网元通过 SGi 接口与智能交通云中心实现信息交互。TD – LTE 核心网连接多个 eNodeB 基站，但一个 eNodeB 只能属于一个 TD – LTE 核心网。eNodeB 通过用于用户平面数据传输的 S1 – U 接口连接

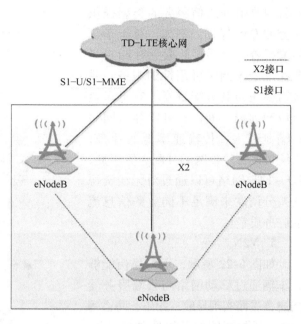

图 6-19 与 eNodeB 相关的网络拓扑结构

到 TD – LTE 核心网的 SGW 网络单元。eNodeB 通过用于控制平面数据传输的 S1 – MME 接口连接到 TD – LTE 核心网的 MME 网络单元。eNodeB 通过 X2 接口彼此连接，并为诸如切换和小区间无线资源管理（RRM）等功能提供支持。X2 接口是一个开放的逻辑接口，在 eNodeB 之间提供点对点连接。与 eNodeB 相关的网络拓扑结构如图 6-19 所示。

3）无线接入层通信网。无线接入层的通信网络主要是指 TD – LTE 终端与 eNodeB 之间的无线通信网络。如图 6-20 所示，eNodeB 基站由无线电遥控单元（RRU）、基带处理单元（BBU）和物理天线组成。天线与 RRU 采用射频同轴电缆连接，RRU 与 BBU 采用光缆连接。eNodeB 基站是 TD – LTE 车路通信接入系统的核心，负责管理整个系统的无线资源分配过程。例如，无线承载管理、接入管理、连接移动性控制、上下行资源调度管理、系统广播消息的调度和传输、寻呼消息的调度和传输、IP 头压缩和用户数据流加密、测量配置和测量报告等。当 TD – LTE 终端移出 eNodeB 基站的覆盖范围时，基站将与周围的 eNodeB 进行业务切换。

基于 TD – LTE 的车路通信接入系统应用场景如图 6-21 所示。该方案采用先进的 TD – LTE 技术作为车辆道路的主要通信方式，并辅以其他通信方式，如 Wi – Fi、蓝牙和 GPS 等。其中，传感器设备（车辆传感器、路侧传感器、交通控制传感器等）负责收集车辆、路况和交通控制信息；路侧设备为车辆服务提供无线接入或进行路对路信息通信，发布实时交通信息，辅助车辆行驶；车辆通信终端（TD – LTE 接入模块、802.11p 接入模块、GPS 模块、传感器模块、蓝牙模块等）在车内进行车辆模式与车路通信模式之间的切换，或使用双模接收实时安全信息或驾驶指引信息，查询交通信息或获取其他多媒体服务。

在这种应用场景中，TD – LTE 网络作为车路通信接入系统的骨干网络，承载车辆、行人或路侧设备传输的所有数据。因此，在有限带宽的前提下，系统中不同业务的相互通信导致带宽的竞争非常激烈。但是，不同业务的网络需求不同，不能采用统一的数据保障模式，

这就需要根据通信服务的类型提供区分的 QoS 保证。例如，对于车辆防撞报警、交通事故紧急呼叫等需要保证最大网络可用性的服务，系统需要先为其分配带宽；对于车辆定位和远程诊断，它可以容忍网络传输延迟大、传输速率低的业务，系统可以暂停带宽的分配。鉴于此，TD-LTE 网络可以通过对无线资源的差分调度来满足不同业务信息流的服务质量。

5. V2N

如图 6-22 所示，V2N 通信能够让车辆通过移动网络与云端服务器相连，进而实现导航、娱乐、防盗等功能。手机联网的目的是丰富信息，汽车联网也是如此。除了用于智能驾驶的各种传感器和摄像头外，车联网也可以看作是传感技术的延伸。

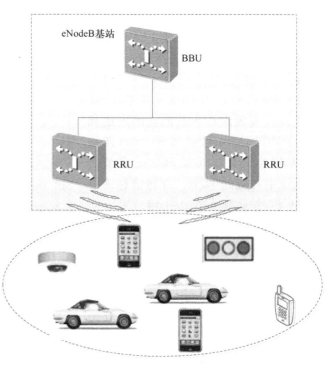

图 6-20　eNodeB 基站构成

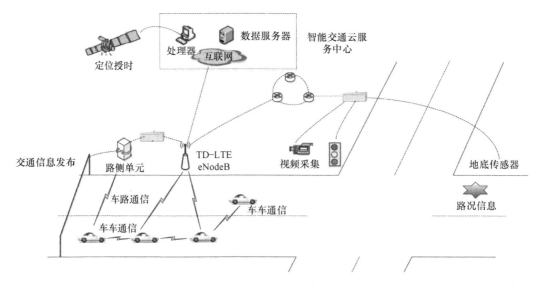

图 6-21　基于 TD-LTE 的车路通信接入系统应用场景

车辆通过 V2V 车间通信技术形成车载自组织网络，我们将车辆节点称为移动节点（MN）。RSU 通过线路与因特网相连，可以通过传统的 TCP/IP 协议访问因特网上的服务，还可以通过有线网络相互通信。RSU 还配备了一个无线接口，可以作为无线热点工作。当车辆进入 RSU 的无线信号覆盖范围时，可以通过 RSU 接入互联网。由于无线信号的范围有

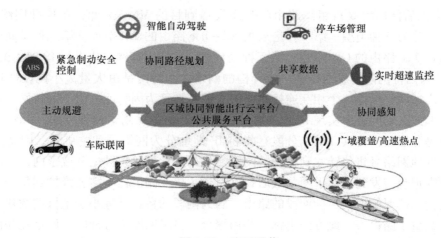

图 6-22　V2N 通信

限,而一些车辆希望在覆盖半径之外接入互联网,那么这些车辆就可以利用相邻车辆作为中继节点,与 RSU 建立无线多跳通信,然后接入因特网。我们将实现互联网接入服务的 RSU 称为接入点（AP）或网关（GW）。

MN 和 GW 的工作协议栈如图 6-23 所示。物理层和数据链路层构成了 MN 的底层通信基础,802.11 无线通信技术主要应用于车联网。802.11 技术允许节点以特别模式工作,节点可以直接通信。

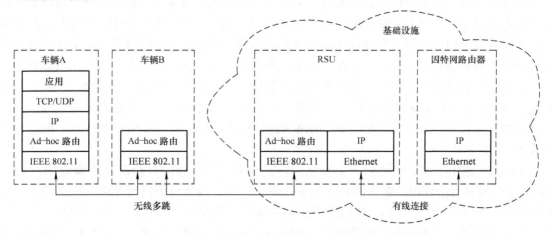

图 6-23　MN 和 GW 的工作协议栈

在无线通信的基础上,为了支持车辆以无线多跳方式接入因特网,中继节点必须具有路由功能。因此,MN 的网络层是一个 Ad-hoc 路由协议,它为上层 IP 包提供转发服务。GW 的协议栈比 MN 复杂。由于 GW 连接了有线网络和 VANET,GW 节点必须同时支持有线网络和无线自组织网络的协议栈。在有线方面,GW 运行普通的 TCP/IP 协议。在无线端,GW 通过 Ad-hoc 路由协议与 VANET 通信。当 MN 接入因特网时,IP 分组通过 MN 网络层的 Ad-hoc 路由无线多跳转发给 GW。当 GW 从 MN 接收到分组时,GW 根据分组的目的 IP 地址,通过传统的有线 IP 路由将分组发送到因特网核心网,最后将分组发送到因特网目的主机。由因特网主机生成的分组,例如来自 HTTP 服务器的响应,首先通过传统 IP 路由发送到 GW，GW 然后使用无线自组织路由将分组发送到目的 MN。因此，在这种网络结构中，网络节点可以分为三种类型，第一种是采用 Ad-hoc 路由的 MN 节点，第二种是同时运行有线路由和 Ad-hoc 路由的 GW 节点，第三种是只运行普通因特网主机进行 IP 路由的节点。

VANET 与因特网的集成网络是一个异构的网络。因特网是由大量大小网段通过路由器连接而成的广域网，它是一个相互连接的网络，因此被称为因特网。由于因特网的规模非常大，为了在如此大的网络中实现 IP 包的有效传输，IP 路由采用了两种方法，一种是划分网段，另一种是分层路由协议。网络分段是指将 IP 地址分为网络号和主机号，因特网路由器根据包的目的地网络号将包转发到正确的网段。如果目标网段也被划分成子网，子网路由器将进一步将数据包转发到目标子网，最后找到目标主机。路由器不需要维护到每个目标主机的路由，它们只需要知道到目标网段的路由。因为网段的数量远远小于主机的数量，所以划分网段大大减少了路由表，此方法也称为路由聚合。虽然网段是分开的，但是互联网的规模还是太大，网段的数量也太多。如果所有路由器都知道应该如何到达所有网络，那么路由表将非常大，并且处理起来非常耗时，它们之间交换的路由信息将消耗更多的带宽。因此，因特网将整个网络分为许多较小的自治系统（AS），AS 内部的路由器知道如何在 AS 中到达每个网络。作为内部路由器运行的路由协议称为内部网关协议，如 RIP 和 OSPF 协议。当源主机和目的主机在不同的 AS 中时，需要将包移交给 AS 边界处的路由器，边界路由器知道如何到达目标主机所在的 AS 的边界，由边界路由器运行的路由协议称为外部网关协议。

目前互联网上使用最广泛的外部网关协议是 BGP，自治系统的划分使得 IP 路由能够以分层的方式进行，多个主机互连以形成一个网段，多个网段组成一个自治系统，自治系统之间的互连形成了一个更大的管理域。与因特网不同，Ad-hoc 网络没有网段的概念，IP 地址位于不同网段上的节点可以在特定区域临时形成网络。例如，在驾驶过程中的某个时刻，车辆与周围车辆交换数据形成网络。在 Ad-hoc 网络中，节点既可以作为发送和接收数据的主机，也可以配合其他节点的包转发来发挥路由器的作用，因此节点之间存在对等关系。由于节点是对等的，Ad-hoc 路由一般是主机路由，没有中心路由器，即节点需要知道每个目的节点的路由。在这个概念中，Ad-hoc 网络的地址模式是扁平的，常用的 Ad-hoc 路由协议有 AODV、DSDV 等。

Ad-hoc 路由协议通常是为一个独立的、完全无基础设施的自组织网络设计的。Ad-hoc 节点只知道自治域内的路由信息，无法处理 Ad-hoc 网络与因特网之间的相互通信，因此需要接入网关位于 Ad-hoc 域和因特网域的边界，负责两种不同路由协议的互操作。因此，除了基本的无线多跳包转发功能外，Ad-hoc 路由在车辆节点能够与因特网主机建立通信之前，必须首先发现可用的网关，网关发现机制大致可分为主动和被动两种。在主动网关发现机制中，网关周期性地广播自己的信息，如 IP 地址、位置信息等。车辆节点通过收听网关的周期性广播来学习可用的网关，在反应式网关发现机制中，车辆节点在需要时广播网关请求消息。在接收到请求消息后，网关向车辆节点发送响应消息，该消息携带有关网关的信息。主动网关发现机制要求网关周期性地发送广播，车辆节点可以及时获得可用的网关信息。在反应式网关发现机制中，车辆节点在需要时发送网关请求消息，会带来网关发现的延迟。而且，如果网络中有更多的车辆需要接入因特网，就会在网络中产生更多的网关请求包和应答包。在通信方面，反应机制要求车辆节点广播网关请求，网关需要发送单播应答包，而主动机制要求网关广播，因此主动机制的实现更简单，允许车辆获得可用网关信息更及时。

6. V2C

从车联网的结构来看，是"云""管""端"三层体系结构。该云平台连接着数千万辆汽车，因此云端需要非常高效，才能实现汽车安全访问、运营数据采集、服务指令发布、车上服务提供等功能。云计算平台必须高度开放，并提供与汽车服务提供商、电子商务、汽车制造商、汽车服务提供商、智能家居制造商、监管机构的对接和数据交换，并需要保持灵活性。

V2C 是基于信息物理系统（CPS）原理的云控制平台系统，通过综合感知、通信、计算、控制等技术，基于标准化的通信协议，实现了包括"车辆、交通、环境"等要素在内的物理空间和信息空间的相互映射。高效协作和利用云计算大数据能力解决系统资源优化和分配问题，可以帮助人们实现车辆道路运营的随需应变、快速迭代、动态优化，最终实现协同无人驾驶。云平台可提供智能网联驾驶云服务、智能网联化数据标准化互联互通服务、四维时空大数据计算服务、动态交互场景库服务、体系化应用开发与测试环境五大服务，并在智慧城市基础设施、自动驾驶协同感知和交通等领域得到应用。利用协同感知、云端决策与网联交通设施控制，实现交通设施控制与车辆控制的协同，增强智能网联驾驶服务能力，降低交通事故发生概率，缩短交通拥堵时间，提高交通效率。

以上介绍了 V2N、V2P、V2R、V2I、V2N、V2C 等技术的应用原理，V2X 是借助当前的各种无线通信技术，将"车、路、人、云"等交通参与要素有机地联系在一起，支撑车辆获得更多的感知信息，促进自动驾驶技术创新和应用。V2X 是智能网联的必要支持，通过开发上层应用，可以提升全方位的智能网联生态，更好地服务于自动驾驶、高效出行、交通管理、远程监控等多维度应用。智能网联汽车可以被看作是利用计算机通过无线通信技术和云端大数据库相连接，通过系统软件来实现车辆的自动控制。智能网联汽车的计算机联网属性，决定了所有计算机可能遇到的信息安全风险都可能出现在智能网联汽车上，不仅涉及用户数据丢失、物品被盗取，而且涉及驾驶安全，因此智能网联汽车的信息安全尤为重要。目前，针对智能网联汽车的信息安全危害分析，需要重点从车外通信、架构隔离、车内通信和控制器内部四个层级制定信息安全防护策略，逐层进行多级防护。

汽车网联化在给乘客带来越来越多的方便服务的同时，也掌握了驾驶人越来越多的个人信息和隐私，甚至可以远程访问操控汽车，为网络安全埋下了隐患。同时，因为自动驾驶完全由计算机控制车辆而不需驾驶人判断操作，这就需要在传统车辆上增加大量的传感器、控制器，执行器也需要升级，系统变得越发复杂，增大了系统故障的概率，而且自动驾驶汽车要求系统在发生故障情况下，车辆仍具有操控性。因此，智能系统的网络安全技术和功能安全成为智能网联汽车的关键技术。

6.1.1.3 车载终端之间通信连接

人机交互终端、V2X 终端、信息服务平台需要稳定的通信环境，以保证各种业务功能的正常显示。点对点连接方法是从硬件的角度解决通信连接问题，人机交互终端作为热点服务器，V2X 终端作为客户端连接热点。人机交互终端热点打开后，V2X 终端会自动搜索并与它需要连接的热点服务器进行自动匹配。至此，人机交互终端与 V2X 终端之间的通信连接成功。

实时监控方法是从软件的角度解决通信连接问题，软件基于人机交互终端与车辆 V2X 终端之间的通信连接网络，采用 TCP 连接协议。连接服务器采用人机交互终端，客户端采用 V2X

通信模块。根据服务器指定的 IP 和端口，使用 TCP 软件连接语句在服务器和客户端之间建立双向连接通道，连接成功后实时检查连接的可靠性和实时性。具体实现形式是 V2X 通信模块的客户端将字符"1"发送到人机交互终端服务器，服务器接收到字符"1"后响应，然后来回循环，实时监控连接的接收和应答状态。一旦在设定的最大接收时间内没有接收到应答字符"1"，服务器或客户端就默认为连接中断，然后中断连接通道，并重新开始连接的过程。

在人机交互应用中，人机交互终端不仅需要与 V2X 终端进行通信，还需要实现业务信息与信息服务平台的双向通道连接。后台推送消息服务的实现是基于人机交互终端与信息服务平台之间的通信基础，稳定的沟通环境是实现业务的关键。

人机交互终端与信息服务平台有两种连接方式，一种是通过 TCP 连接，连接后，终端将实时检测连接的可靠性；另一种是软件实现的"触发应答"问答拼接，一旦两种拼接方法之一无法连接，客户端将断开通道并重新启动连接线程，以确保连接的稳定性。

人机接口（DVI）模块主要负责传感器数据的集成和处理，包括车辆状态和位置数据的集成、车辆历史路径数据的生成、车辆路径预测数据的计算等。WMH 模块主要负责无线消息编解码的处理，还提供应用层发送无线数据的接口，包括无线消息编解码，并根据相应标准对无线消息进行编解码；无线消息调度器遵循相应的调度规则来调度和发送无线消息；提供无线消息发送接口，包括标准消息和用户自定义消息；支持无线消息的接收，并根据消息类型进行分发。TC 模块主要负责计算其他车辆的相对位置，对车辆进行分类，并根据相对位置分发其他车辆的基本安全信息，它可以同时为其他车辆提供多个具有多个基本安全信息的模块。DVI 模块主要负责提供应用层与车辆交互的接口，接收应用层的输出数据，并输出到 VIS。

C-V2X 协作通信无线网络有两个接口：蜂窝移动通信接口 Uu 和短程无线通信接口 PC5。蜂窝移动通信接口 Uu 主要支持云平台、车载终端、道路基础设施和行人之间的通信，即 V2C、I2C、P2C、V2I、P2I；PC5 短程无线通信接口主要支持行人、车载终端和道路基础设施之间的协同通信。在网络部署的早期阶段，道路基础设施被用作蜂窝移动通信网络的终端，V2I、P2I 采用 PC5 接口；在网络部署的后期，道路基础设施可接入边缘网络，成为蜂窝移动通信的基站，V2I、P2I 采用 Uu 接口。此外，在网络部署中，边缘节点加入到边缘网络中，一些云平台的业务能力和业务应用下沉到边缘节点，以提供安全、隐私和低延迟的应用，以及对时间敏感的业务应用程序等。

6.1.2　V2X 协同交互

6.1.2.1　V2X 车载终端

车载终端设备由车载终端、车辆监控服务后台、数据处理服务和其他服务接口组成。它相当于从终端到后台，从交互到服务，形成了一个完整的体验。

1）车载终端：车载终端安装在每辆车上，可以利用 GPS 接收机、加速度传感器、摄像机、平衡陀螺仪等来感知车辆在行驶过程中的变化。如有必要，它会发出警报并通过设备传递收集的信息，经信息处理模块处理后，通过 4G 模块接入互联网并进行传输。

2）车辆监控服务后台：车辆监控服务后台主要由显示屏、紧急呼叫中心和调度台组成。显示屏能实时显示配备有特定终端的车辆信息,并能清晰定位每辆车,显示指定车辆的行驶路线和行驶过程的屏幕截图;它还可以显示当前连接的车辆、人员流量统计用于判断某一区域的交通流量。紧急呼叫中心配备 24 小时值班人员,在驾驶人使用车载终端进行紧急呼叫时,在最短时间内对紧急情况进行响应,并将损失控制在一定范围内。调度台通过分析当前连接车辆的数量来分析道路状况,然后使用数据服务来分流和引导车辆。

3)数据处理服务:数据处理服务主要分为几个主要领域,即通信服务、Web 服务、分析服务和存储服务。通信业务是与每辆装有车载终端的车辆保持心跳连接,使车辆能够传输自身位置和驾驶环境的信息,增加通信服务器,快速扩展。使用 Web 服务响应驱动请求,使用终端通过这个专用通道访问互联网。分析服务将前两个返回的数据组合起来,为通信服务提供一个接口,该接口向上连接到存储服务,为 Web 服务提供一个接口,在该接口中,驾驶人还可以查询当前车辆的驾驶区域信息、路况等。存储服务使用数据库系统存储所有连接与注册的设备及车辆的自记录和驾驶信息,包括当前环境的速度、位置和屏幕截图;然后,驱动程序可以通过分析服务提供的接口再次读取此信息。

4)其他服务接口:其他服务接口包括专业气象部门提供的气象信息查询接口、路政部门提供的实时路况查询接口、各区交警大队车辆管理部门提供的车辆查询接口。

以上这四个接口组件分别代表四个不同的功能层:

1)交互层:与驱动程序密切相关的层,所有的指令和操作都在这个层上完成。

2)传感层:通过摄像机、GPS 接收机、车载终端加速度传感器等精密仪器实时感知当前车辆行驶状况。

3)通信层:通过 LTE 技术上传下载数据,完成与外界的信息交换。

4)处理层:通过后台云中的大量数据和强大的计算能力,及时处理和汇总返回的信息和各种驾驶相关咨询。

车载终端主要有以下硬件模块:

1)处理器模块:该模块是终端设备的核心模块,需要具备强大的计算和处理能力,并需要集成通信终端设备的相关功能芯片。例如,需要在主板上集成蓝牙芯片来完成短距离信息交换,使用集成的 LTE 模块来上传和下载数据。

2)信息采集模块:该模块分为两部分,一部分负责音频信息的采集和输出,另一部分负责图像信息的采集。在汽车通话中,信息采集模块需要接收用户的声音并发送给 CPU 进行处理,再将处理后的音频信息输出给用户。在记录驾驶信息时,该模块需要采集当前的实时图像。

3)交互模块:完成软件信息的显示,使设备通过触摸与用户交互,需要设计相应的外部按钮来切换设备状态。

4)外部存储模块:该模块采用 SD 卡扩展车载设备的存储空间。

车载终端设备是车载网络的核心,整个车载终端有一个处理器,计算外围部件采集的各种数据信号并进行相应的反馈;存储器支持一些需要缓冲才能使其平稳工作的功能,也支持扩展存储器。其他外围接口设备通过相应的接口电路与平台连接。一些关键的外围接口设备包括扬声器、显示器、摄像头和设备按钮。车内终端作为入口,大多数驾驶人直接与其互动,这就需要云与车载终端之间有一个良好的通信机制。

通过以上各层，可以从两个方面定义完整的车载终端设备。首先，硬件的三层构成了设备的硬件基础；第二，软件的三层构成了设备的软件基础，一个可释放的软件以整个硬件为基础，再结合可发布的系统软件，使之成为一种面向用户的车载终端设备。

如图 6-24 所示，车载终端设备分为六层，分别是主板层、信息采集层、用户交互层、操作系统层、组件驱动层和应用软件层。

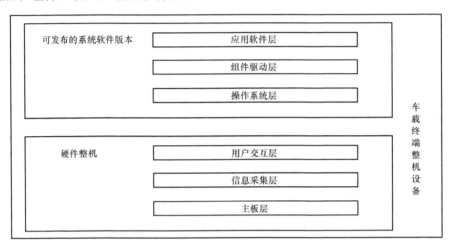

图 6-24　车载终端设备层次图

1）主板层：它位于车辆设备的底部，是车辆设备的基础，包含了通信设备应具备的核心功能。

2）信息采集层：位于主板层之上，主要通过摄像头组件来采集图像信息，通过扬声器等组件来采集声音信息。

3）用户交互层：通过触摸和按键，利用显示屏完成用户与车载设备的交互，它也是软件显示的媒介。

4）操作系统层：它是所用软件功能的基础，与主板和信息采集组件一起工作，为上层应用程序分配合理的资源。

5）组件驱动层：使用所选组件的驱动程序将其与主板有效集成，并与系统基线层良好配合。

6）应用软件层：位于车辆设备顶层，由各种定制应用软件组成，直接与用户交互。

6.1.2.2　V2X 车路协同

V2X 车路协同系统分为三个层次：物理设备层、系统层和应用层，每一层实现不同的应用场景功能支持。其中，物理设备层的功能是实现基础数据采集和数据交互，还包括支持上述功能正常运行的设备驱动软件；系统层和应用层可以实现系统数据管理和预定义应用场景的软件功能，应用层在系统核心模块的支持下工作，包括工作流引擎、数据处理引擎和地理信息系统（GIS）定位引擎，三个核心引擎保证了系统应用场景的顺利运行。

V2X 车路协同系统的物理设备主要由车载设备（OBU）、路侧设备（RSU）和车辆显示终端组成。车载设备作为信息传输载体获取移动车辆的状态；路侧设备作为交通、路况和道路基础设施状况的载体固定在道路两侧或道路龙门架上；车辆显示终端以平板电脑为载体，将车辆与路侧设备连接起来，使驾驶人能够对周边交通和实时路况的现场进行可视化监控。同时，摄像机还可以作为路侧设备的附件，通过网络端口与行人检测相关场景进行通信。通过车载设备与路侧设备的有序协调，实现了车对车、车对路等多种预定应用。所有路侧设备通过有线网络或4G网络从服务器获取路况和交通信息。

V2X软件系统可以采用分层、低耦合的设计，实现多车接入共享。报警信号通过危险仲裁模块统一输出，采用CAN、串口、网口等输出方式，支持多个显示终端。报警触发参数保存并配置在设备的内置文件中，可以通过手机或平板电脑中的应用程序等显示终端进行配置。整个软件逻辑体系结构可以分为三个层次：输入输出层、无线消息服务层和应用服务层。

1）输入输出层：负责设备与外部设备之间的通信功能，实现设备所有数据的输入输出。它主要由无线信息服务（WMS）、时钟定位服务（TPS）和车辆接口服务（VIS）等模块组成。其中，TPS模块负责与GPS模块通信并接收本地GPS数据，它还支持向GPS（差分）发送数据，包括本地GPS数据采集、系统时钟同步、向GPS发送差分数据、三轴加速度和角速度数据获取并发送；VIS模块主要负责与车辆通信，实现车辆数据的传输和接收，包括获取车辆状态数据，向车辆输出预警信息，支持CAN通信方式。

2）无线消息服务层：主要负责与其他V2X设备通信，实现无线数据的收发和安全认证，包括相关的标准及V2X通信协议栈；覆盖MAC层、网络层和传输层协议，提供无线上层应用程序的消息交互通道；安全模块负责数据签名和验证、证书管理以及加密和解密。

3）应用服务层：应用服务层负责实施一般安全应用，识别并输出影响车辆安全的危险，将输入数据集成、处理并分发到应用层，同时为应用层提供发送数据的接口，主要由传感器数据处理（SDH）、无线信息处理（WMH）和目标分类（TC）组成。应用层主要由安全应用（SA）和危险仲裁（TA）两个模块组成。SA模块包括各种常见的安全应用场景子模块，如正向碰撞预警系统（FCW）、车道偏离预警系统（LCW）等，根据相关输入数据识别相应的危险并输出预警信息；每个场景相互独立，互不干扰，具有良好的可扩展性；同时，它支持用户定义的第三方应用，如用户定义的语音和视频应用，并且独立于原始应用。TA模块负责接收所有应用场景输出的预警信息，根据相应的规则对预警信息进行调度和仲裁，选择最紧急的预警信息，并输出到人机交互界面。

智能交通和自动驾驶车辆等领域包括但不限于避碰预警、盲点检测、紧急车辆信息通报、收费相关应用、商业运营应用等V2X车路协同系统协议，还可以用于实现车对车、车与交通基础设施之间高速、高可靠性的数据通信，支持行车安全、交通效率、信息娱乐等多种应用，不同模块协议的功能见表6-1。

C–V2X协同通信网络体系结构由核心网络、边缘网络和无线网络三部分组成。核心网络主要支持云平台通信，提供数据能力、服务、应用、安全和隐私保护等业务能力和业务应用。边缘网络主要支持边缘节点与路边终端之间的通信。无线网络主要支持车载终端和路边终端与智能手机通信。对于自动驾驶来说，除了车辆需要有一个感知系统来观察周围环境外，还有很多其他的要求。因为除了前传感器之外，自动驾驶车辆还需要与所有可能影响车辆的实体进行交互，以减少事故、交通拥堵等状况的发生。因此，V2X技术正在发展成为一种自动驾驶的感知方法。

表 6-1 不同模块协议的功能

模块协议	协议功能
1609.X 协议栈	负责 DSRC 通信中涉及的信道、功率、速率等的配置和控制消息、用户消息收发的通信模块
TCP/IP 协议栈	系统内部通信和部分 WAVE 协议使用的通信协议栈模块
设备驱动	包括系统用到的各个硬件模块的驱动程序,包含 CAN 驱动、串口/网口/Wi-Fi 驱动、4G/5G 模块驱动、GNSS 模块驱动等一系列底层驱动程序
定位守护进程（GPSD）	GPSD 是对 Linux 下的一个守护进程加以改造,用以侦听来自 GNSS 接收器的位置等信息,并将这些位置信息解析成简化的格式。将收到的 packet 解析之后,可以通过 D-BUS、共享内存和 socket 方式输出
文件系统	文件系统包含文件中的数据和文件系统的结构,包括用户和程序的文件、目录、软连接及文件保护信息等

V2X 系统主要具有以下先进的技术和高可靠质量的工作特性:

1) 点对点通信距离可达 800m,最大通信速率 27Mbit/s,具有自组织网络功能,支持车队间可靠的视频通信。

2) 低延迟、低丢包率,支持车-车、车-路可靠通信。

3) 高性能嵌入式处理器和前端通信模块。

4) 内置高精度模块芯片,车道水平定位精度高,可实现道路车道识别。

5) 满足车辆防护标准,满足各种复杂应用场景的要求。

6) 灵活的预警配置,支持振动、声音、动画报警,可连接到前方显示屏进行道路交通预警。

6.1.2.3 V2X 人机交互与协同技术的实现

V2X 目前涵盖了三种典型的应用场景:交通安全、交通效率和信息服务,并已开发用于支持自动驾驶应用的实现。系统中各种业务功能的实现需要一个网络环境,整个系统分为人机交互终端、V2X 车载终端和信息服务平台三部分。

车载 V2X 终端安装在每辆车上,是一个前端设备。它由通信模块（DSRC 模块、3G 模块）、传感模块（GPS 接收机、陀螺仪、重力传感器）和信息处理模块组成。在 V2X 车载终端中,GPS 模块接收卫星定位数据,DSRC 模块实现车辆、车辆和路旁的通信,3G 模块通过移动基站接入互联网。

人机交互终端是连接 V2X 车载终端和信息服务平台的系统外围设备,它通过 Wi-Fi 与 V2X 车载终端进行通信,并通过移动蜂窝数据连接到信息服务平台。人机交互终端实时显示车辆终端和信息服务平台的状态信息,同时不断向终端和后台输入用户信息,使系统正常运行。信息服务平台是信息存储和转发的数据中心,负责收集路侧设备和人机交互设备的实时状态信息,监控各类车辆的状态,控制道路交通,并根据具体道路情况提供市政信息。

终端软件功能有一个实现环境,V2X 车联网采用人机交互软件。通过人机交互终端与 V2X 通信模块和信息服务平台之间的通信连接,最终显示出各种业务功能。例如,在接收到红绿灯信息后,终端能及时显示红绿灯和剩余时间,提示驾驶人及时控制车速以灵活应对各种路口,从而保证交通畅通。终端软件功能如下:

1）防撞报警显示：根据不同的报警场景，及时显示报警状态，并播放报警声音，提醒车主注意行车危险。

2）车辆位置显示：根据 V2X 终端 GPS 模块发送的经纬度信息，人机交互终端在地图上实时显示车辆位置。

3）疲劳检测报警：根据车辆上的疲劳检测模块发送的疲劳检测报警信息，车辆终端显示疲劳报警状态，并广播报警声音。

4）汽车短信：车辆之间的文字和语音信息。

5）应急信息：一方面，人机交互终端可以显示路边和信息服务平台发送的应急信息。另一方面，人机交互终端本身也可以发送自己车辆的紧急信息。

6）高重用性：当视图层不方便时，只需更改业务逻辑层的代码即可显示界面，最大限度地提高代码重用性。

7）高可维护性：视图层与业务逻辑层分离，易于维护和修改。

人机交互模型是描述人机交互系统中交互机制的结构概念模型。它从不同的角度描述了人机及其交互活动的特点，也是开发实用的人机交互系统的基础。人机交互模型大致可分为以下几种：

1）行为模型：从用户和任务的角度描述人机交互界面。

2）结构模型：主要从系统的角度表示人机交互界面。

3）事件对象模型：一种面向对象的表示模型，它将人机交互活动归因于事件和对象的交互。

根据各种业务功能的具体需求，采用事件对象模型来描述人机交互机制。在事件对象模型中，事件是人机交互活动中传递的信息。这些信息可以是红绿灯服务消息、碰撞警告服务消息、疲劳检测服务消息等。模型中的对象是交互中的对象。软件中的对象可以是各种服务的显示接口，也可以是通信中的实体事件触发交互活动。在活动过程中，相互作用的对象是可以容忍的。它们具有面向对象的风格，同时还考虑了对话独立性原则和语义反馈的要求。

6.2 车载智能计算平台

6.2.1 车载智能计算平台体系架构

汽车智能化的关键在于构建一个具有感知、计算、通信、决策等功能的新体系结构，以及一个能够实现数据融合、高速计算、智能决策、协同控制能力的智能计算平台，以完成汽车驾驶过程和信息交互。多源海量异构数据的高速计算与处理为决策和控制提供了实时响应，实现了汽车的自动驾驶和联网服务等功能。

车载智能计算平台是新型汽车电子电气体系结构的核心，以环境感知数据、GPS 信息、实时车辆数据、V2X 交互数据为输入，以环境感知定位、路径决策规划、车辆运动控制为核心，控制算法输出驾驶、变速、转向、制动控制指令，实现车辆的自动控制，并通过人机交互界面实现自动驾驶信息的人机交互。

基于 AUTOSAR 的车载智能计算基础平台结构如图 6-25 所示，其参考体系结构主要包括两部分：自动驾驶操作系统和异构分布式硬件体系结构。其中，自动驾驶操作系统是基于异构的分布式硬件体系结构，包括系统软件和功能软件。车载智能计算基础平台以系统可靠、运行实时、分布灵活、计算能力强等特点为核心，实现感知、规划、控制、联网、云控制等功能，最终实现安全、实时、可扩展的多层次自动驾驶核心功能。

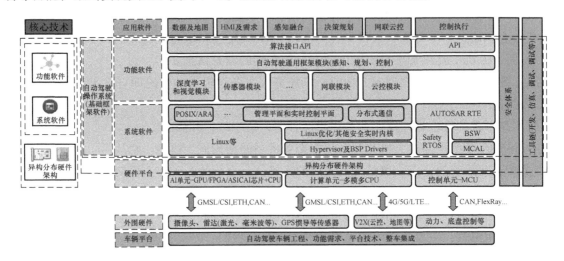

图 6-25　基于 AUTOSAR 的车载智能计算基础平台结构

为了实现智能驾驶系统高性能、高安全的控制要求，智能车辆计算平台汇集了基础软硬件平台技术、系统安全平台技术、整车通信平台技术、云计算平台技术，核心控制算法技术等多项关键技术。车载智能计算平台体系结构由车载智能计算平台、云端智能计算平台、通信网络和资源库组成。

1）车载智能计算平台：由传统的 ECU 转变为智能高速处理器的新一代车载中央计算单元，比如域控制单元（DCU）和多域控制单元（MCU）的应用，包括芯片、模块、接口等硬件和驱动程序、操作系统等软件以及基础应用，可以保证智能车联网感知、决策、规划、控制等高速可靠运行。

2）云端智能计算平台：主要是指为车载智能计算平台提供深度学习模型训练、仿真测试、数据存储等支持能力，并提供实时高精度地图数据服务和全球路径规划的云计算系统。

3）通信网络：主要是指车辆与云端、计算平台与外部环境、身份认证与识别分析系统之间的网络通信系统。

4）资源库：主要是指支持系统和应用工程开发与维护的一系列组件，如开发环境、驱动程序、调试工具、编译工具等。

在智能车辆计算平台中，传感器用来实现环境路况信息的采集，基于高性能中央处理器/图形处理器（CPU/GPU）的系统级芯片（SoC）用来实现环境感知定位、路径决策规划等核心算法，MCU 用来实现高安全性的车辆控制和车内通信。同时，为了满足智能驾驶功能安全水平的要求，目前一般采用两个主控制器来实现故障监测和冗余控制。

智能驾驶计算平台需要强大的硬件计算资源，用以实现基于多信息融合的环境感知定位、路径决策规划和车辆运动控制，如摄像机、毫米波雷达、激光雷达、定位系统和高精度地图等应用的高性能和高安全控制要求。

6.2.2 车载智能计算平台基本原理

车载智能计算平台的基本原理如图 6-26 所示。在汽车智能化和网络连接过程中，车载智能计算平台主要利用人工智能、信息通信、互联网等技术，完成汽车驾驶和信息交互过程中海量、多源、异构数据的高速计算处理；大数据、云计算、实时感知、决策、规划等新技术参与全部或部分控制，以实现自动驾驶、联网服务等功能。

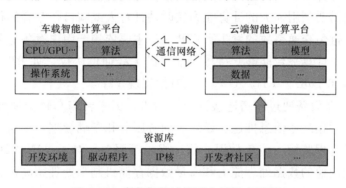

图 6-26 车载智能计算平台的基本原理

车载智能计算平台的计算能力涉及芯片、操作系统、驱动程序、安全管理、存储管理和错误管理。在算法方面，主要包括环境感知、智能规划决策和控制等功能模块。

在操作系统方面，车内智能计算平台涉及自动驾驶操作系统和车辆控制操作系统。为了提高自动驾驶环境感知性能，车内智能计算平台还应具备实时动态高精度定位和高带宽低延迟网络通信能力。

基于 L3 级的车载智能计算平台系统功能将变得更加复杂，实时性要求和安全性要求也不断提高，传统的基于总线的汽车分布式体系结构已经不能满足开发需求。为了实现智能网联汽车的复杂功能与计算能力的提升以及实现大量互联信息的高效传输、管理与系统的安全性，集中式的新型电子电气结构的智能计算平台集成了多个异构处理器。

V2X 借助当前各种无线通信技术，将"车、路、人、云"等交通参与要素有机地联系起来，不仅可以支持车辆获取更多的感知信息，还可以促进自动驾驶技术的创新和应用，有利于构建智能交通体系，促进汽车和交通服务新模式、新业态的发展。V2X 是智能网联连接的必要支持，通过上层应用的开发，可以提升综合智能网联连接生态，更好地服务于自动驾驶、高效出行、交通管理、远程监控等多维应用。

智能联网汽车计算平台可以发送或接收车速、相对位置、制动、直行、左转等与行车安全有关的所有数据，甚至包括拍摄周边事物、音频、视频等，用以分析和预测其他车辆的驾驶行为，实现主动安全策略，提高驾驶安全性，为半自动驾驶和自动驾驶提供数据支持。最常见的应用场景是在城市街道和高速公路上，车辆相互通信并发送数据，实现信息和数据共享。V2V 车辆通信可以通过 C-V2X 中的 D2D 协议实现车对车通信，这为车辆制造商带来了另一种运营维护模式，既有效地建立智能车队、规划路径、降低油耗，又提高了运营收入。

智能联网汽车计算平台需要分析和接收道路基础设施的预警信息，如交叉路口盲点碰撞、道路危险、道路建设、应急车辆、交通堵塞和事故报警、盲点交通信号或标志等，提醒用户相应的危险情况，推荐优化的驾驶行为，促进道路车辆驾驶及周边信息的合理化和改善。V2I 车辆通信采用 C－V2X 中的超密集网络技术和 D2D 协议，实现车路基础设施通信。智能车辆计算平台通过强大的 CPU 对接收到的信息进行处理，结合 GPU 对摄像头识别的图像进行处理，然后辅助高清地图和云支持，建立协同环境感知系统。

智能联网汽车计算平台支持强大的安全通信，通过智能钥匙实现无钥匙进入、远程起动等功能。同时，还需要利用强大的计算能力实时估计行人或骑自行车者的行驶轨迹，为驾驶人提供驾驶判断，避免交通事故的发生。V2P 通信主要依赖于用户设备的无线通信协议，这就要求智能网联汽车计算平台能够支持尽可能多的无线通信协议，如 BT、Wi－Fi、Zigbee、Z－WAVE、NB－IoT/LoRA、LTE/5G 等，以有效实现 V2P。

V2N/V2C 是车载设备通过网络连接到云平台上，云平台与车辆交换数据，存储和处理采集的数据，提供远程交通信息推送、娱乐、商务服务和车辆管理。车对云平台通信主要用于车辆导航、车辆远程监控、应急救援、信息娱乐等服务。对于 V2N/V2C，智能网联汽车计算平台需要强大快速的数据处理能力和海量数据存储机制来处理超高速、超高吞吐量、高可靠性、超低延迟的网络数据。因此，V2N/V2C 需要在 C－V2X 中采用新的天线传输技术、高频传输和同频全双工，这就要求智能车计算平台能够支持新的网络架构，如 D－RAN、C－RAN、D2D，综合 MTC 等接入技术，通过各种低成本高速光传输网络实现 V2N/V2C 通信。

目前的云计算平台主要用于对实时性要求不高的内容服务和数据分析，如智能互联中的信息娱乐功能，以及用户的驾驶行为分析等。车辆通过网络将 ECU 数据上传到云平台，云平台通过数据存储、数据挖掘、数据分析等方式将数据模型发送到车辆上，为车辆提升用户体验。随着 4G 数据网络上下行速度越来越快，车上的应用也越来越多，计算平台有从车载终端向云计算平台迁移的趋势，其主要优点是规模大、虚拟化能力强、可靠性高、通用性强、可扩展性高、按需服务、成本低。一旦超高速网络成为现实，云控制平台的域控制器将承担更多的计算，相应的人工智能芯片和核心算法将成为一个关键应用领域。

智能车辆计算平台通过发送或接收车辆的速度、相对位置、制动、直行或左转等所有与车辆安全相关的数据，甚至包括拍摄周边事物或音频视频，对其他车辆进行分析和预测驾驶行为，从而实现主动安全策略，提高驾驶安全性，为半自动驾驶和自动驾驶提供数据支持。

智能车辆计算平台需要分析和接收路边基础设施的报警信息，如交叉路口盲点碰撞、道路危险、道路建设、应急车辆、交通堵塞和事故报警、盲点交通信号或标志等。通过优化驾驶行为，促进道路车辆驾驶及周边信息的合理化和改善，促进整个智能城市的建设。

车载智能计算基础平台结合了车辆平台、传感器等外围硬件，在车内利用传统网络和新型高速网络，车载智能计算平台的参考体系结构主要包括两部分：自动驾驶操作系统和异构分布式硬件体系结构。其中，自动驾驶操作系统是基于异构的分布式硬件体系结构，包括系统软件的总体基本框架软件和功能软件。车载智能计算基础平台以系统可靠、运行实时、分布灵活、计算能力强等特点为核心，实现感知、规划、控制、联网、云控等功能，最终实现安全、实时以及可扩展的多级自动驾驶核心功能。

（1）异构 车载智能计算基础平台的异构芯片硬件解决方案如图 6-27 所示，主要是针对 L3 及以上自动驾驶汽车的。车辆智能计算基础平台需要兼容多种类型和数量的传感器，具有高安全性和高性能。现有的单片机不能满足多种接口和计算能力的要求，需要一种异构芯片的硬件解决方案。异质性可以体现在集成了多个体系结构芯片的单板上，如奥迪 zFAS 集成微控制器（MCU）、现场可编程门阵列（FPGA）、中央处理器（CPU）等；也可以体现在功能强大的单芯片（SoC，片上系统）同时集成多个体系结构单元，如 NVIDIA – Xavier 集成图形处理器（GPU）和 CPU 两个异构单元。现有的汽车智能计算平台产品如奥迪 zFAS、特斯拉 FSD、NVIDIA Xavier 等硬件主要由人工智能单元、计算单元和控制单元三部分组成，各单元完成各自的定位功能。

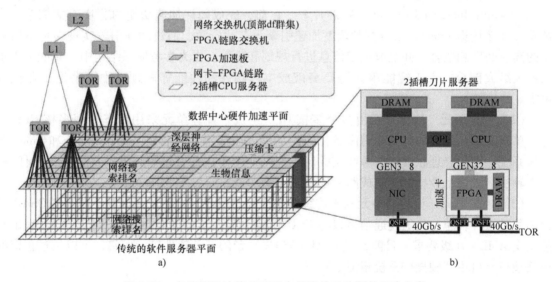

图 6-27 车载智能计算基础平台的异构芯片硬件解决方案

（2）分布弹性 车载智能计算基础平台分布式硬件方案如图 6-28 所示，汽车智能计算基础平台的分布式硬件解决方案的汽车电子和电气体系结构逐渐被多个单功能芯片集中在各个领域控制器中。L3 和以上水平的自动驾驶功能要求汽车智能计算基础平台具有系统冗余和平滑扩展。一方面，考虑到体系结构和系统冗余的异构性，采用多板卡实现系统的解耦和备份；另一方面，采用多板卡分布式扩展的方法，满足自动驾驶 L3 及以上的计算能力和接口要求。在同一个自动驾驶操作系统的统一管理和适应下，整个系统协同实现自动驾驶功能，通过改变硬件驱动程序和通信服务来适应不同的芯片。

6.2.3 车载智能计算平台硬件架构

车载智能计算平台的硬件架构主要包括人工智能单元、计算单元和控制单元。

（1）人工智能单元 人工智能单元采用并行计算架构的人工智能芯片，并采用多核

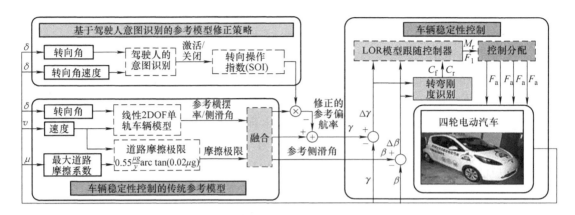

图 6-28　车载智能计算基础平台分布式硬件方案

CPU 对人工智能芯片进行配置和必要的处理。AI 芯片可以选择 GPU、FPGA、ASIC（Application Specific Integrated Circuit）AI 芯片等。目前，完成硬件加速功能的芯片通常依赖于内核系统（多用途 Linux）来分配和调度加速引擎等芯片资源。通过加速引擎实现多传感器数据的高效处理和融合，并获取关键信息进行规划和决策。作为参考体系结构中计算能力需求的最大组成部分，人工智能单元需要突破成本、功耗和性能等瓶颈，才能满足产业化的要求。

（2）计算单元　计算单元由多个多核 CPU 组成，计算单元采用汽车专用多核 CPU 芯片，单核高频和强大的计算能力满足相应的功能安全要求，它装载了 Hypervisor 和 Linux 等内核系统，用于管理软硬件资源和完成任务调度，用于执行大多数与自动驾驶相关的任务，核心算法集成多个数据源，完成路径规划和决策功能。

（3）控制单元　该控制单元基于传统的车辆控制单元，控制单元加载经典 AUTOSAR 平台的基础软件，单片机通过通信接口与 ECU 相连，实现车辆动态水平和垂直控制，满足功能安全 ASIL – D 级要求。目前，经典 AUTOSAR 平台的基础软件较为成熟，可以通过预留的通信接口与自主驾驶操作系统集成。

6.2.4　车载智能计算平台软件架构

车载智能计算平台软件架构的典型应用案例是基于自适应 AUTOSAR 的，如图 6-29 所示，它采用分层体系结构，可以集成多个应用。计算平台软件的上层是应用层，运行"核心控制算法"和"安全管理"。智能驾驶的核心控制算法包括环境感知定位、路径决策规划和车辆控制。同时，根据智能驾驶的需要，实施功能安全和信息安全管理，包括错误监控、信息安全策略、处理器监控和安全纠正执行、安全警告和降级策略。计算平台软件的底层是基础软件，实现通信和 I/O 驱动、错误管理、硬件安全管理和存储管理。操作系统使用符合 POSIX 接口的实时操作系统（RTOS），并通过虚拟机从硬件层进行划分，硬件资源使片上多个软件系统保持独立。POSIX 接口 RTOS 技术对于符合 POSIX 接口的 RTOS 来说，大家普遍青睐 Linux 开源软件。由于开源可以带来自由定制，根据汽车控制领域的需求，优化了任务调度/抢占机制，实现了 RT – Linux。

自动驾驶操作系统是车内智能计算基础平台的核心部分，自动驾驶操作系统使用并包括

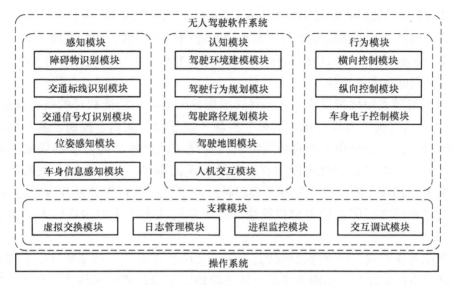

图 6-29　智能驾驶计算平台软件架构

基于异构分布式硬件/芯片组合的汽车控制操作系统，这是汽车控制操作系统的异构扩展。汽车控制操作系统是指在传统的汽车控制 ECU 中，由主控芯片 MCU 加载运行的嵌入式操作系统，如 AUTOSAR（OSEK）操作系统。它可以借鉴经典的 AUTOSAR 软件架构，吸收其模块化和层次化的思想。自动驾驶操作系统不仅具有车辆控制操作系统的功能和特点，还提供高性能、高可靠性的传感器、分布式通信和通用的自动驾驶框架，支持自动驾驶感知、规划、决策和控制功能多样性。自动驾驶操作系统将车辆控制操作系统集成到整个系统软件和功能软件框架中，车辆控制操作系统在单片机上运行，一般采用功能安全 ASIL – D 级来保证基于车辆的智能计算基础平台的安全性和可靠性，并根据自动驾驶的需要进行了一定程度的扩展。

自动驾驶域控制器的功能实现需要涵盖环境感知、传感器融合、决策控制等方面，同时增加了功能安全和信息安全的要求，对控制器软硬件系统提出了更高的性能要求。通过在软硬件操作系统之间嵌入 Hypervisor 层，在硬件抽象层的基础上，直接模拟到多个操作系统中，解决资源冲突和虚拟机选择问题。Hypervisor 是所有虚拟化技术的核心，主要目的是允许多个操作系统和应用程序共享一部分硬件资源。它也被认为是一个硬件虚拟器，Hypervisor 将涉及虚拟驱动程序开发和资源配置，包括对各种虚拟机的支持和对新 CPU 的适应。目前，芯片主要有 Intel、Renesas、NXP、TI 等，操作系统主要有 Linux、QNX 等。

系统软件和功能软件是基于车辆的智能计算平台安全、实时、高效的基础、基础和基础，自动驾驶操作系统由系统软件和功能软件组成，系统软件创建复杂的嵌入式系统操作环境，功能软件根据自动驾驶的核心共性需求，指定了自动驾驶的通用子模块。系统软件可以借鉴 AUTOSAR 软件体系结构的层次化思想，实现与经典或自适应平台的兼容和交互。功能软件根据自主驾驶的共同需求，定义并实现了通用模块，弥补了 AUTOSAR 体系结构在自主驾驶方面的不足。

系统软件是为汽车场景定制的复杂大型嵌入式系统操作环境，一般包括异构分布式系统的多核设计与优化、Hypervisor、POSIX/ARA、分布式系统（DDS）等。

功能软件核心的通用功能模块包括自动驾驶通用框架模块、网络连接模块、云控制模块、深度学习和愿景模块以及传感器模块，结合系统软件，共同构成完整的自动驾驶操作系统，支持自动驾驶技术的实现。

（1）自动驾驶通用框架模块　自动驾驶通用框架模块是功能软件的核心和驱动部分。L3级及以上自动驾驶系统具有通用的框架模块，如感知、规划、控制及其子模块。一方面，自动驾驶将产生安全和生产的共同需求，实现满足这些共同需求的通用框架模块是确保实时、安全、可扩展和可定制的自动驾驶系统的基础。另一方面，关键算法，特别是人工智能算法仍在不断发展，如基于卷积神经网络（CNN）框架的深度学习感知算法、基于高精度地图的多源信息融合定位算法、基于车辆动力学模型的通用人工智能和规则决策算法等。

（2）网络连接模块　网络连接模块是在自动驾驶操作系统的功能软件中实现网络连接通信和处理网络连接数据的功能子模块。该子模块除了满足传统网络连接服务场景的需求外，还实现了网络连接协同感知、网络连接协同规划、网络连接自动驾驶等功能，并对网络连接协同控制总体框架模块进行了改进设计。网联化数据通过V2X获取，包括路侧设备、摄像头、智能灯、道路交通警示等信息以及其他车辆信息。它与自动驾驶汽车传感器系统的多种检测方法相结合，能有效实现自动驾驶汽车数百米的感应范围，防止车辆碰撞，并基于预警直接控制重要的起停等感应、规划和控制功能。自动驾驶汽车与V2X联网功能的有机结合，增强了自动驾驶系统的整体感知、决策和控制能力，降低了自动驾驶成本，有利于最终实现无人驾驶。

（3）云控制模块　云控制模块是与云控基础平台交互的功能子模块，云控基础平台为智能车联网及其用户、管理者和服务机构提供车辆运行、基础设施、交通环境等动态基础数据。基于云控基础平台交互的C-V2X通信如图6-30所示，它具有高性能信息共享、高实

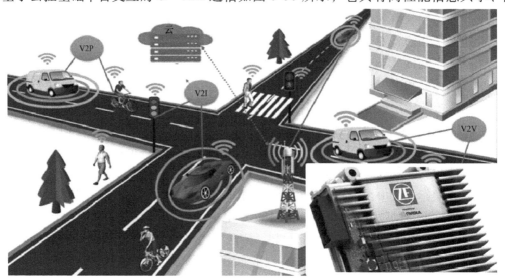

图6-30　基于云控基础平台交互的C-V2X通信

时云计算、多行业应用大数据分析等基本服务机制。云控模块通过支持自动驾驶的通用框架模块，提供云控基础平台所需的数据支持。同时，该模块与中心云/边缘云高速通信，实现云感知、规划、控制等数据的实时同步，实现云端分工协作。

（4）深度学习和愿景模块　自动驾驶是深度学习算法的一个重要应用场景，特别是在视觉、激光雷达和决策规划中。自动驾驶操作系统的功能软件需要支持深学习嵌入式推理框架（如TensorRT），并兼容TensorFlow、Caffe等主流培训开发框架，深度学习模型便于现有成熟算法和开发生态系统的迁移和适应。

（5）传感器模块　传感器模块的规范化和模块化为各类自主驱动传感器的传感数据融合提供了基础。针对传感器的多样性、差异性和共同需求，在自动驾驶操作系统的功能软件中预先设置了传感器模块，对自动驾驶的各类传感器进行标准化和模块化，为异构传感器数据融合处理提供基础（图6-31）。

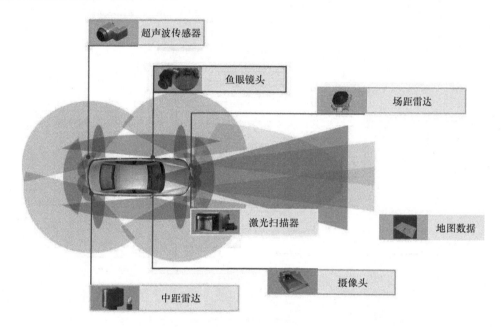

图6-31　自动驾驶传感器数据融合

思 考 题

本章的学习目标你已经达成了吗？请通过思考以下问题的答案进行结果检验。
1. 物联网的定义是什么？
2. 自动驾驶汽车关键技术有哪些？
3. 车联网应用类型有哪些？
4. 车联网技术体系主要有哪些？
5. 车联网体系结构主要由四大层次组成，简述各层次的作用。
6. 智能技术系统由哪些关键技术组成？
7. 毫米波雷达的作用是什么？

8. 视觉传感器与激光雷达的作用是什么？
9. 基于智能交通与驾驶协同的关键技术有哪些？
10. T-BOX 的功能与作用有哪些？
11. 什么是前装车联网设备终端？什么是后装车联网设备终端？
12. 简述车辆信息订阅与广播发布的工作机理。
13. 简述 V2X 车路协同技术特点。
14. 简述 V2X 软件逻辑构架。

第7章 车联网与智慧交通的技术融合应用

学习目标

1. 能够知道云计算在车联网技术中的原理与应用。
2. 能够说出智能交通技术的构成与原理。
3. 能够说出智能交通与车联网之间的技术关联。
4. 能够说出车联网与智能交通系统协同融合的原理与方法。

7.1 云平台在自动驾驶中的应用

汽车云计算平台是自动驾驶技术的重要组成部分，借助云技术，车辆可以实现车间通信（V2V），从而避免交通事故的发生。

7.1.1 云计算平台

7.1.1.1 云计算平台架构

云计算平台使用虚拟化技术整合了服务器、存储和网络硬件资源，并优化了系统资源分配比率，以实现应用灵活性。该系统通过综合感知、通信、计算和控制技术、人机与信息交互以及高效协作，在基于标准化通信协议的基础上，实现了"车辆、交通、环境"等要素在物理空间和信息空间的相互映射，并利用云计算大数据的能力，解决系统资源优化配置的问题，促进人、车、道路可以按需响应、快速迭代、动态优化，最终实现协同无人驾驶。同时，该系统提高了资源利用率，降低了总能耗与运维成本。在云模式下，我们可以更好地实时处理大量数据，开发更多的应用程序。

云平台包含云基础平台以及云应用平台。云基础平台为智能网联汽车及其用户、管理及服务机构等提供车辆运行、基础设施、交通环境、交通管理等动态基础数据，具有高性能信息共享、高实时性云计算、大数据分析、信息安全等基础服务机制，是支持智能网联汽车实际应用需求的基础支撑平台。而云应用平台是以云基础平台为基础，部署和运行包括智能网联汽车协同感知、决策与控制、智能交通管控、公共出行服务、智能网联汽车测试等在内的多类行业应用，也是进行应用过程管理、应用资源配置、应用生态拓展的智能网联汽车行业专业管理与服务的平台。

云计算平台架构如图7-1所示。云计算是网格计算、分布式计算、并行计算、实用计算、网络存储、虚拟化、负载均衡等传统计算机和网络技术融合发展的产物，也是一种业务计算模型。它将计算任务分布在由大量计算机组成的资源池中，使用户能够根据需要获得计算能力、存储空间和信息服务，此资源池称为云。云是一种可以自我维护和管理的虚拟计算资源,通常是大型服务器群集,包括计算服务器、存储服务器和带宽资源。

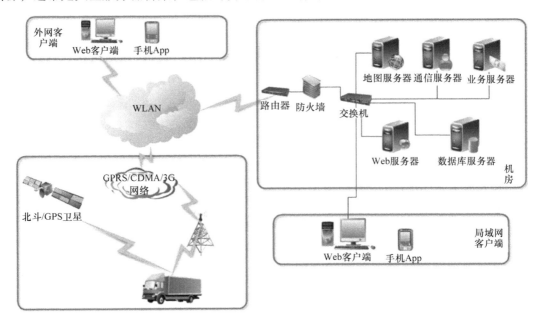

图 7-1 云计算平台架构

根据云计算的部署,可以分为公有云、私有云和混合云。只要是注册用户或付费用户,公有云就在互联网上。私有云是在防火墙中为企业内的组织或部门共享数据中心资源而创建的云基础设施和软硬件资源。混合云是公有云和私有云的混合,大部分是指私有云的建设,但由于很多资源(计算能力或存储空间)还不够,所以必须动态申请公有云作为私有云在公网上的添加。

7.1.1.2 云计算平台功能

云计算平台主要应用于对实时性要求不高的内容服务和数据分析,譬如智能互联中的信息娱乐功能、用户的驾驶行为分析等。车辆通过网络将 ECU 数据上传到云平台,云平台通过数据存储、数据挖掘、数据分析,然后将生成的数据模型下发给车辆,供车辆提升用户体验使用。

自动驾驶域控制器可以通过发送或接收车辆的时速数据、相对位置数据、制动数据、直行还是左拐等所有与行驶安全相关的数据,甚至包括拍摄周围事物的图片或者音视频等,分析和预判其他车辆的驾驶行为,从而实现主动的安全策略,提升行驶安全,为半自动驾驶、自动驾驶提供数据支撑。

基于车联网技术的云服务平台是一个综合性的服务体系,主要包括:

1) 车辆安全监督。通过监控、报警、拍照、行车记录仪、停车统计等服务,确保行人、车辆和货物的安全。

2) 运输成本管理。提供智能调度、智能导航、油耗管理、路桥收费管理、里程统计等功能,有效降低运输成本。

3) 运输老化管理。提供路线规划、车道跟踪、关键节点预警、到达时间预判、实时分析等功能,有效提高运输的及时性。

4）全程货物跟踪。通过平台与车载终端的有机结合，实现对货物的实时跟踪，帮助货主掌握货物在任何时间、任何地点的实时运输，全程监控，增强货物运输的安全性。

5）精细完善的车辆管理。通过对车辆档案管理、车辆业务管理、车辆综合分析等方面的分析，以及对车辆运行监控、日常维护、成本统计等方面的分析，可以实时掌握车辆运行状况，节约运维成本，提高运营管理水平。

7.1.1.3 云计算平台主要优势

1）虚拟化技术。云计算平台的最大特点是使用软件实现硬件资源的虚拟化管理、调度和应用。通过虚拟平台，用户使用网络资源、计算资源、数据库资源、硬件资源、存储资源等，并在本地计算机上使用。在云计算中利用虚拟化技术可以大大降低维护成本，提高资源利用率。

2）灵活的定制。在云计算时代，用户可以根据自己的需求或偏好定制相应的服务、应用和资源。云计算平台可以根据用户需求部署相应的资源、计算能力、服务和应用。

3）动态可扩展性。在云计算系统中，可以将服务器实时添加到现有服务器群中，以提高云处理能力。如果计算节点失败，则通过相应的策略丢弃该节点，并将其任务分配给其他节点。节点故障排除后，可以实时将其添加到现有集群中。

4）缩短产品开发周期。云计算产品有一个显著的特性，那就是可以缩短产品开发周期。随着云计算的出现，从理念到产品的开发周期逐渐缩短，我们可以看到隐藏在其中的巨大价值。

通过将云计算技术引入汽车联网平台，可以形成巨大的计算能力。互连不同的本地信息，并将不同的行业应用集中在同一平台上，为海量数据的智能处理和可视化服务提供了坚实的基础。同时，云计算的虚拟化、灵活定制、动态扩展等特点，不仅解决了传统建设方面面的困难，而且降低了IT管理的复杂性，实现了资源的自动扩展和部署，提高了资源利用率，降低了成本。

该系统平台基于北斗或GPS卫星定位、无线通信、地理信息系统、计算机网络、云计算等技术。通过车载智能终端和管理平台，帮助用户实现车辆安全监管和精细化交通管理。

7.1.1.4 云计算平台服务模式

云计算平台架构主要围绕车辆和手持终端相关的数据聚合、计算、调度、监控、管理和应用构建，可以同时支持数百万终端的大数据并发，实现海量数据的存储、分析、挖掘和应用。云计算可以分为基础云服务（IaaS）、平台云服务（PaaS）和应用云服务（SaaS）三种主要的服务模式。

1. IaaS

IaaS如图7-2所示，它基于云框架以及与车联网相关的虚拟基础设施来提供动态可扩展的资源，包括计算、存储、网络等基础设施资源，用于部署和执行操作系统或者软件。通过虚拟化技术，IaaS可以在物理服务器上生成多个虚拟机，实现这

图7-2 IaaS

些虚拟机之间的完全隔离。这不仅可以降低服务器的购买成本,还可以降低服务器的运行维护成本。车联网建设的核心是 PaaS 平台的建设,即在 IaaS 资源池上建设 PaaS 平台,从而提供内部云平台、外部 SaaS 运营平台和统一的开发测试环境。

2. PaaS

PaaS 主要提供基于 IaaS 基础设施的软件和产品开发工具,如图 7-3 所示,开发人员可以直接创建和运行与车联网相关的应用程序。该平台提供基本的中间件或服务,如海量数据存储、数据挖掘和分析、调度任务、消息队列和 PaaS 级搜索引擎。面向服务的体系结构是一种松耦合的软件构件技术,它将应用程序的不同功能模块化,并通过标准化接口和调用方法将它们连接起来,以实现快速、可重用的系统开发和部署,提高汽车联网体系结构的可扩展性,提高应用程序开发的效率,并能充分集成和重用信息资源。

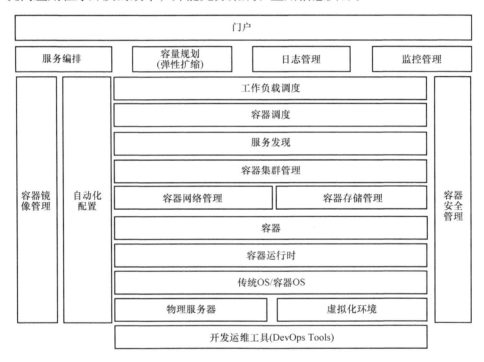

图 7-3 PaaS

平台面向服务的架构(SOA)中的服务模块通过消息总线进行交互。只要每个服务模块遵循总线定义的消息定义标准,就可以通过消息总线向目标服务模块发送消息。添加新的服务模块时,只要遵循标准接口规范,就可以通过简单的注册过程集成到系统中,消息总线中的消息格式标准是系统的"中心协议"。PaaS 的分布式数据库将子数据库、子表、分区等数据库分割技术应用于传统商业数据库,并实现海量数据的存储和扩展。

在车联网平台中,按照标准,一辆车一般平均 30s(甚至更短)生成一个主动上报的数据,但当系统注册容量达到 20 万辆时,系统每秒需要处理近 1 万个数据并进行存储。因此,海量数据的存储、读取和分析能力是车联网云平台面临的挑战,也是车–云平台信息与数据交互等技术应用成功的关键。

在网联汽车云平台中,需要实时提供批量处理能力相对较低的 PB 级数据,主要应用于数据分析、数据统计、数据挖掘、商务智能等领域。PaaS 提供分布式任务调度服务，可以动态地将一个批量任务或一个不断变化的任务分配给多个进程并行执行，从而实现对海量数据的异步并行分析和处理。

3. SaaS

如图 7-4 所示，基于基础云服务和第三方服务资源的能力，任何开发者都可以开发与联网车辆相关的特定应用，并可以发布和支持多个用户终端（特定终端、PC 机、浏览器、手机等）。SaaS 提供了数据库分割技术，实现了海量数据的存储和扩展需求。它将原来的单个数据库按照一定的规则进行分片，并将数据分发给多台物理机进行存储，从而突破单个机器的限制，使系统能够不断地增加数据量的质量并做出横向响应。

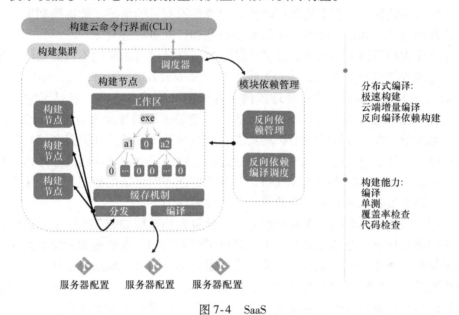

图 7-4 SaaS

云基础平台可以提供智能网联驾驶云服务、智能网联数据标准化互联互通服务、大数据计算服务、动态交互场景库服务、体系化应用开发与测试环境五大服务，并在智慧城市的基础设施、自动驾驶协同感知、交通等领域得到应用。利用协同感知、云端决策与网联交通设施控制，实现交通设施控制与车辆控制协同，增强智能网联驾驶服务的能力、降低交通事故伤亡率，减少交通拥堵时间，提升交通效率。

云基础平台是中国标准智能网联汽车体系的重要组成部分，是支撑智能网联汽车实际应用实施的数据协同中心，也是计算中心与资源优化配置中心。通过云控基础平台的物理架构形成车端－边缘云－区域云－中心云四级支撑体系，逐步建立中国特色的智能网联汽车生态体系，打造行业协同发展生态圈，推进现有产业的转型升级，推动智能网联驾驶基础设施建设，拉动经济发展，完善公共服务，降低行业运营成本。

7.1.2 边缘计算技术在车联网中的应用

7.1.2.1 什么是边缘计算

在传统的汽车物联网体系结构中，安装在车辆不同位置的传感器负责收集数据，然后传输到一个云端存储平台，在平台将数据组合在一起并进行处理。云计算与物联网的融合提高了日常任务的效率、可扩展性和性能，使车辆能够更快地做出更好的实时响应，并适应不断变化的驾驶条件。在车联网云平台的应用中，虽然云计算使得处理大量数据成为可能，但并不是所有应用和用例的理想选择，大量数据从传感器前线来回发送到服务器，阻塞了网络带宽，最终导致响应时间延迟。而边缘计算技术可以解决传统云计算的不足，其技术的应用不是取代云计算，而是对云计算的补充。

边缘计算是一个相对较新的术语，它是指将网络、计算、存储和应用核心功能集成在靠近对象或数据源一侧的开放平台，就近提供最近端智能服务，以满足实时业务、商业智能、数据聚合和互操作性、安全性和隐私保护等关键需求。简单地说，边缘计算就是要分担云计算工作负载的后顾之忧，提高本地处理能力，力争在没有云的情况下能够顺利运行。这个概念不像云计算中的处理和算法决策，而是推动智能和计算更接近实际。

边缘计算作为物联网应用的核心计算支撑平台，已经成为物联网不可或缺的重要组成部分。现有的边缘智能机制主要包括移动边缘计算（Mobile Edge Computing，MEC）和移动边缘缓存。MEC 为无线移动节点信息处理提供了强大的计算服务支持，满足了时延要求；该技术通过放置在无线接入网边缘的计算服务器，为相邻区域的移动节点提供计算处理服务，不仅满足了无线节点设备计算能力的扩展需求，而且弥补了核心云计算服务消耗的缺陷。移动边缘缓存技术是基于带宽存储的思想，通过将核心网络云到边缘网络的业务内容预沉到由蜂窝基站或小型蜂窝基站组成的边缘网络，有效缓解业务网络繁忙拥塞，减少用户获取信息内容的时延，减少重复冗余数据，降低骨干网的传输压力。

基于云端－边缘端－车端的车联网服务协同计算系统架构如图 7-5 所示。边缘智能技术通过向用户端推送计算、存储等资源，不仅提供了更强大的信息处理和内容交互能力，而且为移动服务的开发和实现提供了高效、低延迟的服务支持平台。利用边缘计算的智能停车系统可以分析附近的可用资源进行自动泊车，提高停车位的利用率。利用边缘计算建立车载视频处理机制进行车辆路况监测，可以优化未来交通流，改善车辆拥堵状况。

车辆互联网具有节点移动速度快、拓扑结构动态变化、异构节点共存、缺乏重要信息中继等特点。V2V 通信是在移动的车辆之间建立移动网络，每一个参与的车辆相当于一个无线路由器或节点，网络拓扑结构变化迅速。目前车载设备的计算和存储能力有限，难以满足大量计算需求和低延迟的要求，而基于移动边缘计算的车联网则可以将核心网的部分计算能力转移到车联网的边缘。移动边缘计算服务器具有强大的计算能力和存储能力，通常安装在路侧单元上。

因此，计算任务可以根据实际的环境条件和限制，选择是在车辆上本地进行计算，还是卸载到最近的移动边缘计算服务器进行计算。在实际操作中，大部分的处理都必须发生在边缘，因为感知数据被传送到控制单元，需要及时分析并获得车辆的环境。一辆每天运行 4h 的自动驾驶汽车将产生至少 20TB 的数据，这些即时收集的数据传输至少需要 150~200ms。这实际是一段很长的时间，因为汽车正在运行，需要对控制汽车快速做出决定。因此，自动驾驶汽车需要使用边缘计算。但这需要有足够的本地计算能力和内存容量，以确保车辆和人工智能能够执行其需要的任务。

自动驾驶汽车上有很多感应装置，包括照相机、激光雷达及声呐装置等。传感器数据会流入云中，采集的大量驾驶数据需要能够利用机器学习来改善自主车辆的行为。车联网的业

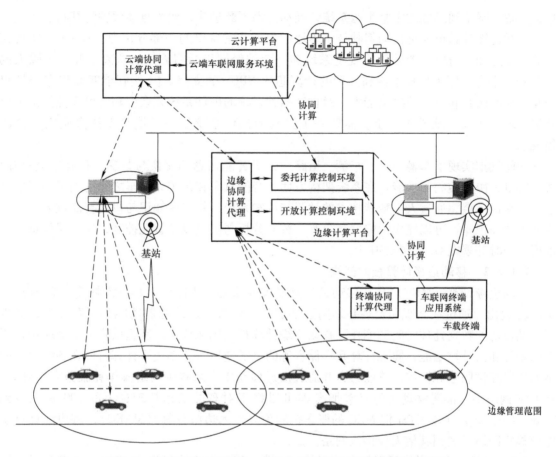

图 7-5 基于云端-边缘端-车端的车联网服务协同计算系统架构

务类型分为三类：信息服务、行车安全和交通效率。信息服务包括车内视频、车内 AR/VR、车内视频通话、车内智能家居、汽车分时、导航、动态地图等；行车安全包括车内视频监控、实时行车监控、车辆防盗、自动驾驶、碰撞报警、行人防撞等；交通效率包括直播、全景合成、运行监控、停车位共享、编队驾驶、协同导航等功能。

5G + MEC + C - V2X 需要支持危险场景预警、绿波交通、路边智能感知、高精度地图下载、5G 视频直播、远程驾驶六种场景。在移动边缘计算和 5G 融合架构中，网络和服务平台可以有效集成，以支持低延迟和宽带业务的本地化部署。

在车路协同方面，移动边缘计算可以提供低延迟的应用，支持跨互联网运营；在智能移动视频加速方面，移动边缘计算可以部署无线分析应用，以做出更科学的拥塞控制决策，并确保应用层编码能够与无线下行链路的估计容量相匹配；在 AR 应用中，AR 信息高度本地化，移动边缘计算实现了本地实时处理而不是云中集中处理，最大限度地减少 AR 延迟，提高了数据处理精度。

在移动边缘计算中，超级异构计算是提供各种标量、矢量、矩阵和空间架构的组合，它采用先进的处理技术，以内存层次结构为支撑，通过先进的封装集成到系统中，并使用光速互连进行超大规模部署，从而提供统一的软件开发界面和安全功能。智能计算离不开以芯片的支持，车联网的关键芯片主要包括 GPU、FGPA 和 ASIC 芯片等。边缘计算需要形成从芯片、设备、网络到终端的完整生态系统，推动技术不断进化，成为自动驾驶的基石。

车载边缘计算单元是自动驾驶技术落地过程中非常重要的一部分，为了在 L3 级实现完整的环境感知，需要一个计算机视觉系统和一个神经网络学习算法，这离不开一个强大的 GPU 和一个专门用于机器学习和推理的计算芯片 NPU⊖ 的支持。L4 级智能互联汽车强调自身和外界的认知和行为的决策能力，对自动驾驶系统的硬件系统冗余度和高可靠性提出了更高的要求。在基础软件平台上，需要一个异构的操作系统生态环境来支持多应用软件的集成。

智能汽车实现了车辆与人、车辆、道路、云等智能信息的交换与共享，具有环境感知、智能决策、协同控制等功能。在系统架构方面，智能汽车在传统人与车之间增加了一层信息系统。在这一层，通过人工智能技术的学习与认知系统，将专家知识与机器智能融合，形成自增长的知识库，可以完成智能信息交互、智能分析与决策以及智能控制，这一层信息系统也可以同时部署在 OBU 和 RSU 上。

7.1.2.2 移动边缘计算技术架构

移动边缘计算（MEC）是从移动云计算发展而来的，由欧洲电信标准协会（ETSI）于 2014 年提出，通过在微观和宏观基站附近部署计算资源、网络控制功能和缓存数据，减少了移动设备的数据处理时间和能耗。移动边缘计算是利用无线接入网提供附近移动端用户所需的服务和云计算功能，实现计算和存储资源的灵活使用。移动边缘计算可以在各种移动网络的边缘提供服务环境和计算能力，并通过接近移动用户来减少网络操作和服务交付延迟。在 LTE 网络中，部署移动边缘计算服务器可以将车对车的延迟从理论上的 100ms 减少到 20ms 以下。2016 年，ETSI 把 MEC 的概念扩展为多接入边缘计算（MAEC），将边缘计算从电信蜂窝网络扩展到其他无线接入网络。

MEC 在网络边缘增加了智能和计算单元，即在移动网络边缘提供 IT 服务环境和云计算能力，使得服务本地化和短距离部署成为可能，以更好地支持高带宽和低延迟服务。同时，MEC 可以通过感知无线网络上下文信息，与集中式云计算平台进行互补，降低对传输网络的压力，让网络运营商快速处理基站端的信息，实现差异化服务，提升用户体验。

前面介绍到，在物联网应用场景中，物联网中的设备会产生大量的数据，并将数据上传到云端进行处理，这将给云带来巨大的压力。为了分担中心云节点的压力，边缘计算节点可以负责自己范围内的数据计算和存储工作。由于，大部分数据不是一次性数据，处理后的数据仍需要从边缘节点采集到中心云平台。云计算不仅对大数据进行分析、挖掘和共享，也进行算法模型的训练和升级，并在升级后将算法推到前端，使前端设备更新升级，完成闭环的自主学习。同时，这些数据也需要备份。当边缘计算过程中出现意外情况时，云中存储的数据不会丢失。云计算和边缘计算需要紧密合作，才能更好地满足各种需求场景的匹配，从而最大化云计算和边缘计算的应用价值。从边缘计算的特点出发，实时或更快的数据处理和分析、节省网络流量、可离线运行并支持断点续传、本地数据更高安全保护等在应用云端协同的各种场景中得到了充分的体现。

C - V2X 是一种基于蜂窝通信演进的车辆无线通信技术，可以提供蜂窝通信接口（Uu 接口）和直接连接通信接口（PC5 接口）。如图 7-6 所示，MEC 与 C - V2X 融合的概念是在

⊖ NPU 指 Neural - network Processing Unit，神经网络处理器。

MEC 平台上部署 C-V2X 服务，并使用 Uu 接口或 PC5 接口支持实现"人、车、路、云"协同交互，减少端到端数据传输延迟，减轻终端的计算、存储或路边智能设施压力，降低网络负载。

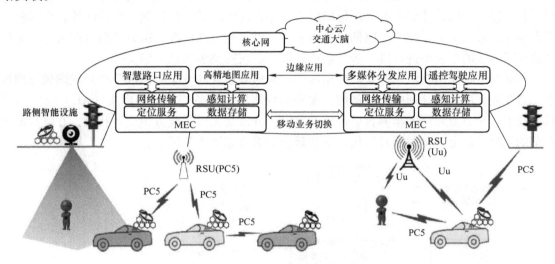

图 7-6 MEC 与 C-V2X 融合的场景

MEC 与 C-V2X 的融合具有网络信息开放、低延迟、高性能和本地服务等特点。MEC 与 C-V2X 的融合可以增强 C-V2X 的端到端通信能力，也可以支持 C-V2X 应用场景的辅助计算和数据存储。移动边缘计算技术通过在无线接入端部署服务器，为无线接入网络提供智能和云计算能力。虚拟化基础设施基于物理资源，如通用服务器的计算和存储，为应用层提供具有灵活性、高效率以及多个应用独立运行的平台环境，通过软件功能实体实现业务本地化和近距离处理。移动边缘平台负责处理移动边缘应用所需的基本功能，包括域名、路由规则管理、数据卸载、无线网络信息管理、网络自组织管理、大数据分析、网络加速和业务注册等功能。

MEC 可以将交通状况识别、车载应用等计算任务卸载和处理到边缘服务器，为事故报警、辅助驾驶、驾驶路径优化、智能信息引导等应用提供所需的计算资源。将移动边缘存储技术应用于车联网通信中，可以在路侧系统中预缓存大量的交通状况、驾驶指引、热点信息等数据，为智能车辆在道路上行驶提供低延迟的内容分发服务。边缘网络中的通信、计算和存储资源可以相互补充、相互促进，这些异构资源之间甚至存在"交换"的可能。例如，通过协同计算对交通通信网络进行态势预测，可以大大降低车辆互联网中无线资源的消耗，减轻高速车辆移动对网络拓扑结构的影响。在车辆与路边系统之间共享复杂的计算任务和存储资源，可以为车联网提供更高效的信息服务。

车辆互联网可以实现道路危险报警，减少道路拥堵，提高智能交通的安全性，同时还可以为驾驶人提供其他增值服务，如车辆定位、停车位导航、娱乐服务等。跨视界信息交换将使智能交通更加安全高效，但同时，汽车互联网信息交换所产生的数据量也将是巨大的。

在某些应用场景中，从车辆到基础设施的信息传输需要小于 10ms 的延迟。MEC 可以将汽车云分散到网络边缘的移动基站，为网络边缘附近的基站应用提供服务器，使数据处理尽可能接近车辆和道路传感器，从而缩短数据往返时间。移动边缘计算的服务器端应用可以直接从车辆和道路传感器的应用程序中获取本地消息，通过分析算法识别出需要实时传输的高风险数据和敏感信息，并将预警信息直接发送给该区域内的其他车辆，让附近车辆在 20ms 内收到预警，驾驶人将有更多的反应时间处理意外情况。服务器端应用程序还可以快速通知附近其他移动边缘计算服务器上运行的应用程序，使危险警告传播到更广的区域，使驾驶人更容易提前做出决定，减少道路拥堵的可能性。对于复杂的情况，服务器端应用会将本地信息发送到连接的车云中进行进一步的整体处理，以获得更多的帮助和支持。

车联网是物联网在汽车行业的典型应用。大多数新兴的汽车应用涉及视频或图像处理技术，需要强大的数据处理能力。例如，未来的智能导航服务使用增强现实（AR）和实时视频流技术，从自身和周围车辆合成传感器数据，分析交叉口的全方位交通状况，并将其显示在车辆风窗玻璃上。车联网对通信速率和延时的需求如图 7-7 所示。

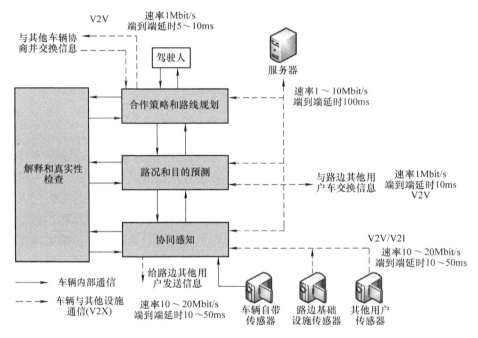

图 7-7　车联网对通信速率和延时的需求

车辆互联网中的无人驾驶应用需要 5~10ms 的网络延时；使用 AR 技术的现有智能导航需要 20~200Mbit/s，以防止用户感到迷失方向或头晕，网络往返延时应小于 20ms。获得交叉口鸟瞰图的车辆应用需要大约 40Mbit/s 的网络速率和大约 50ms 的网络延时要求。

MEC 具有本地属性，可以提供区域性和个性化的本地服务，同时降低回程网络的负载压力；它还可以将连接到 MEC 的本地资源与网络的其他部分隔离，以控制区域内的敏感信息或私有数据。例如，在智能交叉口场景中，MEC 可以融合与分析多个路边及车辆传感器采集的数据，并对大量数据进行实时、准确、可靠的局部计算和分析。

尽管移动设备的配置（如计算能力和运行内存）变得越来越强大，但它仍然不足以完成计算密集型的任务。在移动云计算中，移动设备通过移动运营商的核心网络向互联网云上传任务，并利用互联网云强大的计算和存储资源执行任务。在实际应用中，移动设备到云服务器的距离非常远，所有的请求都要发送到云进行处理，这将导致核心网络的拥塞，从而导致更大的延迟。MEC 是 5G 的关键技术，在 MEC 系统中，由于移动设备的计算能力有限，车辆或用户可以将计算密集型的任务卸载到基站、无线接入点等网络边缘接入点。与移动云计算相比，边缘服务器处理任务可以大大缩短数据传输时间。

MEC 的关键技术可分为以下几个方面：

1）MEC 系统部署：主要包括 MEC 服务器位置、服务器部署密度、MEC 网络架构等问题。

2）任务卸载：任务卸载是指车辆将无法处理的任务卸载到数据中心进行处理，主要解决了任务卸载以及多个目标服务器之间的选择问题。

3）资源分配：资源分配主要指无线信道、有线信道、服务器计算和缓存资源的分配。通过合理的资源配置方案，可以达到节能或利润最大化的目的。

4）缓存算法：分为服务缓存和数据缓存。通过在边缘缓存数据，可以在边缘响应用户请求，更好地为用户服务，有效减轻了核心网络的压力。

5）移动性管理：在移动过程中，用户将访问不同的基站，这与传统的切换方式不同。需要考虑传输路径变化和网络负载变化引起的服务延迟变化。

6）节能问题：减少任务卸载期间移动设备和边缘数据中心的能耗，以及数据中心之间的能耗。

7）安全和隐私保护问题：主要包括信任和身份验证机制、网络安全和任务卸载隐私保护。

其中，任务卸载与资源分配问题密切相关。在做出任务卸载决策后，必须考虑资源的合理分配问题。例如，当任务被上传时，无线接入网传输中分配了多少无线子信道或时隙，回程网络中需要分配多少有线信道带宽，最后，数据中心分配多少计算资源来处理这项任务需要合理的规划，以有效利用资源。资源的合理配置决定了任务执行的效率和用户的服务体验。在连续数据上传过程中，传输带宽取决于多跳路径中带宽最小的跳数。

在边缘驱动的智能车辆网络中，提供边缘计算和存储节点的服务能力通常取决于单个服务设备的计算资源容量和信息存储容量。同时，边缘服务节点大多是基于蜂窝网络基站或路边单元的接入网段，采用无线方式进行数据传输。接入节点的有限无线覆盖区域将进一步限制每个边缘节点的服务范围，这个服务过程需要不同区域多边缘节点的协同支持。交通路网中车辆的快速移动将导致网络拓扑结构的动态变化和车辆关联应用业务的时空迁移，从而改变不同路段、不同服务节点群的边缘资源需求。

在车联网中，通信环境受到多种因素的影响，如异构接入方式、无线信道质量、带宽资源状况、网络拓扑结构等，因此智能车辆节点的数据传输行为调度具有很高的复杂性。另外，无线网络基础设施的有限覆盖区域限制了单个计算或存储边缘设备的服务部分，车辆的高速移动将导致其应用在多个服务节点之间动态切换。在交换过程中，需要进行计算任务迁移、内容源变更等操作，这将进一步加剧边缘资源管理的复杂性。可以看出，满足车联网应用的需求、实现低成本资源的动态调度和匹配是边缘服务的难点。基于异构资源智能动态匹配的车辆连接边缘网络系统架构如图 7-8 所示。

该系统引入了资源虚拟化的概念，将数据通信、计算处理、内容存储、信息路由以及与车辆相关的业务调度抽象为可动态迁移的虚拟资源；采用机器学习方法提取需求和边缘资源的特征，采用深层神经网络实现跨层联合优化决策，以实现业务调度、路由调度以及资源

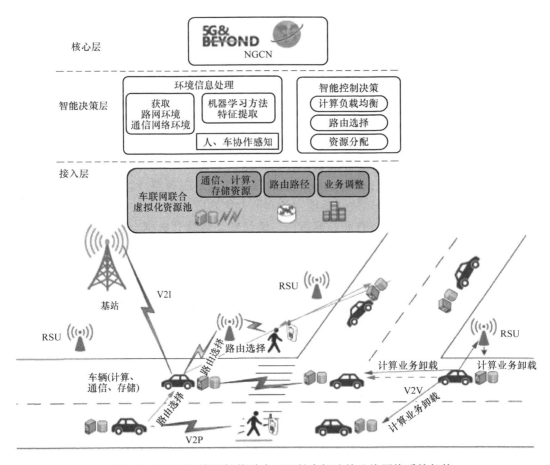

图 7-8 基于异构资源智能动态匹配的车辆连接边缘网络系统架构

分配。

根据车辆的边缘功能,该架构分为三层。其中,核心层以 5G 核心网为基础,包括了业务感知调度,其主要功能是为车联网用户提供数据连接,以更好地管理车辆、行人和传感设备,承载差异化服务。

智能决策层包括环境信息处理和智能控制决策功能。在环境信息处理阶段,通过基础设施和智能传感器、摄像头、RFID 接收机等车载感知模块获取无线信道增益、网络拓扑、业务负载状态、边缘资源利用率等各种基础设施信息。在智能控制决策阶段,利用人工智能方法从车辆环境感知数据的网络中提取特征,构造一个深神经网络决策体,为跨层多维虚拟化资源管理提供决策支持。接近智能车辆的访问层包含车联网基础设施和访问节点。在交通环境信息处理阶段,除了路边基础设施外,车辆还可以向网络提供感知数据,并利用其计算能力提供一定的计算服务。

在接入层,对基础设施和接入节点进行统一抽象和表征,构建了车辆互联网虚拟化资源池,通过智能控制决策实体实现了多维虚拟资源的动态重构。

异构边缘资源在空间和时间上的异质性以及由此产生的瓶颈效应已经成为协同资源调度过程中面临的挑战。因此,采用原子化的边缘资源协同融合机制,通过动态配置区域间的边缘资源,在服务过程中对异构资源的性能进行互补,从而实现车载应用资源的互补。

7.1.2.3 移动边缘计算在车联网的应用

2019 年 1 月,中国信息通信研究院发布《MEC 与 C – V2X 融合应用场景》白皮书。在白皮书中,依据是否需要路侧协同以及车辆协同,将 MEC 与 C – V2X 融合场景分为"单车与 MEC 交互""单车与 MEC 及路侧智能设施交互""多车与 MEC 协同交互""多车与 MEC 及路侧智能设施协同交互"四大类。

1. 单车应用场景

在 C – V2X 应用中,通过单车与 MEC 交互,可以实现本地信息分发、动态高精度地图、信息增强功能、在线诊断功能,应用程序场景如图 7-9 所示。通过单车、路侧智能设施与 MEC 的互动,实现危险驾驶提醒、车辆违章预警等功能,如图 7-10 所示。

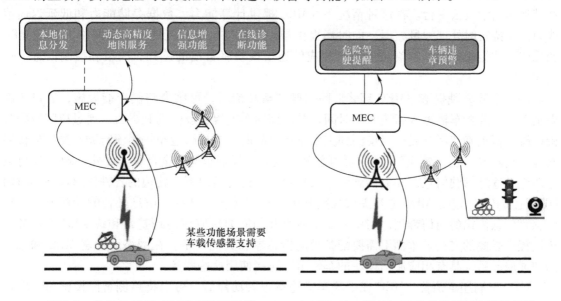

图 7-9 单车与 MEC 交互应用程序场景　　图 7-10 单车与 MEC 及路侧智能设施交互

(1) 本地信息分发　MEC 作为内容分发的边缘节点,实现了在线分发和流量卸载的功能。可为车辆提供影音等多媒体休闲娱乐信息服务、区域商务旅游餐饮等信息服务,或提供软件/固件升级等服务。在这种情况下,MEC 的部署位置可以根据接入用户数和业务流量灵活选择,通常可以部署在 RSU 或基站汇聚节点之后,为相对较大的范围提供业务。车辆不需要配备智能传感器和其他设备。在网络上部署 MEC 和相应的功能服务后,具有相应通信模块的车辆可以直接使用这些服务。

(2) 动态高精度地图　MEC 可以存储动态高精度地图,并将高精度地图信息分发给车辆,从而减少延迟,降低核心网络传输带宽的压力。在应用中,车辆将其特定的位置和目标地理区域信息发送给 MEC,部署在 MEC 中的地图服务提取相应区域的高精度地图信息并发送给车辆。当车辆传感器检测到实际路况与高精度地图有偏差时,可以将自己的传感器信息上传到 MEC 进行地图更新,然后 MEC 地图服务可以选择将更新后的高精度地图返回到中央云平台。在这种情况下,MEC 提供存储高精度地图的能力、动态地图更新的计算能力以及与中央云交互的能力。在网络上部署 MEC 和相应的功能服务后,车辆可以使用相应的通信模块来使用这些应用服务。当车辆有智能传感器时,可以通过上传自车的传感器信息来更新地图。

（3）信息增强功能　MEC 提供车内信息增强功能，车辆可以将车载传感装置感测到的视频/雷达信号等上传到 MEC。MEC 通过车内信息增强功能提供的视频分析、感知融合、AR 合成等多种应用实现信息增强，并将结果传递给车辆进行可视化显示。在这种情况下，MEC 为视频分析、感知融合和 AR 合成等多种应用提供计算能力，同时提供低延迟、大带宽的通信能力。在网络上部署 MEC 和相应的功能服务后，车辆需要配备智能传感器和显示设备，并使用相应的通信模块上传和下载数据。

（4）在线诊断功能　MEC 可以支持自动驾驶的在线诊断功能，当车辆处于自动驾驶状态时，可将其状态、决策等信息上传至 MEC，并利用在线诊断功能对测试、评估或应急响应的实时数据样本进行监测和分析。同时，MEC 可以定期收集并压缩样本和诊断结果，并将其返回到中央云平台。在这种情况下，MEC 提供计算能力、数据存储能力和低延迟通信能力，支持实时处理大量数据，同时还提供与中央云平台的交互能力。在网络上部署 MEC 和相应的功能服务后，车辆需要通过相应的通信模块将自己的感知、决策和控制信息上传到 MEC。

（5）危险驾驶提醒　MEC 部署危险驾驶提醒功能后，可结合路侧智能设施，通过车牌识别等功能分析车辆进入高速时的时间，并定期向车辆提供疲劳驾驶提醒；通过夜间视频分析提醒车辆正确使用灯光；当检测到突发车辆事故时，提醒附近车辆谨慎行驶；当气象传感器检测到高温"镜面效应"、雨雪雾等恶劣天气时，提醒车辆安全行驶。此外，MEC 还可以分期汇总危险驾驶信息，并上传到中央云平台。在这种情况下，路边的各种传感设施实时向 MEC 上传传感信息。MEC 主要提供视频分析、感官融合、事件和信息融合的计算能力，保证感官信息传输的通信带宽，与中央云平台交互的能力也应该为跨基站和跨 MEC 的业务连续性提供必要的支持。车辆不需要配备智能传感器和其他设备。在网络上部署 MEC 和相应的功能服务后，具有相应通信模块的车辆可以直接使用这些服务。

（6）车辆违章预警　MEC 在部署车辆违章报警功能后，可以将路侧智能设施与视频识别、雷达信号分析等应用结合起来，实现车牌识别，确定超速、逆行、长时间占用应急车道等违章行为，并将违章警示信息下发给相应车辆，提醒车辆遵守交通规则。此外，MEC 还可以聚合违规信息，分阶段上传到中央云平台。在这种情况下，路边摄像头、雷达和其他智能设施会实时向 MEC 上传感知信息。MEC 主要提供视频分析、信号处理、违规判定等计算功能，保证传感器信息传输的通信带宽和中央云平台的交互能力。在网络上部署 MEC 和相应的功能服务后，具有相应通信模块的车辆可以直接使用这些服务。

2. 多车应用场景

在 C-V2X 应用中，通过多车与 MEC 协同交互，可以实现 V2V 信息转发和车辆感知共享等功能，应用程序场景如图 7-11 所示。通过多车、路侧智能设施与 MEC 协同交互，可以实现匝道合流辅助、智能交叉路口、大范围协同调度等功能，应用程序场景如图 7-12 所示。

（1）V2V 信息转发　在 MEC 中部署 V2X 信息转发功能后，可作为桥接节点，实现 V2V 方式的车对车通信，实时交换车辆位置、速度、方向、制动、双闪、道路安全等车辆状态信息。在这种情况下，车辆不需要配备 PC5 通信模块，可以通过 Uu 接口向 MEC 发送车辆状态信息并接收 MEC 发布的其他车辆信息，MEC 应提供超低延迟信息传输功能。

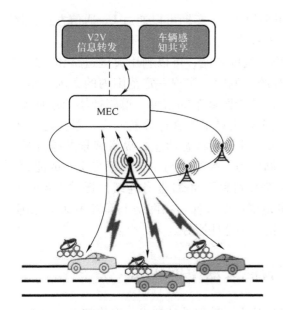 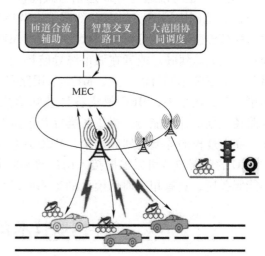

图 7-11 多车与 MEC 协同交互应用场景　　图 7-12 多车与 MEC 及路侧智能设施协同交互应用场景

（2）车辆感知共享　MEC 部署了车辆感知共享功能，将具有环境感知的车辆感知结果转发给周边其他车辆，用于扩展其他车辆的感知范围，也可用于视景浏览，在当前车辆挡住后车视野时，前车监控前方路况，并实时将视频传输到 MEC。MEC 的车辆感知共享功能将接收到的视频实时转发给后方车辆，便于后方车辆利用视频扩大视野，有效解决车辆行驶中的盲点问题，提高车辆行驶安全性。在这种情况下，MEC 为感官信息、视频流和其他信息提供转发功能，并且需要确保低延迟和大带宽通信能力。在透明应用程序场景中，必须为跨基站和跨 MEC 的业务连续性提供必要的支持。装有车载传感器/摄像机和 C－V2X 通信模块的车辆可以与其他车辆共享自己的感知信息，只有装有通信模块的车辆才能接收其他车辆共享的感知信息。

（3）匝道合流辅助　MEC 部署入口匝道合流辅助功能，在入口匝道合流点部署监控装置（如摄像头），同时监控主路车辆和入口匝道车辆，将监控信息实时传输给 MEC，并且相关车辆还可以将车辆状态信息发送给 MEC，MEC 的匝道合流辅助功能利用视频分析、信息合成、路况预测等应用功能，对车辆、人、障碍物等的位置、速度、方向角等进行分析预测，对汇合点动态环境分析结果实时发送给相关车辆，提高车辆感知周围环境的能力，减少交通事故，提高交通效率。在这种情况下，MEC 为监测信息分析和环境动态预测提供了计算能力，并具有低延迟、大带宽的通信能力。车辆可以通过 Uu 通信方式直接与 MEC 交互，也可以通过 PC5 通信方式间接与 MEC 交互。

（4）智慧交叉路口　交叉路口的路侧智能传感器（如摄像头、雷达等）将交叉路口检测到的信息发送给 MEC，相关车辆也可以将车辆状态信息发送给 MEC。MEC 的智慧交叉路口功能通过信号处理、视频识别、信息综合等应用功能，对交叉路口附近的车辆和行人的位置、速度和方向角进行分析和预测，并将分析结果实时发送给相关车辆。全面提高车辆通过交叉路口的安全性和舒适性；同时，MEC 可以通过收集和分析相关信息，优化交通灯各相位的配时参数，提高交叉路口的效率。在这种情况下，MEC 提供了路边感知信息分析和路况动态预测的计算能力，以及低延迟、大带宽的通信能力。车辆可以通过 Uu 通信方式直接与 MEC 交互，也可以通过 PC5 通信方式间接与 MEC 交互。

（5）大范围协同调度　MEC 部署了大范围协同调度功能，可以利用关键道路和大型收费站的视频传感器信息分析道路状况，通过 MEC 统一调度，实现一定范围内的大规模车辆协调和车辆编队驾驶。或者在城市级导航场景中，基于区域车辆密度、道路拥堵严重程度、拥堵节点位置和车辆目标位置，MEC 采用路径优化算法对车辆进行导航调度，避免进一步的拥堵。在此场景中，MEC 收集各种感知信息和大量车辆状态信息，提供海量数据处理、综合路径规划等计算能力，提供各类综合信息存储能力，并提供与中央云平台交互的能力。此外，在大规模的导航规划应用中，MEC 还应为跨基站和跨 MEC 业务连续性提供必要的支持。MEC 的部署位置可以根据接入用户数和服务范围灵活选择。在网络上部署 MEC 和相应的功能服务后，具有相应通信模块的车辆可以直接使用这些服务。

7.2　汽车网联技术在智能交通中的应用

智能交通系统是应用先进的传感器技术、通信技术、数据处理技术、网络技术、智能交通系统等技术建立的实时、准确、高效的综合交通管理控制系统，它将自动控制技术和信息发布技术应用到整个交通管理系统中。

7.2.1　智能交通综合指挥系统关键技术构成

智能交通系统的诞生是为了缓解交通拥堵，提高管理效率，这是车联网技术的基本应用。过去的智能交通建设主要集中在交通设施建设上，例如：建设电子警察，减少交通违法行为；建设信号控制系统，控制交通流量；设置交通诱导屏，引导出行；设置交通标志和标线，规范驾驶行为等。这些方法有助于改善交通状况，对缓解交通违法行为起到了重要作用。交通管理部门人力资源紧缺，但随着汽车数量的增加，通过这些"点"很难解决复杂的交通问题，所有的移动车辆都必须作为一个大的网络来考虑，需要从连通车辆的角度来解决问题。智能交通系统是一个功能十分复杂的系统，它以位置服务为核心，提供多种服务，该系统的主要功能模块如图 7-13 所示。

7.2.1.1　智能交通系统构成

城市综合智能交通指挥系统由综合管理控制指挥调度中心系统、交通状况采集与分析子系统、交通事件检测子系统、交通诱导发布子系统、道路视频监控子系统和电子警察子系统组成。

1）综合管理控制指挥调度中心系统主要完成中心平台与各子系统之间、各子系统之间的综合管理控制，完成中心的指挥调度管理功能。

2）交通状况采集与分析子系统主要以多种方式收集、分析和处理道路交通状况。

3）交通事件检测子系统主要通过视频检测等方法动态检测道路交通异常事件信息并自动报警。

4）交通诱导发布子系统主要负责自动接收来自中央控制指挥调度平台及相关子系统的各种道路拥堵及异常事件信息，并对相关路况信息进行多平台诱导发布。

5）道路视频监控子系统能够实时操作、监控和处理中央管理控制平台接口上的各种摄

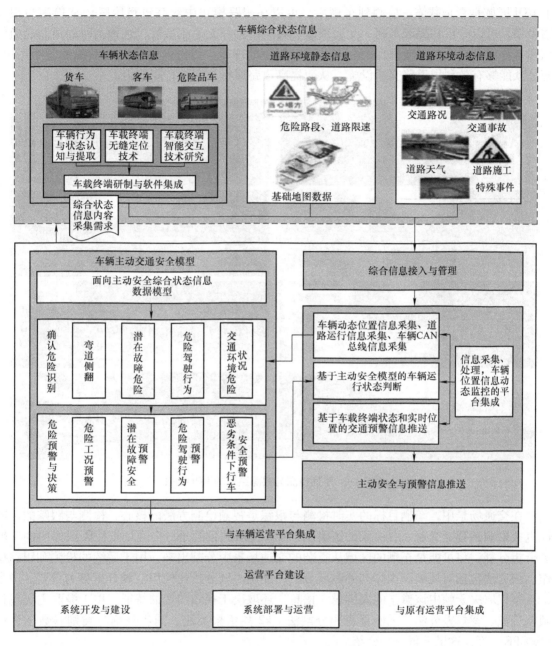

图 7-13 智能交通系统主要功能模块

像机等现场视频设备的图像信息。

6）电子警察子系统实现了对各种交通违法行为的自动检测和处罚。

智能交通系统（ITS）通地中心系统与各子系统之间的相互协调，形成了一个有机的整体，实现了交通管理从简单的静态管理向动态智能管理的转变。

车辆检测与跟踪系统通常包括三个模块：感兴趣区域（ROI）提取、车辆检测和连续车辆跟踪，如图 7-14 所示。实时交通场景的视频序列图像首先由摄像机拍摄，然后提取序列图像的 ROI，并将提取的 ROI 发送到车辆检测模块，根据一定的图像处理方法和准则确定某个 ROI 区域是否是载体。检测到车辆后，可以在跟踪模块中对其进行跟踪。从检测与跟踪结果中，可以分析和提取车速、交通密度、转向信息等交通流参数，这种实时的道路交通信息和各种服务信息在交通管理中心汇总，经集中处理后，传送给道路交通系统的每个用户，使公众能够有效利用道路交通设施，从而提高道路通行效率与行车能力。

图 7-14　车辆检测与跟踪系统的 ROI 提取

在交通场景中，车辆目标的实时检测与跟踪是视频检测方法的核心，检测与跟踪的正确性直接影响到智能交通系统决策的正确性。ROI 提取的目的是对交通场景视频图像中的车辆进行粗分割，将可能是车辆的区域从复杂的交通场景中分割出来，用于后续的检测和跟踪操作。该方法包括对视频图像序列的时域分析，使用时域分析比使用空域分析更为重要。像素信息不仅取决于帧中该像素的周围像素信息，还取决于视频图像的特征。ROI 提取主要包括帧差分法、背景差分法、无监督视频分割法、k2 均值聚类法、同步分割与类别参数估计法（SPCPE）等，这里不再一一介绍。

车辆跟踪模块检测如图 7-15 所示。大多数车辆跟踪方法都遵循一个基本原理，即利用空间距离确定相邻两帧中的车辆是否为同一车辆，然后在时域内完成车辆跟踪。跟踪方法大致有四种：基于模型的方法、基于动态轮廓的方法、基于动态轮廓的方法和基于特征的方法。

随着 CPU 的发展，特别是云计算的发展，中后期的检测方法变得越来越复杂。在一个系统中，经常使用多种车辆检测方法来提高检测精度，同时采用了更多新的技术与理论，例如卡尔曼滤波、模糊决策理论等。因此，注重精度和综合利用多种检测方法是未来车辆检测的一大发展趋势。此外，多检测器信息融合在车辆检测中也是技术突破的方向。摄像机获得

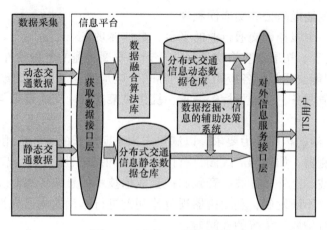

图 7-15 车辆跟踪模块检测

的视频图像序列可视为将三维真实空间投影到二维图像平面上的过程,这种预测常常导致信息的丢失。为了获得足够高的检测精度以及更多的时空信息,通过设置多个不同的检测器(例如激光雷达、毫米波雷达等),可以为检测系统提供更多的信息。此外,与基于视频图像的车辆检测、交通视频图像压缩、多媒体智能挖掘等密切相关的技术也是重要的发展方向。在智能交通系统(ITS)中,车辆检测是将摄像机采集的视频图像实时传输到交通管理中心进行处理和分析,用大量的数据直接传输视频数据是不经济和不切实际的。因此,如何有效地压缩交通视频图像具有重要的意义。

7.2.1.2 智能交通道路智能识别

智能交通云是基于云计算的综合交通信息管理与服务平台,其系统结构如图 7-16 所示。它以城市道路交通为主体,实时采集并汇总来自电子警察、卡口、RFID、交通视频的信息,利用云计算大数据存储处理能力,实现公交、铁路、机场、地铁站、长途汽车站等信息源计算,建立城市交通综合数学模型,实现城市交通综合管理和智能引导,提高城市交通效率,

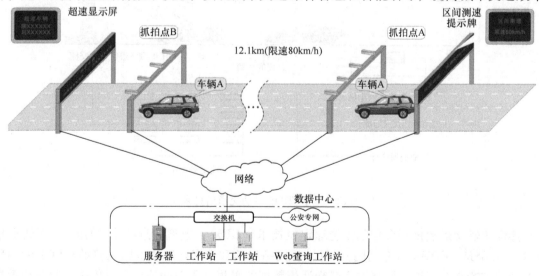

图 7-16 智能交通云系统结构

减少拥堵,最大限度地提高公共交通便利性。

智能交通云是一个服务于交通行业的平台,具体体现在:

1)整合现有资源,拓展和整合交通运输业未来发展所需的各种硬件、软件和数据。

2)动态满足智能交通系统各应用系统的需求,响应交通行业基础设施建设、交通信息发布、交通企业增值服务、交通指挥等需求,提供决策支持、交通模拟与仿真,能够快速满足突发性系统需求。

3)提供高度灵活的扩展能力要求,以满足未来不断增长的运输应用需求。

传统的车辆检测器,如磁感应线圈,有许多缺点和局限性,因此出现了新的替代方案,如使用雷达、超声波、红外、微波、音频和视频成像技术的悬架传感器。近年来,随着计算机和图像处理技术的不断发展,利用机器视觉检测器进行车辆检测已成为现代智能交通系统的重要组成部分,有望取代传统的探测器。

7.2.1.3 浮动交通信息采集系统

浮动车辆一般是指具有定位和无线通信设备的车辆,主要包括出租车、公共汽车、私家车、火车、轮船、飞机等日常车辆。浮动车系统一般由车载设备、无线通信网络和数据处理中心三部分组成。浮动车将采集到的位置和时间数据上传到数据处理中心,数据处理中心对数据进行存储和预处理,然后使用相关的模型算法将数据与地图进行匹配,计算或预测车速、道路行程、时间和其他道路运行参数。浮动车系统的基本数据是车辆的实时地理坐标、校准时间和行驶速度。因为在城市中,装有 GPS 系统的车辆的运行状态取决于道路状况、拥堵程度以及所行驶道路的交通状况,所以这些数据反映了车辆在城市中的相对位置。图 7-17 所示为基于 ITS 的浮动交通信息采集。

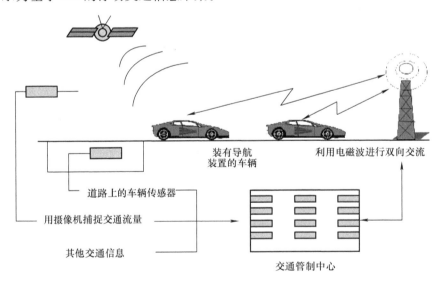

图 7-17 基于 ITS 的浮动交通信息采集

浮动车辆交通数据平台是基于全球定位技术(GPS)、地理信息技术(GIS)、无线通信技术(如 GSM、CDMA 或专用网)、计算机网络通信和数据处理技术以及移动车辆上的内置无线通信装置来实现道路网络的实时交通流数据的采集。采集的信息是对传统交通监控数据的重要补充,也是一种车载信息。例如,在智能共享出行系统中,浮动交通信息采集系统可以为乘客提供远程呼叫服务；也可以根据乘客需求，向满足需求的出租车发送远程电话信息，并建立语音通道供指定出租车驾驶人与乘客直接通话等。

7.2.2 车联网与智能交通系统协同融合

智能交通系统是先进的信息技术、通信技术、电子传感技术和控制技术在道路交通管理系统中的综合应用，是智慧城市的重要组成部分。其目的是使"人、车、路"能够深度协同融合，大大提高交通效率，保障交通安全，改善交通环境和能源效率。这里的"人"是指与交通系统有关的所有人，包括交通管理人员、运营商和参与者；"车"包括各种运输方式；"路"包括各种运输方式的通道和路线。"人、车、路"是智能交通系统区别于传统交通系统的最基本特征。

车联网和智能交通系统（ITS）为智能网联汽车提供智能基础设施、道路及网络环境，车联网就是汽车的移动互联网，强调以车辆为载体构建信息网络平台，实现车辆与车辆、车辆与道路、车辆与人、车辆与云平台中心的实时信息互联互通。

图 7-18 所示为引入车联网的 ITS 系统公共信息架构。车联网 ITS 系统架构的子系统可以分为四个主要子系统：中央子系统、道路子系统、车辆子系统和乘客子系统。不同的子系统使用不同的通信技术来完成信息交互，包括车对车通信、车对路通信、点对点通信和广域无线通信。子系统通过标准接口、收费管理、商用车管理、车队和货运管理、信息服务支持、排放管理、运输管理、维护和施工管理、档案数据管理等子系统交换信息。

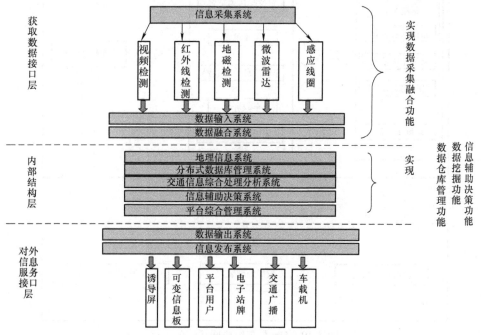

图 7-18 引入车联网的 ITS 系统公共信息架构

道路子系统的主要功能是通过传感器对道路进行监控，确定道路的实际情况（如是否拥堵、红绿灯信息、是否发生事故等），同时在一定程度上控制道路（如运行一些云控制系统或控制红绿灯）；此外还为路侧设备提供信息，如信号灯、公路状态广播等。道路子系统包括道路信息、安全监控、道路支付、停车管理和商用车辆检查。

车辆子系统是车辆在道路上行驶的主体,其功能反映了不同车辆安全高效行驶所必需的传感、处理、存储和通信功能。对普通车、应急车、商用车、公交车辆、维修施工车辆提出了不同的要求和功能部署。

乘客子系统表示行人子系统或非机动车子系统,包括远程乘客支持和个人信息访问两部分。其主要作用是为乘客的个人设备提供相关出行信息支持。

车-路协同系统是基于无线通信、传感器检测等技术来获取车辆和道路信息,并利用车-车、车-路通信进行信息交换和共享;在实时动态交通信息采集和集成的基础上,开展车辆安全主动控制和道路协同管理,充分实现车路有效协同,确保交通安全,提高交通效率,形成安全、高效、环保的道路交通系统。

车联网与车路协同系统是不同的,广义的车联网是一个比车路协作更为广泛的概念,车路协同只是车联网中的应用之一。ITS 与车路协同系统的关联如图 7-19 所示,车路协同最关注的是车路信息的交互和对交通流的引导,而车联网主要关注车车之间的信息交互。

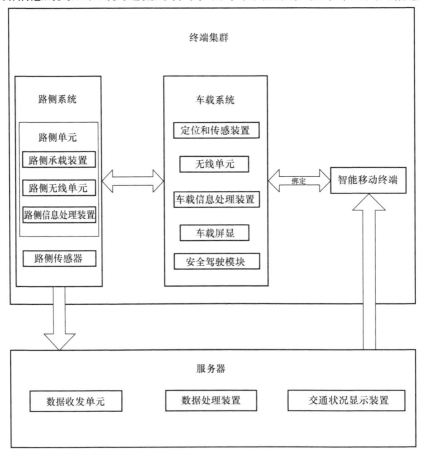

图 7-19 ITS 与车路协同系统的关联

在智能网联汽车中,车辆信息服务系统由远程通信和信息科学两部分组成。车辆信息服务系统的目的是使用无线语音、数字通信、卫星导航和定位系统作为平台,为驾驶人和乘客提供交通信息、应急策略、长途车辆诊断和互联网增值(金融交易、新闻、电子邮件等)服务。除了车内信息服务系统外,车联网还包括一个自组织的车辆网络,它可以在没有网络接入的情况下形成一个独立的、相对完整的网络环境,以此提供车辆与道路之间的信息,为互动提供了有力的支持和保障。车内信息服务系统通过与后端服务中心的蜂窝连接，可以为驾驶人提供不需要高通信延迟的服务，例如紧急救援等。

在不停车收费的应用场景中，ETC 的工作原理是在汽车风窗玻璃上安装一个接近卡，并预先存储成本。车辆经过收费站时，无须停车，只需要放慢速度。通过车载设备可以实现自动车辆识别，费用将自动从预绑定的 IC 卡或银行账户中扣除。ETC 系统在车辆上安装的车载设备和收费亭车道上安装的天线之间进行无线通信和信息交换，主要由车辆自动识别系统、中央管理系统和其他辅助设施组成。其中，车辆自动识别系统由车载单元、路边单元和环路传感器组成。车辆识别信息存储在 OBU 中，通常安装在车辆前方的风窗玻璃上；RSU 安装在收费亭旁边；环路传感器安装在车道地板下。车载设备和路侧设备通过专用短程通信协议（DSRC）完成车载设备信息的读写，从而完成收费或支付信息交换程序。

7.2.3 智能交通系统管理与控制

7.2.3.1 智能交通系统主要内容介绍

智能交通系统的总体框架如图 7-20 所示。

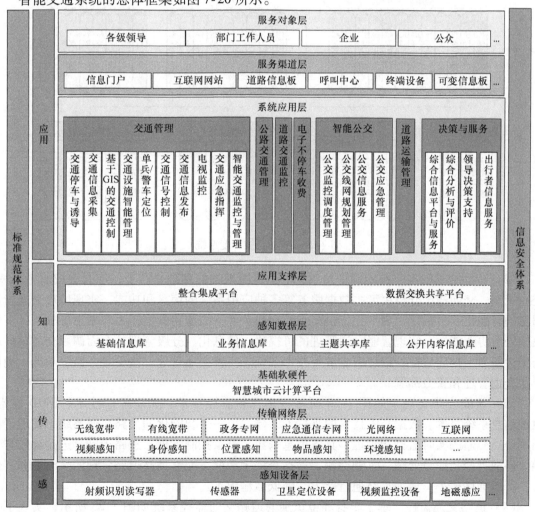

图 7-20 智能交通系统总体框架

实质上，每个红绿灯向通信范围内的所有车辆连续广播交通管理信息，包括对交叉路口红绿灯系统的描述、每个对应方向上红绿灯的颜色以及有关下一个状态预计何时更改的信息。车辆上的车载单元可以处理接收到的信息，并向驾驶人提供在红绿灯时以最佳速度到达十字路口的建议。智能交通系统的主要内容有七个方面：智能公交管理、智能交通管理、智能公路交通、道路交通监控、电子不停车收费、道路运输管理、决策和服务系统。

（1）智能公交管理　如图 7-21 所示，通过建立智能公交调度系统来实现该领域公交的统一组织调度。该系统能够提供公交车辆定位、线路跟踪、到站预测、电子站牌信息发布、油耗管理等服务，可以实现公交线路的调配、区域人员集中管理、车辆集中停放、统一规划及统一调度指挥，动态优化配置人力和交通资源，降低公交运营成本，提高调度应变能力和客运服务水平。

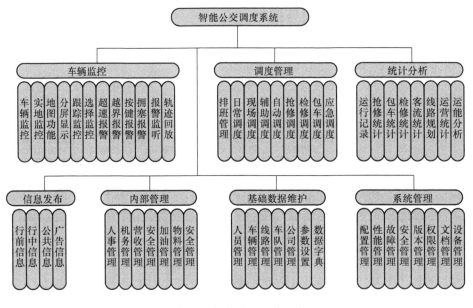

图 7-21　智能公交调度系统

（2）智能交通管理　在地理信息系统电子地图系统的基础平台上，综合集成服务指挥、交通管制、交通违法分析决策、数据服务等多种应用系统的信息和功能，实现城市交通指挥调度的智能化、可视化、扁平化，提高正常交通条件下的道路管控能力和城市事故条件下的快速处置协调能力；实现智能交通管理的可视化、信息化、分级管理，全面调用交通事件现场周边警力、视频监控、信息引导屏等技术系统，完善交通管理，接受警方监管功能，确保智能交通管理和警力部署。

（3）智能公路交通　如图 7-22 所示，在视频监控技术、无线传输技术、RFID 技术、地理信息系统技术、数据仓库技术的支持下，建立了一个智能化的公路交通系统，实现了该领域公路交通的实时监控和管理；具备信息采集、流量控制管理、进路识别、进路导航与引导、事故报警与应急处理、车辆检测、信息查询等功能，能够提高道路管理的及时性和有效性，降低拥堵概率，增加道路通行能力，降低运输成本。

（4）道路交通监控　基于车身环境识别的道路交通监控系统如图 7-23 所示，实现了交通信息采集、交通信息管理、交通信息发布、信息交换与共享、交通信号优化控制、突发事

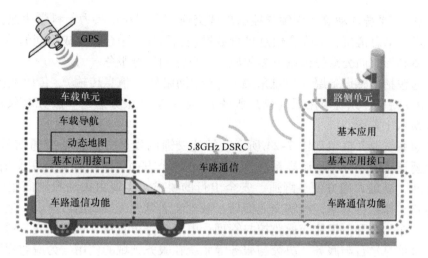

图 7-22　智能公路交通系统

件快速反应、公共交通系统优化、智能管理指挥、联动控制、车辆安全、交通诱导、物流信息服务等功能。

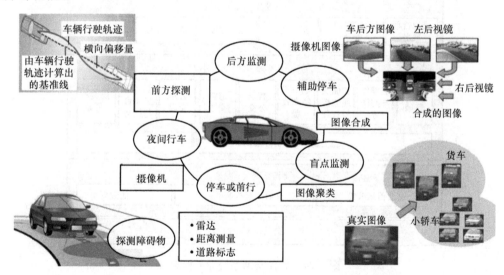

图 7-23　基于车身环境识别的道路交通监控系统

（5）电子不停车收费　该系统利用信息技术将绕行道路、桥梁、隧道、停车场收费站互联互通，并与相关金融机构联网，为机动车安装电子标签，实现了机动车与收费站的自动数据交互。

（6）道路运输管理　道路运输管理的作用为监控道路车辆的运行状态，方便公安交通管理部门根据现场实际情况控制道路交通流量，安排车辆疏通道路，减少堵塞，从而实现城市交通智能化管理。该系统主要实现了道路交通状况监测、交通信号控制、交通违章管理、交通应急管理等功能。

（7）决策和服务系统　基于 ITS 的决策和服务系统建设包括综合信息平台和服务体系、综合分析评价体系、应急管理和决策支持体系、旅客信息服务体系，以实现计划/计划管理、计划/计划执行、系统联动等，为领导控制总体交通、合理安排兵力、科学决策提供信息服务和支持。通过信息链接，对聚合信息进行数据挖掘和数据融合，生成不同的服务数据，并通过各种媒体和形式向公众提供以下多领域、综合性的信息服务。

智能交通包括传感设备层（信息采集）、传输网络层（信息传输）、传感数据层（数据存储）、应用支持层、系统应用层（信息服务）、服务层（服务通道和服务对象）、信息层、安全标准体系八个方面。

智能交通系统业务框架如图7-24所示。智能交通的发展方向包括交通信号控制系统、主干道交通诱导系统、停车场诱导系统、指挥中心四个方面，其目标是利用交通管理信息，综合整治交通，满足人们方便、舒适、安全出行的要求，实现由被动控制向主动引导的转变，提高道路整体运行效率，缓解交通拥堵，减少交通事故，提高出行速度。通过建设交通管理、智能停车与诱导、智能交通监控与管理、电子不停车收费、智能公交、道路交通、公路交通、综合信息平台与服务、决策与服务等系统在服务领域的应用，为应急保障、运营管理、综合交通、决策和公共服务等方面提供了有力支持。

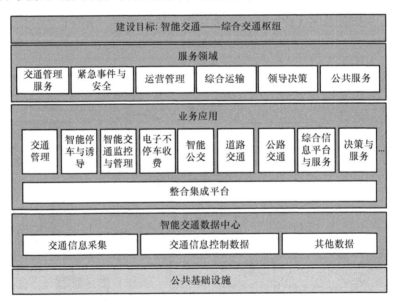

图7-24　智能交通系统业务框架

7.2.3.2　智能交通管理信息服务系统

智能交通管理信息服务系统包括一个平台和八大系统，一个平台是指交通公共信息平台。智能交通系统业务关联框架如图7-25所示，智慧交通城市指挥中心收集日常交通管段、道路交通、公路交通、道路运输、智能公交及政府单位的信息，为交通事故应急指挥、交通管理、智能停车诱导等应用提供交通信息服务。

智能交通管理信息服务系统包括：

1）电子警察系统。如图7-26所示，该装置的功能从最初的红灯抓捕扩展到逆行、超速、压实、驶离车道、禁止大型货车等违法行为的抓捕，满足了交通管理的需要。随着数字成像、光电检测、压力检测、电子眼无线传输等多种新技术的应用，电子警察系统的性能与功能也越来越强大。电子警察系统安装方式由传统的立杆式发展到悬臂式，拓宽了监测范

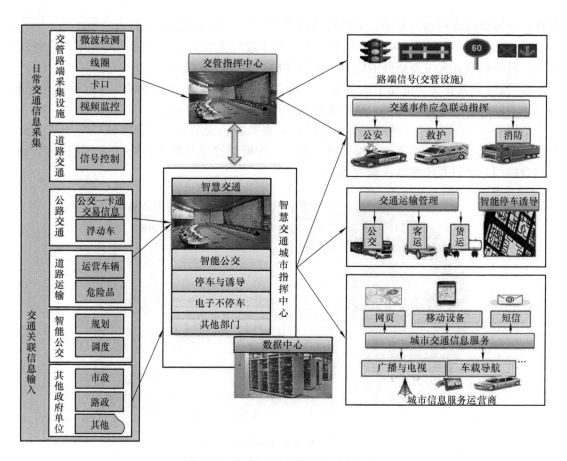

图 7-25 智能交通系统业务关联框架

围；高速连续拍摄和车道检测技术也提高了非法图片证据的严谨性和公正性。

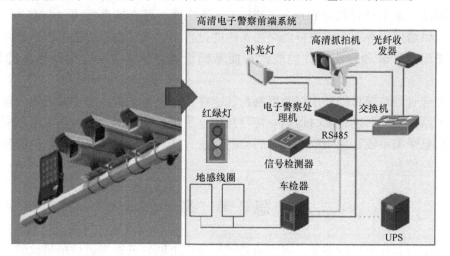

图 7-26 电子警察系统原理

2）基于网格的车牌识别系统通过参与协助查处交通违法行为、协助查办案件、发现假车牌、分析交通流和出行习惯、道路交通管理等工作，提高执法效率。

3）交通指挥中心通过警车的 GPS 装置，在事故发生点迅速定位最近的警车，合理调配警力，提高快速处置突发事件的能力，减少事故对交通的负面影响。

4）通过设置在主要道路上的大型感应屏逐步构建线交通诱导系统，可连续诱导车辆，有效地增加现有道路的利用率，从而实现道路网络交通流的均衡分布。

如图 7-27 所示，八大系统包括交通信息采集系统、交通信号控制系统、主干道交通诱导系统、停车场交通诱导系统、交通事件系统、智能交通违章管理系统、基于网格的车辆识别综合应用系统以及闭路电视监控系统。

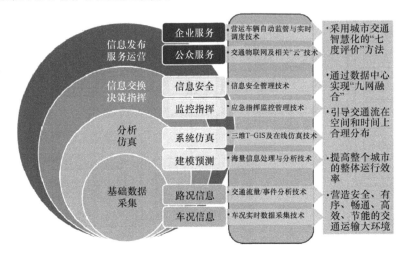

图 7-27　智能交通系统八大系统

未来，智能交通系统的关键是构建国家公路网应急管理系统架构，包括公路安全设计等基础设置和基础信息通信平台。智能交通管理系统可以利用国家路网应急管理系统提供的信息，通过网站、掌上计算机（PDA）、OBU、专用广播、可变信息标志（VMS）、车道控制等向公众提供增值服务。在实现智能交通系统的过程中，关键在于构建由传感器网络、通信设施、网络超级计算和智能软件组成的智能基础设施，建立了一个无处不在的信息网络系统。

智能交通管理系统可以利用综合控制系统，在信息支持下实现事件的快速处理，减少交通事故对道路交通的影响；同时运用一切科技信息手段，实现警力的合理快速调度。该系统通过多种信息采集手段，应用成熟的时间检测算法，实现事件的快速发现，从而为人们的出行提供安全与便利。

思　考　题

本章的学习目标你已经达成了吗？请通过思考以下问题的答案进行结果检验。

1. 云计算架构的作用是什么？
2. 什么是云计算？
3. 基于车联网技术的车联网云服务平台有哪些内容？

4. 云计算平台的结构层有哪几层？
5. 什么是公有云？什么是私有云？什么是混合云？
6. 云计算平台的主要优势有哪些？
7. 什么是大数据？
8. 大数据的特征有哪些？
9. 车辆与交通数据信息分为管理数据、信息服务数据和共享数据三类，都各有哪些内容？
10. 数据信息在车联网应用的作用是什么？
11. 城市智能交通综合指挥系统由哪些子系统构成？
12. 车辆检测与跟踪系统由哪些模块构成？
13. ROI 提取的目的是什么？
14. 车联网与智能交通系统如何实现协同融合？
15. 车载信息服务系统的应用目的有哪些

第8章 车载终端人机信息交互技术应用

> 学习目标

1. 能够说出车载娱乐信息系统的组成。
2. 能够说出车载多媒体操作系统架构与典型车载终端系统软件的应用。
3. 能够说出智能语音识别和交互式对话系统的原理与应用。
4. 能够说出智能手机在车联网中的作用与功能应用。

8.1 车载终端软件技术应用

8.1.1 车载娱乐信息系统组成

车载信息娱乐系统（IVI）可以通过蜂窝移动通信（3G/4G/5G）和移动互联网连接到车载网络服务平台，从而实现车载信息服务。汽车零部件供应商根据原始设备制造商的要求，可以在车内安装远程信息处理控制单元（TCU），用于远程获取车辆数据和远程控制车辆。车辆信息娱乐系统与车辆信息和控制单元结合，形成车辆信息服务终端或车辆终端。

8.1.1.1 车载信息娱乐系统管理平台

汽车信息娱乐系统是一个集成了汽车多媒体播放器、收音机、蓝牙电话、导航系统、语音识别、Car play、Android Auto 等应用程序的信息管理平台。其中，多媒体播放包括 Aux 输入、USB 播放、蓝牙连接音乐等，同时支持播放暂停操作和播放列表选项。除了流行的 AM 和 FM 电台外，收音机还包括数字信号广播（DAB）、世界数字无线电广播（DRM）等。蓝牙电话是指手机的蓝牙连接到汽车系统后，可以通过汽车的送话器直接通话，并使用汽车音响接听。车辆导航是指通过系统下载的地图数据，根据路况信息进行实时定位和提示。

基于 Android 的车载信息娱乐系统管理模块可以看作是负责车辆应用程序与 Android 底层交互的中级库，车辆应用程序只有通过它才能获得相应的底层数据。它有两个接口：一个是对应于应用程序的组件，另一个是对应于平台的组件。基于 Android 的车载信息娱乐系统是在 Android SDK 上开发的一个应用程序，系统架构大致分为底层驱动程序、Android API 库、Android 架构、IVI 系统架构、应用层和图形用户界面，可以更好地进行模块化设计。模块化设计的优点是可以任意组合，并缩短产品开发周期。

基于 Android 系统架构的车载信息娱乐系统的优势如下：

1）该平台具有强大的图形用户界面处理能力。智能手机所具备的一系列功能都可以在车载机上轻松实现，同时，由于用户已经习惯了智能手机的使用，因此对于车载机的使用也变得更加容易接受。另外，车载机允许用户进行更个性化的设置，比如不同风格的壁纸设置等。

2）应用程序可以免费下载和安装。因为它使用的是安卓平台，所以其功能与智能手机相同，用户可以从安卓市场自由下载和使用应用程序，此功能使车载设备更接近智能手机，这也是车载信息娱乐系统的发展趋势。

3）免费的 App 生态资源。自由市场应用资源和内容可以实现免费下载和安装，这意味着手机拥有的各种应用资源也可以被车载机使用。无论是汽车厂商还是车载信息娱乐系统的开发者，都不需要去维护应用程序，市场上有什么资源，用户就可以使用什么资源，这相当于免费使用市场上的各种应用程序资源。对于大多数终端用户来说，由于他们不需要直接为所使用的应用资源付费，这种方法也更受欢迎，更容易被接受。

Android 基于一个不透明的进程间通信（IPC）模型，应用程序将其功能留给操作系统，其他应用程序可以在运行时获得其功能。基本上，平台提供了在后期管理和维护代码的能力。此模型还可用于第三方应用程序和汽车管理类之间的交互。Android 提供了两个权限，它们被创建并分配给管理类，通过预定义的安全级别指定不同的权限。

8.1.1.2 车载信息服务终端设备组成

车载娱乐信息系统作为汽车的一个重要组成部分，不同于传统的软件系统。它是车辆设备的一部分，提供辅助驾驶、多媒体播放、互联网服务和通信服务等功能。随着车内娱乐信息系统技术的发展，给人们的驾驶生活带来了许多便利。与此同时，人们对驾驶安全性和舒适性的要求不断提高，车辆系统也将不断发展。具有集成车载信息系统的汽车已经超出了日常驾驶活动中代步工具概念的限制，车载信息系统也逐渐从原来的个人业务发展到能够与网络通信的车载移动业务终端。

车载信息服务终端是放置在车内的计算机系统设备，它位于硬件层，包括硬件抽象层、操作系统层、系统服务层以及应用层。

1）硬件抽象层。硬件抽象层（HAL）是介于硬件层和操作系统层（OS）之间的软件层，用于各种类型的硬件异构（如中央处理、图像处理、基带处理、多媒体编解码器、存储器和外围设备等），主要包括引导加载程序、板卡支持包和设备驱动程序。引导加载程序类似于 PC 的 BIOS 程序，在操作系统内核运行之前运行，以完成硬件设备的初始化。板卡支持包和设备驱动程序用于屏蔽和抽象各种硬件差异，为操作管理硬件提供统一的软件接口。

2）操作系统层。操作系统层是统一管理硬件资源的软件系统，它抽象了硬件的许多功能，并将它们作为服务提供给应用程序。车载信息服务终端的软件层操作系统主要包括 WinCE、QNX、Linux 和 Android。

3）系统服务层。系统服务层是操作系统向应用程序提供的服务接口，这个层也称为中间件层，主要包括文件系统、图形用户界面和任务管理。

4）应用层。应用层位于软件层次结构的顶部，负责实现系统功能和业务逻辑。从功能的角度来看，应用程序下的所有级别的模块都为应用程序提供服务；从系统的角度来看，每个应用程序可能只是操作系统中的一个单独进程，并且具有较低的权限，主要使用操作系统提供的 API 实现系统操作。

应用案例：基于 Android 架构的 AutoCabin - J3 智能驾驶舱架构介绍

布谷鸟 i - Cabin 汽车计算平台包含的 CarNetOS 汽车操作系统，以 Linux 系统与 Android

系统开源技术为基础；计算平台包含的 ADM 汽车计算系统组件与 ACU 汽车高性能计算单元，基于多核高性能 ARM 车规处理器设计，支持多媒体及导航系统、多功能液体仪表系统、泊车环视系统、HUD 系统、智能驾驶系统等应用。

布谷鸟 i-Cabin 汽车计算平台由 AutoCabin 智能座舱系统计算平台与 AutoWheel 智能驾驶系统计算平台构成，包括汽车座舱信息与通信系统、汽车驾驶传感决策及控制系统。如图 8-1 所示，其 AutoCabin-J3 架构采用的是单处理器、双系统、一体式或分域式多屏驱动的集中域计算，里面主要用到多虚拟机系统，即在一套硬件上运行多个虚拟机系统，把各个应用做相应的虚拟分区，把与安全相关的放到安全域、与娱乐相关的放到娱乐域，进而做相应的处理。这个概念和 J2 架构分域式概念类似，只是 J3 架构是在操作系统里面做分域，而不是在物理架构上做分域。

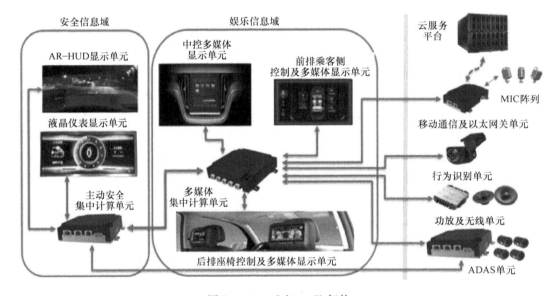

图 8-1 AutoCabin-J3 架构

8.1.2 车载信息娱乐系统应用

为了实现网联化协同驾驶和协同智能交通，车载终端还引入 V2X 协同通信单元。在自主驾驶阶段，车载终端还将集成车载计算平台作为车载终端的计算处理单元。车载信息服务终端体系架构如图 8-2 所示。其中，车辆信息控制单元（TCU）用来获取汽车的驾驶行为、车辆使用情况（时间和里程等）、车辆状态、蓄电池电量等车辆数据。

TCU 具有内置通信单元/网关和卫星定位与惯性导航系统，车辆位置数据是通过卫星定位与惯性导航系统获得的，而车辆驾驶数据则是通过惯性导航系统获得的。车辆数据通过蜂窝移动通信上传至车联网服务平台（TSP），通过 V2X 通信与周围人员和车辆交换。

IoV 服务平台用于车内信息服务时，又称为车内信息服务平台。通过车联网服务平台、车辆信息控制单元和车辆信息娱乐系统，便可以为驾驶人提供车辆信息服务。它还可以通过 USB、Wi-Fi 或 HDMI 接口将智能手机与车辆信息娱乐系统连接，从而允许手机应用程序投影到车辆信息娱乐系统使用，这是车辆信息服务的投影模式。

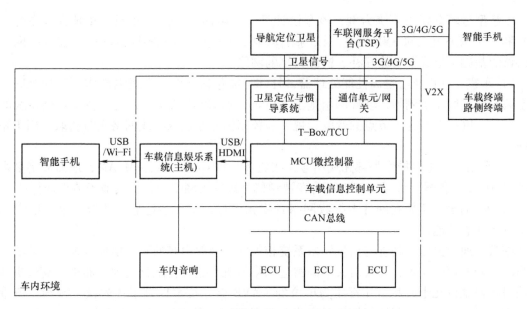

图 8-2 车载信息服务终端体系架构

远程信息处理相关行业从远程信息处理服务平台获取车辆数据，为驾驶人提供远程故障诊断、维护、驾驶人行为分析、远程信息处理、保险业务和车辆分时服务等。依靠车辆数据的开放性，或通过检测安全气囊的汽车碰撞报警数据并上传到车联网服务平台的呼叫中心，可以实现基于车辆信息的被动救援，如应急救援和道路救援服务等。基于车载信息控制单元还可以构成独立的商业运输服务终端，为车队或驾驶人提供商业运输服务。通过车联网服务平台和车载信息控制单元，可以实现车辆控制、车辆监控、ECU 软件更新等远程控制服务。为了保证车联网信息网络的安全，一些制造商在车联网服务平台和 CAN 控制总线之间增加了防火墙或安全网关。有时，车辆信息控制单元（TCU）和车辆信息娱乐系统在物理上也是独立的，此时的 TCU 也称为车辆信息控制终端（T 盒）。

智能手机可以实现对车辆远程控制，如远程起动发动机除冰雪、车内空调开关、车窗开关等。为了防止车辆被外界恶意入侵，智能手机必须先进行安全认证和注册，然后安装遥控应用程序。遥控应用程序向 TSP 发送控制指令，TSP 的后台服务器安全认证后，TSP 将控制指令发送到 T–BOX，同时将远程指令的执行结果或车辆状态信息发送给手机用户。车辆的 T 盒负责接收 TSP 发送的遥控指令，T 盒反馈给 TSP 后台的状态信息必须用密钥加密，以防止黑客恶意入侵。智能手机还可以通过 TSP、TCU、网关和 CAN 总线，实现车载 ECU 软件的 OTA 升级。

T 盒可为车主提供车辆监控和自动报警功能。当车辆静止时，T 盒连续检测 GPS 位置偏移信息。如果检测到车辆移动，T 盒上的通信模块便会将车辆移动信息快速上传到 TSP 后台，TSP 后台会尽快向用户发送报警短信。该功能不仅可以在车辆被盗时提示车主，还可以实时跟踪车辆。

另外，在车内网络技术的应用方面，车内以太网最初集中在信息娱乐系统中，并已形成取代 MOST 的趋势。如前几章所述，作为一种新型的车辆网络，AVB 有其独特的物理层结构、时间同步方法、传输和控制协议。

以某型号轿车娱乐系统为例，该车设计了一个由四个节点（车机、车顶盒、左屏、右屏）和一个网关组成的 AVB 网络。该网络体系结构实现了多种不同的功能，在同一网络通信协议的基础上形成了功能互补、资源共享的网络。

1）车机：硬件核心是高性能处理器，外部功能包括导航、无线电操作、蓝牙互联、车辆空调操作、胎压监测等；软件调用基于 Android 的基础驱动程序，完成各子功能模块的应用。此外，网络上其他子节点的音频、视频和控制信号通过双绞线网络实时获取，用于相关操作。

2）车顶盒：主要操作外部无线信号，接收和处理 GPS、4G、FM/AM、地面数字多媒体广播（DTMB）信号，并通过双绞线将音视频信号传输到网络中，供其他子节点选择。

3）左/右屏：主要在硬件上接收网络音视频信号，实现本地显示功能，也可以完成本地音视频回放功能。

在数据通信方面，随着与信息娱乐系统相关的音视频内容的不断增加以及全自动泊车和全自动驾驶的逐步实现，需要对大量的雷达和摄像机数据进行融合处理，而来自高清摄像头的信号传输是以几十兆甚至几百兆为单位的。AVB 核心技术提供了优先权、预约、流量整形和世界时间功能，使网络能够满足汽车行业的可预测性和高可靠性要求，在 A/V 设备生态系统内具有互操作性；SPR 允许系统端点动态初始化并根据需要释放预留的带宽资源，从而确保可靠的 A/V 流数据传输。

8.1.3 车载多媒体操作系统应用

目前，主流的终端操作系统有 Android 操作系统、IOS 操作系统、Windows 操作系统。其中，Windows 操作系统移植性差，与用户交互逻辑过于复杂，且基于该系统的应用软件数量少，因此在车载操作系统的应用中很少采用。IOS 操作系统任务并发流畅，与用户交互简单快捷，但系统封闭性强，无法根据特殊的需求对其进行定制。Android 操作系统采用完全开源的方式，可以被任何开发者或者公司进行裁剪和优化。基于 Linux 的 Android 系统使其多任务并发性良好，完全适应现在的网络应用，并且专门为触摸操作而设计，用户体验良好；此外，还可以进行不同的个性化定制，系统应用软件丰富且增长速度良好，已经形成了较为成熟的网络生态系统。因此，要打造一个完整的车联网生态环境，Android 操作系统是车载终端操作系统选择中较为合理的选项。

车载操作系统软件总体架构如图 8-3 所示。在软件总体架构的最底层是一个安卓操作系统架构，它对源生安卓系统进行了一定的裁剪与添加，使其与终端设备的应用场景更加吻合。软件架构的第二层为硬件驱动层，在硬件部件驱动程序的协助下，使基线在核心板上成功运行，使硬件部件与平台集成后协同工作正常。最上层为应用软件层，具体的功能模块如图 8-4 所示。在该层中，对设备需要的功能以定制应用程序的模式进行实现，可以直接与用户进行交互。

在车载计算平台的架构中，双系统、双处理器定义为分域式计算，主要是按功能和安全等级进行整车电子系统的分域架构区分。安全域包括 HUD、仪表、ADAS 以及更多与安全相关的内容。娱乐信息域更多是与娱乐相关的内容，包括多媒体、互联网等相关的内容。将安全域与娱乐信息域两域分开，可以更多地满足汽车安全的要求和娱乐要求的内容，这便是分域式计算中的网络、音视频等整套架构的细分部署和联动。

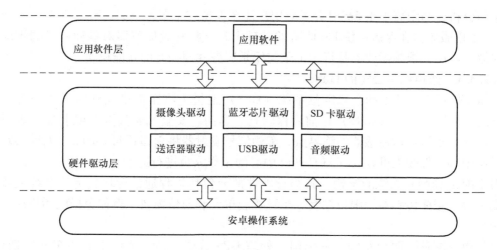

图 8-3　车载操作系统软件总体架构

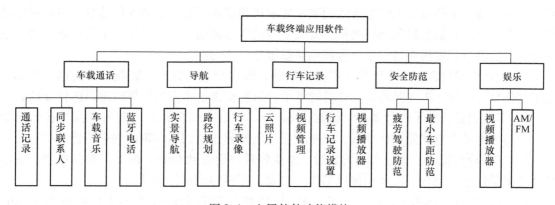

图 8-4　上层软件功能模块

Android 操作系统的性质决定了车载终端定制软件主要是以应用程序配合部分后台进程的方式出现，这样不仅易于开发，而且方便更新维护，更贴合用户的使用习惯与使用场景。车载终端的三个核心服务为车载通话、行车记录与导航，除此之外，还具有一定的主动安全防范作用以及部分娱乐功能。

1）车载通话服务。主要是使用蓝牙技术完成通话的功能，并在蓝牙信道建立的基础上，实现多个增值服务，如车载音乐与同步联系人等。

2）行车记录服务。行车记录服务即完成对行驶过程中行车记录的录制、保存、管理等操作，需要在车联网的环境中找出实现行车记录的新模式，以提高设备利用率。

3）导航服务。导航服务有路径规划与实景导航两个子模块。由于使用安卓操作系统，在该系统上，许多第三方导航软件的导航准确度与智能路线规划已经相当成熟，故该模块采用集成第三方应用软件的方式进行实现。这样便可以节约精力去研发车载通话与行车记录服务，更加符合工程开发的理念。

4）安全防范服务。即对行驶过程中用户驾驶的主动安全提供一定程度的保障，通过对当前导航时长与行车记录时长的计算，当用户连续驾驶 3h 以上时，车载终端会通过语音进行提醒，从而减少用户疲劳驾驶的可能性。此外，车载终端还可以通过摄像头对前方画面进行采集与分析,当距离小于 5m 时会提醒用户注意保持安全车距。

5) 娱乐服务。在保留传统 FM 收听的基础上,支持视频播放器对各种格式的媒体文件进行播放。其中,视频播放器是行车记录与娱乐服务共同拥有的功能模块。

8.1.3.1 通用汽车公司的 OnStar

OnStar 使用无线技术和全球定位系统 (GPS) 卫星为汽车提供完整的无线服务。配备 OnStar 的全球制造系统 (GMS) 在前后保险杠、车门、安全气囊甚至车顶上都配备了碰撞传感器。一旦车辆到达传感器的临界点,车辆信号发射器将立即呼叫 OnStar。电话将直接连接到呼叫中心,驾驶人可以立即与 OnStar 中心的工作人员进行通话。

对于配备 OnStar 系统的车辆,其车身硬件部分包括远程通信模块、定位系统天线、用户控制模块、碰撞传感器、限位控制、车身控制单元和通信模块,例如免提电话模块、无线通信模块。

电信模块配备了两个系统,一个用于处理 GPS 数据,另一个用于处理车载电话信息。车载系统通过与通信设施的基站连接,将 OnStar 系统与车载通信运营商的通信系统连接起来。该模块通过车载电话天线与天线同轴电缆发送和接收所有车辆的通信信息,主要包括通信、安全、定位和信息娱乐四种功能,集成了自动碰撞辅助、紧急救援、车况检测报告、远程查车、全语音控制扬声器和全语音控制导航服务等子功能。

1) 自动碰撞辅助。当车辆发生严重碰撞时,即使安全气囊没有破裂,车辆也会自动发出求救信号。OnStar 将立即响应,必要时将车辆信息提供给相应的救援机构以进行救援。

2) 紧急救援。按下红色紧急按钮时,OnStar 客户服务顾问可以对各种紧急情况做出响应,并与当地的紧急援助机构联系,以便救援小组能够迅速到达车辆的准确位置。

3) 车况检测报告。登记车辆信息后,车主每月自动收到 OnStar 的车况检测报告。它清楚地列出了许多车辆核心部件的测试结果,以确保车辆得到更好的维护。

4) 远程查车。如果车辆被盗,车主先打电话到公安部门报案,再打电话给 OnStar。OnStar 中心的客服顾问将与当地公安部门密切合作,帮助车主找到被盗车辆。

5) 全语音控制扬声器。OnStar 全语音控制免提电话功能,可轻松接听车内来电,消除驾驶过程中手持电话的隐患,智能语音识别系统使指令像说话一样简单。

6) 全语音控制导航服务。按下蓝色按钮,可以通知服务人员将语音导航数据直接下载到车辆上。在行驶过程中,系统会对每个行驶的路口进行分析判断,并给出语音提示。

OnStar 系统控制主要有三个按钮:蓝色的 ON 按钮连接到应答中心,红色的 cross 按钮是紧急呼叫救援按钮,白色的按钮是全音扬声器或导航功能启动按钮。当系统开启并正常工作时,LED 指示灯为绿色。当 LED 状态指示灯为绿色并闪烁时,说明呼叫正在进行中。当 LED 为红色时,说明系统有故障。当车主按下 ON 或红色帮助按钮,或 OnStar 系统通过车辆传感器检测到车辆安全气囊展开时,系统将通过天线自动连接到客户服务中心,同时,车辆的 GPS 位置、车辆状态以及其他数据可以通过客户服务部门查看。

在系统出现故障的情况下,OnStar 系统仍然可以拨打电话,并且在通话过程中 LED 指示灯闪烁红色。如果指示灯不亮,这可能表示用户 OnStar 账户服务尚未启动或已过期。通信接口模块通过专用的 LED 信号电路控制每个 LED,通过键盘电源电压电路向 OnStar 按钮和 LED 组件提供 10V 电压。当按下每个按钮时,电路由一个电阻器完成,这个电阻装置允许一个特定的电压返回到通信接口模块。通信接口模块根据返回的电压值范围来区分哪个按钮被激活。远程通信接口模块（VCIM）通过控制来自控制面板上的功能键控制信号输入，它是一种车载设备，允许用户通过网络传输数据和语音信号。

VCIM 使用两个号码来识别车辆通信设备：一个移动识别号码（MIN）和一个移动目录号码（MDN）。移动识别号码表示车内通信运营商用于呼叫的号码，移动目录号码表示拨给每个车内设备的号码。更换新的通信接口模块后，需要进行编程和初始化设置。一旦执行初始化设置，通信接口模块就不能在其他车辆上使用。

VCIM 通过串行数据电路连接到发动机控制模块和动力系统控制模块，将采集到的信号通过天线与服务中心连接，实现所有车辆通信信息的传输和接收，这些信号包括车速传感器信号、安全气囊传感器信号等。OnStar 系统中的 VCIM 通过车载电话天线发送和接收所有车内通信信息，使用 GPS 信号提供请求的位置，并通过串行数据电路连接到发动机控制模块和电源系统控制模块，以锁定/解锁外部照明系统。

OnStar 系统使用特殊的睡眠周期，当点火开关关闭且固定附件电源（RAP）模式结束时，系统可以接收车载电话。此循环使通信接口模块能够执行遥控功能，如解锁车门并将蓄电池电流保持在可接受的水平。OnStar 系统使用四种就绪状态：高功率、低功率、休眠和数字待机。无论点火开关设置在 ON（接通）位置还是 RUN（运行）位置，无论固定附件电源是否启用，无论 OnStar 系统是发送还是接收呼叫，系统在执行功能时都将进入高功率状态。当点火开关设置在 ON（接通）或 RUN（运行）位置，或启用固定附件电源的情况下，OnStar 系统未使用时，系统进入低功率状态。当车辆关闭且固定式附件电源超时后，进入数字待机电源状态。

在车辆使用过程中，如果 OnStar 系统不工作，可以先检查汽车后视镜上的 OnStar LED 状态指示灯是否异常，然后按三个功能按钮查看是否响应。使用诊断检测仪检查收音机、遥控加热器、空调控制模块和仪表上是否存在故障码，断开蓄电池负极或 VCIM 插头并进行断电处理，如果系统能立即恢复正常，说明系统接线没有问题，可以更换 VCIM 模块，然后进行编程程序维护。

8.1.3.2 宝马 iDrive

iDrive 是一种智能驾驶控制系统，是一种较新的未来驾驶理念，可以使用位于变速杆附近的多功能控制模块和高分辨率显示屏，实现最简单、最直接的人机交互。

多功能控制模块有七个快捷按钮和一个可拨号、按下和旋转的"操纵杆"。上面的快捷方式包括 CD 播放器、收音机、菜单、电话、导航、设置和返回这七个用户最常用的功能。操纵杆的各种动作对应于菜单选择、切换或确定选项等功能，虽然没有使用触摸屏的人机交互，但整个 iDrive 系统使用方便、操作简单。在 iDrive 系统中，除了可以收听音乐和导航外，还可以查看车辆保养信息和故障信息，并能设置驾驶模式、车锁功能、车辆空调功能和座椅加热功能，以及设置智能人机交互系统、智能速度控制系统、智能气囊系统、智能 GPS 导航、智能照明系统、ESP 防滑系统、智能悬架系统、抬头显示投影显示、汽车黑匣子、智能钥匙、智能轮胎、智能泊车系统等系统的工作参数。宝马 iDrive 内置了 700 多项功能，并且其车辆信息查询和设置功能相当强大。

如果车载电脑程序出现问题，可能会无缘无故引起报警。如果 iDrive 系统突然出现故障，则可能会导致车灯自动打开等，这对汽车的安全操作和使用不是大问题，可以通过断开连接，然后重新启动车载计算机来解决。如果经常发生问题并影响正常使用，则需要升级计算机软件来解决问题。

8.1.3.3 奔驰myCOMMAND系统

myCOMMAND系统包括显示器、控制器、功能按钮和电话键盘，可以在车内操作以下功能：音频功能、导航系统、电话和通信功能、DVD视频和电视以及各种车辆设置。myCOMMAND系统控制器有四个功能按钮，可直接控制影音娱乐车机、家庭（家庭功能）、多向可调座椅和电话/导航功能。

命令可以区分功能是每天使用（例如，选择电台和播放交通信息）还是仅仅是单次的设置（例如，系统设置和低音设置）。因此，操作顺序将由功能使用频率决定。菜单是根据项目的相关性和使用频率排列的，当在菜单上选择项目时，系统将指示需要执行的操作路径。下次再选择此菜单时，系统会直接显示该备选项目，这就减少了操作步骤。myCOMMAND系统使用多功能方向盘可以直接控制指令上的主要功能，这比使用中央控制旋钮具有更快更直接的响应速度。该系统双向功能的直接按钮，即个性化按钮是根据人体工程学原理排列在系统控制器周围的，这样在操作时就无须低下头了。myCOMMAND系统控制单元上的返回按钮有双重功能：短按按钮可以返回上级菜单；长按按钮可以返回到最上级菜单。

8.1.3.4 丰田G–BOOK系统

G–BOOK智能副驾是丰田的车内智能通信系统，其导航原理框图如图8-5所示。G–BOOK可以通过车辆智能通信系统将无线网络与数据中心连接，实现应急救援、防盗跟踪、道路救援、保养通知服务、运营商服务、信息服务、路线搜索服务、预订服务、网络地图接收、高速公路安全行车提醒服务和交通信息服务等功能。G–BOOK是一个网络数据系统，可以在任何时间、任何地点有效地连接人、车和社会。它可以服务于各种平台，包括个人计算机、数字助理、手机等。车主可免费使用此先进的车内通信服务系统4年（油电混合动力车型为6年）。

1）应急救援功能。G–BOOK可以通过无线网络随时向数据中心上传车辆移动的数据。对于任何异常情况，例如车内事故、安全气囊弹出、驾驶人感到不适或危险时，按下紧急救援按钮，中心操作员都能通过G–BOOK传送的数据及时了解紧急情况，并立即采取相应的救援措施。

2）防盗跟踪。如果车辆意外被盗，自动报警装置也会通过G–BOOK及时通知数据中心。获得车主同意后，中心运营商将实时通知相关执法机构车辆所在位置，帮助客户追回车辆。

3）道路救援。如遇突发断裂或无法前进，可以及时与中心运营商联系，获得专业道路救援支持。支持中心将根据实际情况联系经销商店或专业救援机构，确保救援工作尽快展开。

4）保养通知服务。使用G–BOOK后，当车辆行驶里程达到保养要求时，经销商会通过无线向用户车上的G–BOOK发送保养通知并联系客户，通过电话确认维护时间。

5）运营商服务。通过与接线员通话，由中心接线员代表客户完成目的地预置，搜索周边设施，并将搜索结果发送到车载设备。

6）信息服务。使用者根据自己的喜好和需求，可以在任何时刻向数据中心定制各种信息。

7）路线搜索服务。路线搜索服务可以用来提供详细的目的地路线和道路拥堵情况，从

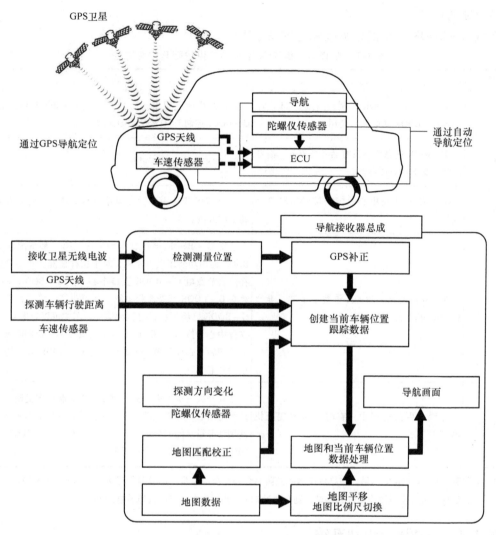

图 8-5 丰田 G-BOOK 系统导航原理框图

而帮助客户制订更加合理的出行计划。

8）预订服务。运营商将为客户联系第三方服务机构，在开车时可以随时预订酒店和机票，并安排行程。

9）网络地图接收。该功能通过智能通信将网络地图连接到车载设备上，为车主提前出行做好准备。客户只需在地图栏网站上搜索目的地，然后通过网站页面上的"发送"选项将结果发送到 G-BOOK 服务中心。车辆起动后，G-BOOK 系统会提示从 G-BOOK 服务中心接收到的目的地地图。单击"确认"后，可以立即设置智能导航。

10）高速公路安全行车提醒服务。当客户选择特定的高速公路和行车路线时，车载设备可以显示所选高速公路各路段的最高车速信息，并及时通过语音提醒驾驶人注意行车环境，保持安全行车速度。

11）交通信息服务。交通服务信息每 5min 更新一次数据，可以让车主随时随地掌握道路交通状况。交通动态图不仅可以显示设定城市的整体拥堵状况，还可以提供出行路线和周边绕行道路的信息。

车载 G-BOOK 系统的常见故障与排除方法见表 8-1。

表 8-1 车载 G-BOOK 系统的常见故障与排除方法

序号	常见故障	排除方法
1	车辆本身 G-BOOK 控制线路或 DCM 损坏导致 G-BOOK 功能无法使用	如果缴费情况正常,可检查车辆 G-BOOK 线路控制或 G-BOOK 控制 DCM 是否存在故障
2	G-BOOK 信息栏上没有话务员服务、信息确认、交通信息图标	G-BOOK 信息需要更新
3	G-BOOK 支持中心故障或接受传输信号故障	G-BOOK 支持中心没有消除故障记录,需要与服务中心的工作人员联系
4	车主对续交 G-BOOK 年费不了解,导致 G-BOOK 功能无法使用	续交 G-BOOK 年费有两种情况:第一种情况就是 G-BOOK 使用功能还没有停机,对于这种情况,车主可以直接在停机前致电 G-BOOK 支持中心,按 G-BOOK 支持中心续交 G-BOOK 年费流程去续交就可以了;第二种情况就是 G-BOOK 已经停机,对这种情况,车主可以致电 G-BOOK 支持中心,按 G-BOOK 支持中心续交 G-BOOK 年费流程去续交后,必须到销售店重新签订 G-BOOK 开通协议才能重新开通
5	在地图更换过程中,有时突然出现死机状态	重新开关一次点火开关,重新启用导航地图更新界面,在地图更新后,如果出现一个界面显示为 GPS 时差不准确无法使用话务员功能的提示,是因为没有 GPS 信号引起的,有了 GPS 信号后功能就能恢复正常

注:对装载有 G-BOOK 的车辆,在维修中排除故障时会涉及车辆本身内部故障信号影响或 G-BOOK 中心支持等问题,如果要进行模拟故障测试或路试,则需要通知 G-BOOK 中心取消故障警告通知。

8.1.4 车载语音识别系统

智能语音识别和交互式对话系统通常嵌入到车辆操作系统中,这项技术主要是基于人工智能的应用。语音识别技术是通过识别语音信号和信号处理等过程,将各种语音信号转换成文本。该技术融合了声学、计算机科学、信号处理技术、人工智能等多学科、多领域技术,与硬件技术相比,其结果有着广泛的应用。智能汽车语音系统应能让用户更方便地使用车内常用功能,包括打电话、听收音机、听音乐、导航到目的地、导航到感兴趣的地点、查找停车场和餐厅等功能,并能控制车内电器,如调节空调温度、风扇强度等。

语音识别主要有四个过程:语音输入、信号处理、解码和文本输出,其中,解码是最重要的核心部分。解码器由声学模型和语言模型两个模型组成,声学模型是语音图谱与文本之间的对应关系,它是语言学和声学的矢量表示;语言模型是根据人类语言的特点和声学模型的结果来匹配语义对应关系的,它是一组知识序列的表达式。

所谓语音识别,实际上是利用声学模型将语音的声学特征划分为音素或词语等最小单位,然后利用语言模型将词语翻译成一个完整的句子的过程。语音识别的过程与系统架构如

图 8-6 所示，包括语音特征提取、识别算法、语义理解等三个部分。

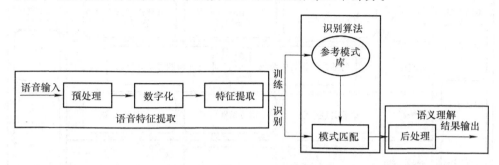

图 8-6 语音识别的过程与系统架构

常用的智能语音系统可以同时输入多个语音信号，并行处理多个语音识别任务。语音识别技术基本原理如图 8-7 所示，图中所示的智能语音系统采用分布式语音识别系统，该技术是一种分布式结构，利用云计算、大数据、机器学习等技术形成系统体系结构。这种体系结构可以将一个大任务划分为多个小任务，通过任务并行处理，可以提高语音识别的整体性能，并简化语音服务流程，从而为用户提供更好的体验和服务。

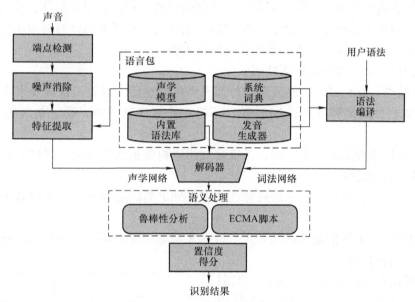

图 8-7 语音识别技术基本原理

语音识别系统逻辑架构如图 8-8 所示，主要包括操作系统层、引擎层、资源包和管理工具等四个逻辑层，这四个逻辑层共同构成了一个完整的语音识别系统产品体系结构。操作系统层是智能语音识别系统的开发接口，是底层应用环境。引擎层提供了大部分核心语音处理模块，并提供了一系列高效、易用的集成工具，方便后续新的应用和需求。资源包是专门为特定行业和特定领域的用户提供的语音和语义资源包，开发接口是为支持后续开发而保留的 API 接口。

语音识别模型通常由语言模型和声学模型组成，对应于两个概率，即一个识别单元对一

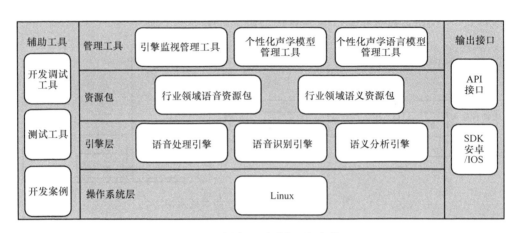

图8-8 语音识别系统逻辑架构

个单词的概率和一个语音对一个识别单元的概率。其中,语言模型表示识别单元与语言之间的概率关系,声学模型表示声学单元与识别单元之间的关系。目前,流行的语音识别技术普遍采用基于隐马尔可夫模型的方法来建立声学系统模型。声学系统模型首先需要训练大量的语音数据,形成数学模型。在实际应用中,不同的环境、地区、用户群体、使用习惯等因素直接影响语音识别的准确性。因此,在制作语音系统时,需要专门针对特定的使用场景和用户群进行训练,这样可以大大提高系统识别的准确性。

车辆语音识别系统应具有以下特点:

1)抗干扰性。我们经常会在复杂的外部噪声环境空间中驾驶,这就要求车辆语音识别系统能够清楚地分辨出哪些是控制语音,哪些是外部环境噪声,哪些是其他乘客的干扰噪声。

2)确认每次接收到语音命令时,系统需要相应地提供语音反馈,以便驾驶人能够清楚地知道其意图已正确执行。

3)同一指令每百次语音输入的可靠性要求得到更高的准确率,以缓解系统本身带来的道路隐患。

4)智能化。需要智能地协助驾驶人进行日常辅助和应急响应,使驾驶人更容易因智能化系统而改变驾驶行为。

智能车载语音系统是通过分类器对识别出的语音进行分类,并将识别结果插入到功能域的处理逻辑中的系统,其主要功能逻辑如图8-9所示。

如何准确划分功能域是识别部分最重要的任务。当一段语音传入时,为每个模块训练的声学模型将识别这段语音。对于每个单词的识别,系统都会给出一个分数。我们可以在每个功能模块的入口设置一个阈值,由此可以看出置信度分数将有多少进入该

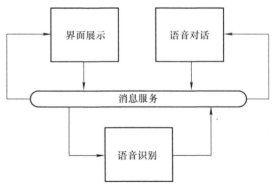

图8-9 智能车载语音系统主要功能逻辑

模块。

这种信心值是通过决策机制实现的。决策机制将识别结果与每个域返回的分数进行比较，选择最有可能的域，然后将该域的标志添加到识别结果中，使分发服务器能够快速收到结果。

判断机制的原理是将每个域的识别结果排序组成一个队列，如果最高得分和下一个最高得分的结果接近，则使用每个域的关键字进行比较。如果两个模块都不可用，这两个结果将发送到自然语言理解模块，自然语言理解模块也会对文本结果进行评分，最后以高置信度的结果作为最终的识别结果。

智能车载语音系统流程如图 8-10 所示。通过这个流程图，可以清楚地看到智能网联汽车语音系统是如何将语音转化为指令的。

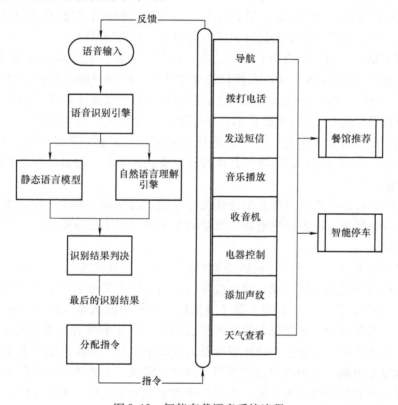

图 8-10　智能车载语音系统流程

从系统架构层次上可以将其划分为五层：系统交互层、音频处理与识别层、呼叫消息传递层、表示对话层和应用层。

（1）系统交互层　系统交互层主要处理与系统相关的驱动调用，该层的主要功能是语音输入和输出，通过平台抽象层调用系统音频输入设备来采集声音流。整个过程只需要通过在体系结构中调用特定的系统来完成，不需要实现其他代码功能。

（2）音频处理与识别层　音频处理层主要实现降噪、端点检测和语音识别等功能，其中音频降噪主要采用数据流单指令多数据扩展指令集（SSE）的环境噪声抵消和回声抵消功能。SSE 需要预先在车内包含相似的噪声环境，然后通过波形减法减去近似的噪声波形，使发送到识别引擎的语音更加简单，从而更好地消除噪声环境对语音识别结果的影响。根据相同的原理，在进行回声消除时，SSE 还使用所播放的声音和相位差来消除接收到的声音的波形。端点检测利用声音能量的周期性变化来估计音频段开始的位置和结束的位置，语音识别引擎在这两个点打开和关闭，从而节省系统资源消耗。语音识别是将前两步处理后的音频转换成指令的过程，如果智能语音系统是在智能车辆语音识别系统的框架下实现的，可以省略声学模型训练的步骤，训练后的声学模型和语言模型可以直接用于声音转换序列。在这一层中，通过编写语法规则和构建字典，可以识别出更灵活的语句。

（3）呼叫消息传递层　呼叫消息传递层主要是车辆系统软件编写语言（GDML）与各种功能之间的消息传递。GDML 是一种相对简单的语言，不能完成一些复杂的逻辑操作和函数实现，通常使用 GDML + C API 或 Python API（编译器）来完成一些复杂的逻辑实现，C - API 在这一层能够与软件的编写语言进行交互。消息通信的机制是使用 GCF 协议进行消息传递，通过这一层，可以在框架内很好地完成各种复杂的逻辑功能。

（4）表示对话层　对话层是语言形式的指令反馈，所使用的主要技术是 TTS 系统（文本到语音转换器），通过 TTS 广播所有预设的反馈文本，使用户能够清晰、明确地与系统交互。用户的每一条指令都可以反馈到界面上，使用户能够清楚地了解系统的状态。其中，显示层主要采用跨平台的 QT 进行界面显示，其框架采用 QML + C API 模式。

（5）应用层　应用层主要是一些外部应用的对接，如高德地图的对接、第三方车辆电控模块的对接等。该层的主要目的是与其他智能设备固件兼容，为以后整个车辆的系统升级和扩展提供可能。

智能汽车的语音系统模块主要分为语音拨号模块、语音留言模块、音乐播放模块、收音机模块、语音导航模块、电器控制模块、智能泊车模块、餐饮推荐模块、天气查询模块，以及声纹识别模块。

（1）语音拨号模块　语音拨号模块是通过语音识别获取对方的已拨号码或联系人，然后通过蓝牙通信呼叫联系人的功能。语音拨号模块的功能主要包括以下两个部分：

1）通讯录读取。汽车与手机建立蓝牙连接后，手机中的联系人将以 cop 文件的形式记录到车辆系统的存储器中，根据每个固定列的含义进行读取和保存。在进行联系人识别时，当识别语义不是数字时，系统会自动比较联系人的识别结果。如果搜索结果不为空，则所有结果将返回到显示界面，并为用户编制索引，选择要联系的人并拨号，接触方法被过滤。如果搜索到的联系人有多个联系人号码，系统将在屏幕上列出这些联系人号码，并询问驾驶人要拨打哪个号码。当获得用户的选择时，执行相应的拨号。

2）拨号码确认身份。如果是另一个结果位，系统在收到最终识别结果后直接拨打热线识别。热线识别是存储当前最流行的客户服务和其他热线，并在常规网络上进行更新。当用户所说的语音识别结果是储存在系统中的热线电话时，系统将直接拨打该号码。

（2）语音留言模块　语音留言模块是当系统识别到某个号码或某个联系人发送了一条留言时，结果的前半部分与联系人和号码匹配，结果的后半部分指示留言的内容。语音留言模块中的联系人识别与电话拨号的原理基本相同。当识别语义不是数字时，在联系人中找到匹配的条目。

（3）音乐播放模块　音乐播放模块主要通过语音指令控制播放器的播放列表、播放曲目和播放行为。

（4）收音机模块　收音机模块主要供用户通过语音收听指定频率和电台，也可以通过语音指令进行自动频道搜索和电台采集。

（5）语音导航模块　使用语音导航模块，即使车辆在移动，用户仍然可以使用语音指令操作导航并帮助他到达指定的位置。

（6）电器控制模块　电器控制模块为用户提供语音控制车内电控设备的功能，例如空调、风扇等可通过语音命令控制。

（7）智能泊车模块　智能泊车模块是对导航模块部分功能的人工智能升级，当到达目的地时，该模块可以首先搜索目的地附近的停车场。假设能找到停车场，系统会发出"是否需要推荐停车场"的提醒。如果得到肯定的命令，系统会启用智能泊车功能。如果获得否定指令，导航将继续。当不执行动态导航时，用户还可以通过语音指令启动智能泊车模块。智能停车的主要功能是通过智能过滤来实现，当用户第一次找到停车场模块时，系统会根据天气情况为用户提供停车场推荐。如果天气温度适宜且晴朗无风，系统会按距离为用户推荐停车场；如果遇到雨雪、冰雹、雾霾或刮风等天气，系统默认情况下只能在室内为用户寻找停车位。

（8）餐厅推荐模块　餐厅推荐模块也是对导航模块的人工智能升级，其可以从地图中选择符合用户需求的餐厅，并进行相应的分类。

（9）天气查询模块　天气查询模块可为用户提供查询当前天气的功能，并支持未来天气以及不同城市天气情况的查询。该功能主要通过调用云平台中的天气查询接口来实现。

（10）声纹识别模块　声纹识别模块可以用以判断某段语音属于哪个用户，该功能贯穿于各个模块，可为不同用户提供个性化的数据生成和存储功能。

8.2　智能手机在车联网的应用

近年来，随着各种先进技术的融合及最先进的通信方式的使用，智能手机已成为广泛应用的通信终端。不过，智能手机在交通领域的应用目前还处于起步阶段，可以深入开发。

8.2.1　智能手机在车联网中的应用

智能手机是智能交通发展的重要载体，可以改变交通信息的采集方式，也可以用于企业的商务用车管理等服务，有利于实现真正的交通信息服务。

智能手机处于科技前沿，紧跟技术发展，及时集成最新技术，以满足人们的各种需求，其功能正逐渐增强，并朝着计算机计算速度的方向发展。智能手机还具有良好的移动性，能够实时通信，并且能够准确定位。

在手机上开发软件也很方便，不需要太多关注底层硬件，只需要使用现有的功能平台便可以灵活地调用附着在手机上的各种传感器。

大多数车载嵌入式操作平台和手机操作系统都使用 Android 操作系统和基于 Linux 的操作平台。Android 操作系统架构如图 8-11 所示，这个系统包含很多方面，最基本的操作是互联网接入、照相、蓝牙和数据传输。通过安装移动终端应用程序，智能设备可以具备更多功能，如今的在线支付和无线打印都是通过移动终端应用程序扩展的。由于其范围非常广泛等优点，很多计算机、平板电脑和手机现在都在使用 Android 操作系统。

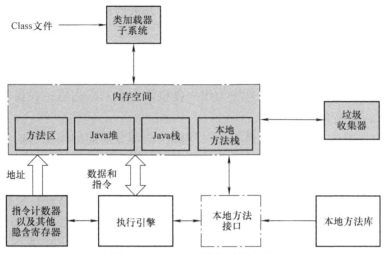

图 8-11　Android 操作系统架构

随着智能手机越来越普及，其对移动终端应用的开发也提出了更高的要求。图 8-12 所示为应用程序（App）的构建架构。同时，在使用智能手机的过程中，人们需要下载大量的应用程序。与 IOS 操作系统相比，Android 操作系统的使用率更高。因此，在移动终端应用程序的开发过程中，也要考虑绝大多数 Android 系统用户的使用习惯。由于使用 Android 系统的人数众多，给移动终端应用程序的开发带来了诸多便利，也有更多的用户可以体验到实践过程中的改进并得到更好的应用。随着 Android 操作系统的更新，移动终端应用程序也在不断变化。在这个过程中，应用程序的功能不断加强，内容也得以丰富。移动终端应用需要兼容多种设备，包括各种品牌的手机、平板电脑等。

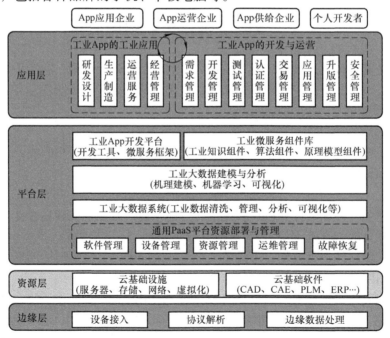

图 8-12　App 的构建架构

图 8-13 和图 8-14 所示为移动终端车载生活 App 开发框架和 App 软件系统优化应用案例。

第 8 章 车载终端人机信息交互技术应用

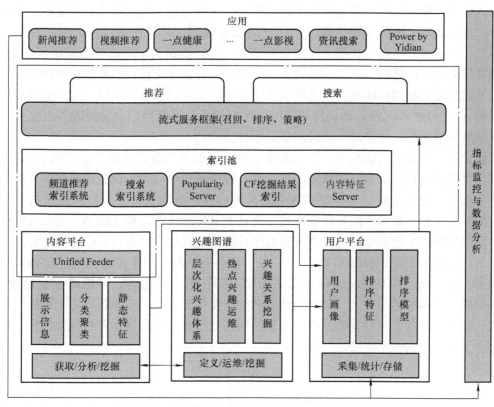

图 8-13 移动终端车载生活 App 开发框架

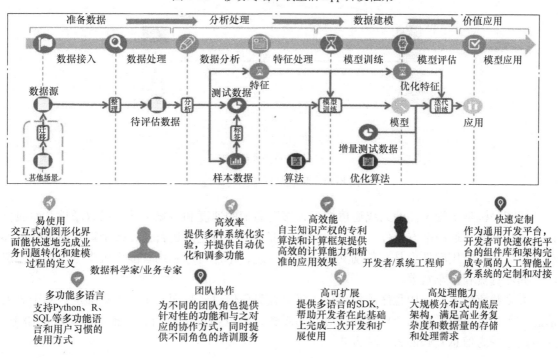

图 8-14 App 软件系统优化应用案例

车载移动终端应用需要具备以下条件：第一，确保应用不侵犯用户个人隐私，不携带病毒，不恶意收费等，确保移动终端应用用户的安全使用，并要注重时代审美以及人们的习惯。第二，界面设计不要太花哨，操作也不要太复杂，这是为了降低使用应用程序的难度，并为用户带来更好的体验。第三，移动终端应用程序的设计应该更加智能化和用户友好化。

为了确保更好的用户体验，移动终端应用程序应该进行兼容性测试，以便能够应用于各种型号和 Android 操作系统。移动终端应用程序打开后，系统可以自动提取多个信息，发布指令并做出相应响应，使移动终端应用稳定运行。

智能交通包括智能网联汽车、智能道路、智能人以及三者之间的信息交流和相互控制，而手机为智能交通提供了良好的载体。现阶段，智能手机可以为智能交通提供多种应用。使用智能手机可以更简单地实现智能交通中的车辆协作。智能手机不仅拥有更快的 CPU、开放便捷的开发平台、多种不同软件的集成，更具交互性的语音等模式识别、交互友好的交互界面、高速标准化的数据接口等，在智能交通应用中比其他设备也具有更多的优势。

手机的通信结构原理如图 8-15 所示。由于智能手机都采用了多种室外定位技术和室内定位技术，如 GPS、GLONASS、移动基站、Wi-Fi、电子罗盘等，手机的定位精度较高。智能手机融合了多种传感技术，如重力传感和加速度传感，这些技术可以用来识别车辆的运行行为。结合定位技术可以有效地确定车辆的运行状态，并能检测出各种异常情况，这为车联网提供了强有力的技术支持。

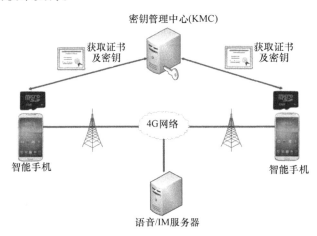

图 8-15 手机的通信结构原理

智能手机是最受关注的无线通信技术，移动通信的速度和带宽呈几何级数增长，而通信技术也是智能交通的基本条件。每个智能手机都有一个特定的运营商，每个运营商都支持移动支付，一些应用软件也具有移动支付功能。因此，用户可以利用智能手机支付各种交通费用，如通行费和停车费等。

大多数智能手机应用程序需要用户注册个人身份信息，从而与个人信息绑定。基于个人信息，手机可以提供更加个性化和针对性的服务，以及传统交通信息服务无法实现的服务，这可以被视为信息互联的另一种方式。

8.2.2 智能手机在智能交通中的应用

手机服务的全面性可以体现在多种信息的整合上，一种是交通软件与相关商务、娱乐、服务信息的整合；另一种是专业商务服务软件，整合在专业商务服务软件中的出行信息。手机在提供信息服务的同时，也在充分调整和优化交通资源，如基于移动电话的出租车呼叫服务、基于手机的停车预订服务和基于手机的货运车辆预订服务。在信息服务充足的情况下，可以大大减少租车等交通资源的浪费，而使用代驾软件则可以降低空车巡查取车的能耗。

8.2.2.1 车联网平台与用户 App 通信

目前，用户可以通过移动应用直接与联通汽车平台交互，也可以先与独立的业务平台交互，然后由业务平台与联通汽车平台交互。这种方法主要用于分时租赁，用户可以发布车辆控制指令和采集的车辆状态数据，交通信息服务可与其他咨询相结合。移动信息服务目前面临的问题是如何集成不同的应用，从而帮助用户快速方便地选择最适合的应用软件。

1）控制指令。用户通过应用程序控制车辆，主要控制门锁、车门、车窗、行李舱和空调。

2）状态数据。用户需要获取车辆的状态数据，主要是门锁、车门、车窗、行李舱、空调的实时状态，以及发出控制指令的结果反馈信息。

手机可以为智能交通提供信息服务终端和交通信息服务，在强调多种方式的同时，也强调交通信息服务的多样性、全过程性和综合性，信息服务与其他信息的集成不仅仅是一种路径选择。移动交通信息服务还可以与商业和娱乐服务应用程序相结合，其中许多业务应用程序只调用流量插件。手机信息服务还可以包括条码、二维码和蓝牙等信息，在提供单向信息服务的同时，还可以提供预订服务和移动支付服务。智能交通移动监控系统的功能框图如图 8-16 所示。在使用某些运输服务软件时需要登记个人信息，个人信息的改善使手机能够提供面向服务、用户友好和有针对性的个性化服务。

图 8-16 智能交通移动监控系统的功能框图

(1) 提供手机信息服务　手机信息服务更多的是定位服务，其多样性体现在利用手机可以查询道路交通状况、公交出行路径、公交到达时间、轨道运行状况、停车场使用情况、航班动态，甚至可以查询航班排队情况，覆盖整个交通领域。手机可以在出行前提供一条规划好的路径，在出行过程中，通过查询车辆的运行状态、周边的商务和娱乐信息，自动生成一条最优路径。

(2) 提供更广泛的流量样本数据　传统的交通信息采集方法有线圈采集、视频采集、超声波采集或基于手机基站的信息采集，而一些手机应用软件则可以使用手机的多种定位技术实时定位用户的位置。

(3) 提供数据采集信息　有些软件信息不仅包括关于人的信息，还包括关于汽车的信息。这些数据的采集、挖掘和应用是对传统交通数据采集的突破。智能手机提供了一种收集交通信息的新方法，通过数据访问，建立良好的数据共享模型，扩展数据源，从而为企业提供基本的免费数据服务。

(4) 提供多种货币支付功能　手机可以提供多种交通平台的支付功能，如公共汽车票、地铁票、汽车通行费、停车费、汽油票和车船票，为各种形式的支付提供了一种集成和便捷的支付方式。手机支付有多种方式，包括使用运营商自己的收费系统进行支付，以及使用手机卡、移动钱包、银联支付等，小额支付可以使用第三方平台授权交易，然后与银联系统结算。在智能交通系统中，可以灵活使用各种基于手机的支付方式，提高交通支付的便利性。基于手机的支付也可以与停车场等信息服务相结合，利用手机找到停车位，然后进行移动支付，付款完成后，还可以使用手机查询车辆的停车位置。

(5) 智能手机可作为运营车辆调度管理终端　运营公司调度管理包括运营人员管理、运营车辆管理、运营人员与车辆调度匹配。运营人员可以使用手机应用程序开发语音通话、摄像头监控、出勤管理以及其他功能。驾驶人上车后，可以用手机软件进行车辆使用的授权验证，包括使用语音、人脸识别等模式。由于手机可以获取位置信息，后台监控部门可以随时了解驾驶人的位置。驾驶人上车后，将智能手机通过数据线与车载设备连接，便可采集车辆信息，对车辆进行监控。车辆的转向信息、位置信息和驾驶人的制动信息等都可以由智能手机自带的传感器监控。

以货车管理软件为例，驾驶人只需拥有一部基于 Android 或 iOS 系统的手机，安装手机调度软件，运营公司就可以实时获取车辆位置，与驾驶人进行通信，从而实现车辆调度管理。不仅货运车辆可以使用智能手机调度，公交公司也可以使用手机进行出勤管理。长途客运车辆和危险品车辆也可以使用手机进行调度管理和监管。单位管理平台操作系统、调度系统等可以使用手机作为终端，或者将手机与车载电子设备相结合，无须定制应用终端。通过对手机进行定制开发，实现所需功能的低成本开发与运营。

8.2.2.2　车辆与手机 App 直接通信

车辆和手机之间的蓝牙通信主要是防止车辆在无信号情况下通过网络对其进行控制。因此，车辆与手机之间的蓝牙通信主要用来实现车辆门锁控制和激活授权。

(1) 静态绑定　静态绑定适用于私家车的使用场景，以及手机和车辆的一对一长期绑定。通过将手机蓝牙信息和 Mac 地址发送到车载联网平台，车载联网平台转发到车载 T 盒，并将车载联网平台记录的车载蓝牙信息提前发送到手机，完成手机和车辆的蓝牙绑定。

(2) 动态绑定　安装在汽车上的 SIM 卡如果有信号，就可以连接到移动通信网络，并且通过手机可以申请绑定车载蓝牙，将手机蓝牙信息、MAC 地址发送至车联网平台；车联网平台再将其转发至车载 T 盒，并提前发送车联网平台记录的车载蓝牙信息；然后进入智能手机，完成手机与车辆之间的蓝牙绑定。如果汽车 SIM 卡中没有信号，可以利用智能手机绑定汽车蓝牙，并将手机蓝牙信息和 MAC 地址发送到汽车联网平台；车联网平台将其转发到车载 T 盒，但无法接受信息。此时，信息可以存储在车联网平台上，通过将车辆上次生成的蓝牙配对信息发送到用户手机以完成智能手机与车辆之间的蓝牙绑定。

移动电话为车联网提供了新的技术解决方案。在传统的车联网概念中，车－路系统是从车辆与道路数据的交换开始的。由于没有快速稳定的长途通信，车－路系统大多采用车辆与路边设备之间的短距离通信。随着智能手机通信速度和带宽的与日俱增，可以充分满足车－路系统的通信需求，实现车辆与运营管理中心的快速通信。这种快速通信模式可以部分取代车－路通信，形成车－路通信链路，从而大量减少路边设备的投资，直接进入车－路系统的先进模式。手机的定位技术、电子罗盘技术、重力传感技术以及良好的开发平台环境，使智能手机作为一个多功能终端成为可能。该终端不仅能够检测车辆的运行状态和运行速度，也可以检测车辆的驾驶行为。

智能手机还可以利用蓝牙等短距离通信技术与车载设备进行通信，采集车辆信息，能够代替车载设备作为多功能终端。车载设备通常需要开发一些娱乐功能来满足用户的娱乐需求，而智能手机本身就具有丰富的娱乐功能。目前，手机短距离数据通信比较完善，可以与不同车载终端设备进行实时通信。通过实现手机与车载设备的融合，逐步实现车对车联网。

一些驾驶辅助软件可以提供应急救援和驾驶服务，初步实现了连接车辆和车载设备的部分功能。一些车辆的音频和语音系统可以通过蓝牙连接到移动电话进行通话。使用移动电话技术实现车辆网络或直接使用移动电话作为车辆网络的媒介，必将成为车辆网络技术的发展路径，以实现车－车、车－路的互联互通。

智能手机开放式开发平台为开发生态软件提供了便利，缩短了软件开发周期。一个简单的应用软件可以由一两个人在两三个月内完成。智能手机平台开始出现大量的流量应用，许多基于网站的交通服务已经为手机开发了移动版本的交通服务软件。手机软件可以连接到原始的后端系统，使用现有的数据背景和基于移动的流量应用程序进行开发。从手机应用软件中搜索交通软件，包括公交查询软件、道路交通状态查询软件、枢纽信息查询与引导软件、航班信息查询与引导软件、停车查询与预订软件等，以实现多种系统的应用。

思 考 题

本章的学习目标你已经达成了吗？请通过思考以下问题的答案进行结果检验。
1. 车载信息系统的作用是什么？
2. 车载信息系统有哪些技术特征？
3. 车载娱乐信息系统的主要功能有哪些？
4. Android 系统技术架构有哪些部分构成？
5. 车载信息服务终端技术架构有哪些部分构成？
6. 车载信息控制单元的作用是什么？

7. 智能手机在智能交通应用中的作用是什么?
8. 智能手机在智能交通应用中有哪些优势?
9. 智能手机在智能交通应用中可以实现哪些功能?

参考文献

[1] 克里斯托夫·佐默. 车辆网联技术 [M]. 胡红星, 译. 北京: 机械工业出版社, 2017.
[2] 克尔斯滕·马特乌斯. 汽车以太网 [M]. 李巍, 周轩羽, 译. 北京: 机械工业出版社, 2019.
[3] 林晓东, 陈荣幸. 车载 ad hoc 网络的安全性与隐私保护 [M]. 徐晖, 周巍, 译. 北京: 机械工业出版社, 2016.
[4] 丹达·B. 拉瓦特. 智能网联汽车信息物理系统 – 自适应网络连接和安全防护 [M]. 罗璎珞, 译. 北京: 机械工业出版社, 2018.
[5] 李妙然, 邹德伟. 智能网联汽车技术概论 [M]. 北京: 机械工业出版社, 2019.
[6] 王云鹏, 田大新, 沃天宇. 车辆联网感知与控制 [M]. 北京: 科学出版社, 2018.
[7] 工业和信息化部人才交流中心. AUTOSAR MCAL 的原理与实践 [M]. 北京: 电子工业出版社, 2018.
[8] 徐晓齐. 车联网 [M]. 北京: 化学工业出版社, 2015.
[9] 黄志坚. 智能交通与无人驾驶 [M]. 北京: 化学工业出版社, 2018.
[10] 刘宴兵, 常光辉, 李暾. 车联网安全关键技术解析 [M]. 北京: 科学出版社, 2019.
[11] 阿奇姆·伊斯坎达里安. 智能车辆手册（卷Ⅰ）[M]. 李克强, 译. 北京: 机械工业出版社, 2017.
[12] ESKANDARIAN A. 智能车辆手册（卷Ⅱ）[M]. 李克强, 译. 北京: 机械工业出版社, 2017.
[13] 马克·埃梅尔曼, 贝恩德·博霍夫, C. 克里斯托弗·凯勒姆. 车联网 – 汽车应用及其他应用 [M]. 樊秀梅, 译. 北京: 北京理工大学出版社, 2018.
[14] 李克强. 电动汽车工程手册 第六卷 智能网联 [M]. 北京: 机械工业出版社, 2019.
[15] 李俨. 5G 与车联网：基于移动通信的车联网技术与智能网联汽车 [M]. 北京: 电子工业出版社, 2019.
[16] 张传福, 赵立英, 张宇. 5G 移动通信系统及关键技术 [M]. 北京: 电子工业出版社, 2018.

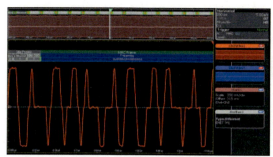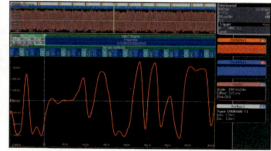

图 2-40　100BASE-T1 系统中信号电平分析

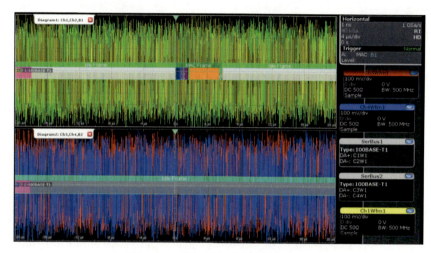

图 2-42　采集到的双绞线叠加信号

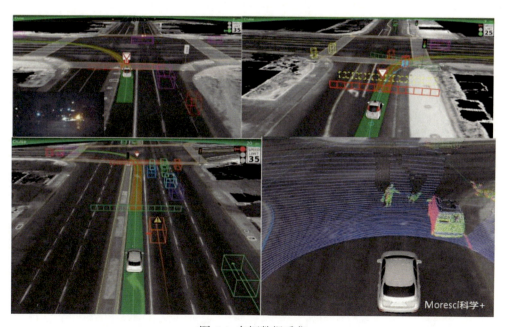

图 5-4　车辆数据采集

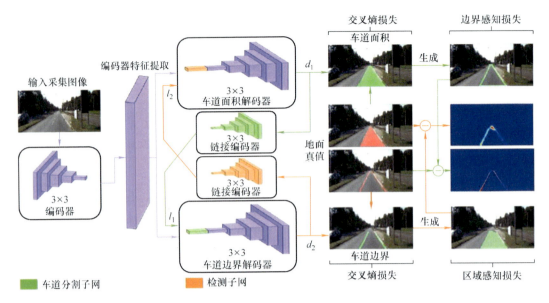

图 5-12　使用卷积神经网络直接进行语义分割的车道模型训练方法

图 5-13　提升后的车道精度

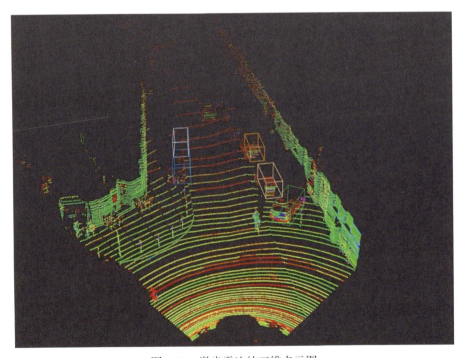

图 5-14　激光雷达的三维点云图